今井健嗣

神風よ鎮め

―史料からみた海軍神風特攻隊員の青春―

元就出版社

推薦の言葉

約八年間に及ぶ私の、海上自衛隊鹿屋基地史料館勤務時代、来館され、接触した数百人の方々の中で、特に忘れらぬ方が、著者の今井健嗣さんだ。

最初は概ね戦争、軍隊に関連のある方達か、そのご遺族が多かったが、一年二年と経つうちに、著者の様な、戦史研究の本物が現れて、適当な、その場限りの解説などできなくなくなり、当然のことながら、戦争実体験の無い館員にとっては、大変な苦痛となった。彼らは今井氏を敬遠し、私が対応するようになった。

著者今井さんの疑問、設問は私の肺腑を抉った。二五〇キログラムの爆弾諸共、敵潜水艦らしき物標に、全速力で体当たり攻撃を行なって失敗して、生き残っている私の、とんだ「ドン・キホーテ」物語は、現代に生きている人間の実話として興味をひいたのかどうか、そのやりとりは、嘘やハッタリ等通用しない真剣勝負のようなものだった。他の参観者も呆然と見惚れていたものだ。

今井さんの著書「知覧」に関するものも全く同様、感嘆の外ない。

薩摩半島の南端「坊の津」基地に展開、出撃待機していた一二三震洋隊が私の所属、一緒に同乗出撃した近藤中尉は、「海軍艦艇科予備学生三期生」、近藤氏は、鹿児島市西田町にご健在の筈。私は乙種飛行予科練生の一九期。

この本から当時、国の為に死ぬことを、当然のことと覚悟して、死に臨んでは卑怯未練な振る舞いや、怯懦な態度などあってはなるまいと、笑って飛び立った若者達の心情を読み取って欲しい。合掌。

平成一八年三月一〇日

宮崎県串間市　渡邊昭三

はじめに――特攻 その心象風景

はじめに、海軍神風《しんぷう》第六神剣隊員たちの遺した一連の遺稿を紹介したい。まず牧野鋕《おさむ》の遺書を白鷗遺族会編『雲ながるる果てに 戦没海軍予備飛行学生の手記』（河出書房）より引用させていただく。牧野鋕は明治大学出身、海軍飛行予備学生出身（後述）の予備士官である。一九四五年（昭和二〇）五月一一日に出撃戦死している。享年二三歳。日記帳に書かれていたものと推測する。以下引用させていただく。

きわめて断片的なれども書残すことども
御父上様
御母上様
すでに書残せし手紙も御送付申上げましたが、さらに出撃の前日の今日、一言申上げます。
人生わずか五十年とは昔の人の言う言葉、今の世に我等二十年にしてすでに一生と言い、それ以上をオツリと言う。まして有三年も永生きせしはゼイタクのかぎりなり。いささかも惜しまず、笑って南溟の果てに散る、また楽しからずや。金沢の備中町のグミの実など、潮干狩のこと、新潟の永き思い出、水道町の交番……寺浦の家、白山浦の家、下宿の思い出、静岡の家、狸の家、深沢のおじさん、おばさん！　明大における生活、下宿、岐阜のこと、寺の娘、また再び金沢に戻って、瓢箪町の時代、釣りのこと、いろいろと断片的に思い出され、懐かしく、目を閉ずれば眼前に浮かび上がります。ただただ御両親の御健康を祈るのみ。御父上様の例の御病気（何でもこわす短気）は今後お慎みくだされたく、母上様の御心痛察するにあまりあり。

この世の中で悪いことは皆やったし、うまいものは食べたし、ドラム缶の風呂にも入ったし、朝鮮へも行ったし、思いのこすことはなし。

一緒に死ぬのは斉藤幸雄一等飛行兵曹とて二一歳の少年？　かわいい男です。なぜか私をしたってだいぶ前から一緒に飛んでいますが、死ぬのも一緒です。技術も非常に優秀な人です。伯父さんが仙台市におるそうです。別便に住所がありますから慰問してあげて下さい。

最後の夜に映画があります。今から。

出撃の朝。

散歩に行くような、小学校の頃遠足に行くような気持ちなり。

〇三〇〇（午前三時〇〇分―引用者注）朝めし。すしを食った。あと三時間か四時間で死ぬとは思えぬ。皆元気なり。

出撃直前に「すしを食った」とある。この場合の「すし」は、おそらく稲荷寿司か海苔巻寿司のいずれかであったと推測する。牧野の出撃基地は鹿屋（鹿児島県）である。この基地の稲荷寿司は特に有名であったらしい。牧野の地上での最後の食事は、主計科員こころづくしの稲荷寿司であったのかもしれない。

染み入るような遺書である。静かな遺書である。死を目前に控えた文章である。そこには何らかの決意があるものと誰もが思う。生への執着があってもよさそうなものだ。また、その反対の覚悟というか、勇気というか、そんな勢いめいたものがあってもいいように思う。しかし、この遺書にはそれが一切ない。淡々とした思い出、両親へのいたわり、これまでの満足と感謝、部下への思いやり、そして、何よりも透きとおるような達観が込められている。特攻は散歩であり遠足であると言っている。驚愕である。恐怖もなければ、生への煩悩もない。とにかく「皆、元気」なのである。この人の出撃直前の透徹した姿を彷彿とさせる。この人の行く先は、熾烈な対空砲火の戦場である。その内に阿鼻叫喚の世界が展開される。人と人との殺し合いという凄惨な死闘が繰り広げられる。この人は確実に殺される。またこの人が体当たりに成功すれば、確実に多くの人を殺すことになる。血なまぐさい修羅場がこの人の行く先である。だが、文章は何と爽やかであろうか。何と素直だろうか。いわゆる「戦士」といった勇ましさはどこにもない。この人は「戦士」である前に、二十二年を豊かに生きたひとりの青年である。この人にとっては、それで十分であったかのようだ。あと数時間の後に、その二十二年の生命が絶たれる。そして、それを「遠足に行くような気分なり」と言っている。この人にとっては、それがあたかも生前から約束された人生であった如く泰然としている。後世この遺書を読む我々は、この遺書を前にして何を慰めればいいのだろうか。遺書は「無」そのものである。こんな人たちが、その時、その刹那に、自分の命に代えて日本という国と、そこに住む人々を守ろうとした。

この人の遺書に「斉藤幸雄」の名がある。同じ小隊で編隊を組んでいたのであろう。海軍飛行予科練習生出身（予科練—後述）、一等飛行兵曹、牧野と同じく一九四五年（昭和二〇）五月一一日出撃戦死、享年二〇歳（牧野は斉藤幸雄の年齢を「二一歳」としている）。この人の遺書が残っている。母あてのものだ。予科練資料館（茨城県稲敷阿見町青宿一二一—一 陸上自衛隊武器学校内）の実物展示より筆者が筆耕したものを紹介したい。

斉藤かね様
鹿屋基地
斉藤幸雄

総攻撃に際し一書呈します
愈々二十一年間一生一代の晴れの場所に参加
し得る事となりました 喜んで下さい
今度こそは日本一の御母さんに●つとして見せ
ます
悠久三千年の歴史に敢然と大義に殉ん
じていきます 必ずやります●名に於いても
必砕せずに居きません 日の丸鉢巻をして
逆●スコールの様な敵艦に火達磨とな
つて体当たりして散つて往く私の姿を
御想像下さい 何時までも何時までも御元
気御暮し下さい●●神社へきつ
ときて下さい さようなら
幸雄拝
母上様
（注 改行は原文のママ、●印は筆者判読不可）

同じ神風《しんぷう》第六神剣隊であるが、前述の牧野の遺書とはかなり表情が違う。特攻参加の喜び、体当たりへの決意が滲み出ている。文面全体の印象は肩肘の張った硬さを感じる。とにかく律儀のひと言である。だからと言ってこれを斉藤の「建て前」としてはいけない。ここには海軍飛行予科練習生出身の叩き上げ海軍搭乗員（海軍では飛行機乗りをこう呼んだ）としての矜持があるように思われる。その矜持が斉藤の身体全体に沈澱しているかのようだ。斉藤は一個の人間である前に、海軍魂を具現した海軍搭乗員なのである。牧野のように大学という自由な雰囲気を経験した予備士官とはかなり様子が違う。だから、いかに形式的な表現であろうとも、この遺書は文字通り斉藤の「本音」である。そんな時代であったということだ。そうであるだけに、「何時までも何時までも御元気御暮し下さい」とする母への労《いた》わりがいじらしく、最後の「さようなら」が悲しく切ない。

この日、牧野紘、斉藤幸雄の外に、川野忠邦（上等飛行兵曹 予科練 二二歳）、淡路義二（一等飛行兵曹 予科練 二〇歳）が同じ神風第六神剣隊として出撃戦死（五月一一日）している。この四名は戦死の一〇日前（四月二九日）に「特攻隊の歌」と題した歌を作っている。これも予科練資料館（前述）より筆者筆耕のものを引用紹介したい。

特攻隊の歌

一　太平洋の波さわぎ
決戦場の沖縄と
我が身を捨てて体当り
おゝ神鷲の特攻隊

二　ニッコリ笑って挙手の礼

すでに神となりませり
君の御姿気高くも
羽搏きわけり特攻隊
雲間に母の顔浮べ
三　真白きマフラーなびかせて
サア突撃だ敵の艦
爆音勇まし志特攻隊
四　バンク（機体を左右に傾ける合図の一種―引用者注）を振りて只一人
祖国に永遠の別れつげ
一目散に体当り
万朶《ばんだ》の桜の特攻隊
万朶《ばんだ》の桜散り行かん（ルビ―引用者）

終

前述の遺書とは違った紋切り型の文面が連なる。気負った勢い付けが感じられる。どんな節回しであったのかは展示からは不明であるが、こんな歌を歌いながら、この人たちは自分たちを勇気づけたのであろうか。

多くの遺書を読む度に感じることであるが、大学などから海軍に身を投じた予備士官たちの遺書には、限りない奥行きを感じさせることがしばしばである。この人たちは心優しく、控えめで、美しいものを素直に喜び、正義に感激を惜しまない、ごく普通の青年たちであった。一方、予科練出身者には大言壮語の勇ましい遺書が見られる。しかし、これはその時代の脅迫観念が醸し出すものであり、行間には父母への感謝、弟や妹への愛が溢れている。この人たちは煮えたぎる敵愾心で戦《いくさ》をしたというよりは、日本という美しい国、そこに住む家族、親しい近所の叔父さん叔母さん、これらの人たちの平和な生活を守るために、あの熾烈な戦《いくさ》を戦《たたか》った。戦争さえなければ、この人たちは腹のすかしたヤンチャ坊主なのである。

神風第六神剣隊の四名も、限りなく優しく美しく、そして海軍搭乗員としての矜持を胸に秘めて、お互いの勇気を歌に託して、励ましあい、支えあい、様々な個性と表情を残して南冥の大空に消えていった。

この日（一九四五年〈昭二〇〉五月一一日）は陸軍第七次総攻撃、海軍菊水六号作戦の初日であった。陸軍航空特攻三六名（三六機）、海軍神風特攻一〇三名（五〇機）の総計一三九名（八六機）による大規模な特攻攻撃であった。この中に前述の四名も含まれている。この八六機のうち一〇機が連合国軍艦艇に体当たり命中している。米海軍航空母艦『バンカーヒル』に二機、駆逐艦『エヴァンス』に四機、駆逐艦『ヒューWハッドリー』に三機、オランダ商船『ジシスタン』に一機となっている。とくにこの日の航空母艦『バンカーヒル』は地獄絵さながらの様相を呈している。二機の命中が大火災を引き起こし沈没こそ免れたが廃艦同様となった。乗組員の戦死および行方不明は三九六名とも四〇二名とも言われている。戦傷者は二六四名となっている。大きな犠牲である。まさに浮かぶ墓場と化した。

日本海軍が特攻作戦を開始したのは一九四四年（昭一九）一〇月のことである。その月の二一日に第一神風《しんぷう》大和隊、久野好孚（法政大学出身、海軍飛行予備学生出身、二四歳）が還らぬ人となっている。二日後の二三日には、同じく第一神風《しんぷう》大和隊、佐藤肇（海軍飛行予科練習生出身、年齢不詳）が還らぬ人となっている。この二人の戦果は今日でも不明である。

さらにその二日後の一〇月二五日、第一神風《しんぷう》敷島隊、第一神風《しんぷう》大和隊、第一神風《しんぷう》朝日隊、第一神風《しんぷう》山桜隊、第一神風《しんぷう》彗星隊、第一神風《しんぷう》菊水隊、第一神風《しんぷう》若桜隊の一八名（一六機）が還らぬ人となっている。この日は米海軍護衛空母五隻に命中、二隻に至近命中（原勝洋『真相・カミカゼ特攻』ＫＫベストセラーズ）し内一隻が沈没している。通史ではこの敷島隊らの成功が航空特攻の嚆矢《こうし》とされている。実は、この「大戦果」がその後の神風特攻実施を決定付けたと言われている。翌二六日には第一神風大和隊の七名（七機）が還らぬ人となっている。一機が護衛空母一隻に体当たり命中している。

これ以降、日本軍の航空特攻は陸続として展開されることになる。一九四五年（昭和二〇）八月一九日までの一一ヶ月間に亘り、陸軍航空特攻一、四五六名一、一八二機、海軍神風特攻二、五一一名一、四〇七機、合計三、九六七名、二、五八九機（以上は『特攻データベース』筆者作成より）に及ぶ人たちが、フィリピンのレイテ湾沖に、沖縄沖に、南西諸島沖に、日本近海沖に、そして日本上空において壮烈な特攻戦死を遂げることになる。

筆者は一九四四年（昭一九）六月生まれである。戦時中の生まれである。その四ヶ月後の一〇月にフィリピンのレイテ沖海戦があった。捷一号作戦発動に呼応した海戦である。日本の絶対国防権の死守を賭けた戦《いくさ》である。フィリピン海域の制海空権が連合国軍に落ちれば、日本の国防線が危うくなる。絶体絶命の生命線である。この捷一号作戦とレイテ沖海戦に呼応して体当たり攻撃が実施された。すなわち神風《しんぷう》特攻である。「十死零生」の体当たり攻撃である。「十死零生」という生還を期し得ない攻撃方法はそれまでの世界のいかなる戦争にもなかった。否、いかに戦争とはいえ、生還を期し得ない作戦はそれ自身作戦ではないという絶対的なルールがあった。どんなに困難な攻撃であっても、日本陸海軍でさえも生還の道が残された「九死一生」のルールがあった。しかし、日本陸海軍はこのルールをあっさりと破っている。世界に例のない人間ミサイルとしての体当たり特攻攻撃がこの時から終戦まで繰り広げられることになる。戦闘機や襲撃機、爆撃機、時として練習機に爆弾を懸架して、人と飛行機もろともの敵艦艇などへの体当たり攻撃である。

筆者は戦時中の生まれではあるが、戦争の記憶は一切ない。敗戦後の貧困記憶もない。記憶にないというよりも、皆が豊かであった訳ではなく、あまり苦にもならなかったのであろう。だから戦争を語る資格はない。しかし、アジア太平洋戦争は過去の他人事ではない。「戦争」が風化していく中で焦りを感じている。筆者にも語れる戦争があるはずだ、その一端を語りたい、そのように感じている。

それでは、多くの戦争の中で、なぜ航空特攻なのか。小学校の三年生の頃であったとおもう。母に連れられて町の映画館に行った。今にして思えば『雲ながるる果てに』（家城已治監督作品 鶴田浩二、木村功主演 大映一九五三年）であったと思う。鹿屋基地（九州鹿児島県）での海軍神風特攻を描いたものである。物語はおおかた記憶にはない。ただ母と連れだった帰り道、その瞬間の外灯の寂しげな光は今も鮮明に記憶に残る。

また、小学校の高学年の頃と思う。『日本かく戦えり』（小畑敏 安田日出男製作 一九五六年）という記録映画を観た。題名とは裏腹に「日本かく敗れたり」といった内容であったように思う。この映画の中に、日本軍特攻機が轟然と連合国軍の戦艦に体当たりするシーンがあった。強い衝撃を受けた。この映画を観た元特攻隊員が、そのシーンに涙を流していたとか、「あそこまで（戦艦）たどり着くことが大変だった」などと語っていたことを、のちに何かで読んだか聞いた記憶がある。子どもごころにも「そんなに大変だったのか」と感じたものだ。この映画は多くの友が鑑賞していた。日本軍が敗北していくそれぞれのシーンを、身振り手振り面白おかしく解説する友に強い違和感をもった。

中学生の頃であっただろうか、『空ゆかば』（堀内真直監督作品 田村高廣、田浦正巳、渡辺文雄 高峰秀子、岸恵子主演 松竹一九五七）を観た。高峰秀子さんの美しさが印象的であった。映画では高峰秀子の弟役（田村高廣）が学徒出陣（京都の大学と設定）の神風特攻隊員である。その人は旺盛な特攻精神の持ち主である。同じ学徒出陣であっても他の隊員（田浦正巳）は特攻には懐疑的という設定である。出撃しても無人島に不時着するのだという台詞があった。そして、出撃までの悶々とした日々が過ぎていく。特に田浦正巳扮する特攻隊員は精神的な克服に苦悶する。いざ出撃の日が来た。二人は機上の人となった。飛行機が洋上に出た。島影が眼下に流れていく。特攻に懐疑的であったその隊員は島影を目で追っている。編隊を組む友はその様子を見て、風防越しに「不時着するか？」といった仕草をした。しかし、その特攻隊員は笑みを浮かべ、首を横に振る。そして決然と雲間に消えていく場面で映画は終わる。何故か、この最後のシーンが今もはっきりと記憶にある。

筆者には今、こどもの頃のわずかな間接的な接し方ではあるが、特攻風景が他人事ではなく蠢《うごめ》いている。その後の社会観なり、思想性がいかに変遷しようとも、また、いかに合理的な思考を身につけようとも、この風景は消すことのできない「こだわり」として今、残影し続けている。毎年の終戦記念日にテレビに映し出される特攻シーンが「疼き」となって今も胸をさす。

筆者は二〇〇四年三月に『元気で命中に参ります―遺書からみた陸軍航空特別攻撃隊―』（元就出版社二〇〇四）を上梓した。これは、陸軍航空特攻隊員の残した遺書を主要な資料として、筆者なりの陸軍航空特攻を物語るものである。遺書や写真資料、各種データによる計数分析、そして、各種文献の分析などにより出来る限り客観性をもつ陸軍航空特攻を描いたつもりである。陸軍をテーマにしたのには、筆者なりの思い入れがあった。それは同じ特攻隊であっても、陸軍はスマートさに欠けるようである。同じように熾烈な戦《いくさ》をたたかったが、陸軍飛行隊は海軍航空隊に比べて敗戦後も話題になる機会が少ないとは、旧陸軍飛行隊関係者の感嘆である。そんな陸軍航空特攻がいとおしかった。筆者が前著において陸軍航空特攻にこだわって理由は、こんな他愛もない理由からであった。

そんな筆者の思い入れはともかく、航空特攻を考える時、海軍神風特攻を抜きにしては語れないのは当然である。前著執筆にあたって、海軍神風特攻部分の原稿を相当に割愛した。筆者の手元には海軍神風特攻の資料も残った。そこで、前著で書き残した海軍神風特攻をここにあらためて記しておきたいと考える。また、前著で十分に語れなかった日本陸海軍全体の航空特攻についても筆者なりの見解をここにあらためて記しておきたいと考える。

本稿は戦記ではない、戦史でもない。特攻隊員の残した日記や遺書などの遺稿、その当時の『戦闘詳報』、戦時中の一般図書の記事、さらに写真や各種データ等をもとにして、海軍神風特攻を筆者なりに分析しておきたいと考えている。これまでの特攻はややもすると、伝聞、伝説、風聞で語られる部分も多かったように感じている。また、ある種のイデオロギーで歪められ、ひとつの側面を過度に強調されて語られてきた部分も大きかったのではないかと感じている。時には事実に反した思い込みの作り話ではないかと疑いたくなる内容もある。そこで、本稿では筆者なりの事実に沿った海軍神風特攻を物語りたい。敗戦六一年の彼岸から、あらためて海軍神風特攻の実相を求めるのも意義あることと思う。本稿は海軍神風特攻の是非を問うものではない。また海軍神風特攻を評価するものではない。海軍神風特攻を顕彰するものでもない。筆者なりの、海軍神風特攻の原風景を物語るものである。

荒ぶる神風《しんぷう》よ二度と吹くな、神風《かぜ》よ安らかに鎮《しず》め。こんな祈りとともに、死者に捧げる写経にも似た気持ちで本稿を草した。しかしながら、筆者には怖れがある。それは、ひとつの論は確実にひとつの誤謬を犯すという怖れである。もとより本稿は完璧ではない。筆者の思い込みがあるかもしれない。資料の読み込みが不十分な怖れもある。また見落としもあるであろう。とにかく、本稿は多くの欠陥があることをあらかじめご承知いただきたい。

最後に、本稿の上梓にあたって山本薫里氏（鳥取県鳥取市在住『鳴潮』同人）から有益なご指示をいただいた。渡邊昭三氏（宮崎県串間市在住 元「震洋」特攻隊員）からは内容のご検証をいただいた。そして元就出版社の浜正史氏からは心温まる励ましのご支援をいただいた。光人社の牛嶋義勝氏からは格別のご協力をいただいた。ここに記して厚く感謝申しあげる。

神風《かぜ》よ鎮《しず》め——目次

神風《かぜ》よ鎮《しず》め

―史料からみた海軍神風特攻隊員の青春―

【凡　例】

①　日本陸海軍の航空特攻を総称して「カミカゼ」あるいは「神風《かみかぜ》」と表記する文献が多い。いずれも是としたいが本来は正しくない。陸軍では「と号攻撃」あるいは「陸軍航空特攻」（敗戦後は「陸軍航空特攻」が一般的）、海軍では「神風《しんぷう》特別攻撃」と呼んでいたようだ。すなわち陸軍と海軍では同じ体当たり攻撃でも呼称がちがっている。そこで、本稿では、煩わしくはあるが、陸軍を「陸軍航空特攻」、海軍を「海軍神風《しんぷう》特攻」と表記する。尚、陸海軍を総称する場合は「航空特攻」と表記する。また、飛機乗り（パイロット等）も、陸軍では「空中勤務者」、海軍では「搭乗員」と呼んでいたようだ。本稿でもこの例に倣う。

②　本稿は一九四四年（昭和一九）一〇月から一九四五年（昭和二〇）八月までに生起した海軍神風特攻について記すものである。いわば三年九ヶ月に及ぶアジア太平洋戦争にあって、その内の一一ヶ月の戦争で、さらに飛行機による体当たり作戦というごく限られた領域の戦争を語るものである。テーマは海軍神風特攻ではあるが、陸軍航空特攻に触れている部分もあるのでご了承いただきたい。

③　本稿は海軍神風特攻を顕彰するものではない。特攻隊員を「勇士」と表記する文献が多い、そして、その死を「散華」と表記する文献も多い。いずれも是としたい。しかし、本稿では「特攻隊員」そして「戦死」と表記する。

④　海軍神風特攻の場合、戦死者は二階級特進となるが、本稿では出撃直前の階級を付す。

⑤　年号表記は基本的には西暦表記としているが、カッコ内に元号を付しておく。

⑥　本稿での出撃機数、戦死者数、戦死者名などのデータは、すべて筆者作成の『特攻データベース』（筆者作成）に拠っている。『特攻データベース』（筆者作成）の出典

は、陸軍航空特攻では特攻隊慰霊顕彰会編『特別攻撃隊』（特攻隊慰霊顕彰会 平成四年三版）、モデルアート七月号臨時増刊『陸軍特別攻撃隊』（モデルアート 一九九五）、鹿児島県知覧特攻平和会館編『陸軍特別攻撃隊員名簿 とこしえに』とした。海軍神風特攻では、特攻隊慰霊顕彰会編『特別攻撃隊』（特攻隊慰霊顕彰会 平成四年三版）、モデルアート一一月号臨時増刊『神風特別攻撃隊』（モデルアート 一九九五）、押尾一彦『特別攻撃隊の記録〈海軍編〉』（光人社 二〇〇五）とした。それぞれの資料間には人数や氏名にそれなりの違いがある。そこで、『特攻データベース』（筆者作成）は、これら資料の「足し込み」により作成した。

⑦ 特攻隊員の年齢であるが、本稿では戦死年に迎える満年齢としている。したがって、戦死時には、まだ誕生日を迎えていない人たちであっても、その年に迎える満年齢としている。理由は出典の各種資料には生年はあっても生月日がなかったことによる。

⑧ 本稿でいう「出撃機数」とは特攻出撃をした未帰還機数を言う。

⑨ 本稿で史料を引用する場合は、すべて原文どおりとしているが、それらの中には今日的には差別につながる表現があるかもしれない。しかしながら、史料の全ては歴史性をもつものであること、また、原文の趣意を尊重することから、問題があると考えられる箇所もそのままに引用していることを予め断っておく。

⑩ 海軍神風特攻には、飛行機による体当たり攻撃以外に、人間魚雷『回天』、爆装モーターボート『震洋』、爆装潜水夫『伏龍』などの様々な水上や水中特攻が実施され、また考えられたが、本稿はこれら全ての特攻ではなく、飛行機による特攻に限定している。

第一章——遺された日記

第一項　学徒出陣

筆者（私）の手許に海軍神風特攻で戦死した三名の日記（敗戦後に編集出版されたもの）がある。いずれも、旧制大学の学業半ばに学徒出陣（後述）した人たちである。海軍に入団後、海軍飛行予備学生（後述）に採用され、第一四期飛行予備士官として海軍鹿屋基地（鹿児島県）より沖縄に出撃し戦死した人たちである。三名はお互いに顔見知りではない。別々の人格であるが、それぞれの日記からは海軍でほぼ同一のコースを歩んでいると考えられる。戦死日も一九四五年（昭和二〇）四月で三名おなじである。そこで、この人たちの日記を紐解きながら、特攻出撃前のこの人たちの心境を追想したいと思う。

佐々木八郎は東京帝国大学より学徒出陣（一九四三年〈昭一八〉一二月一〇日）で海軍に入団している。第一四期飛行予備学生として採用され、一九四五年〈昭二〇〉四月一四日、鹿屋基地より神風第一昭和隊員として戦死している。享年二三歳、戦死時の階級は少尉であった。佐々木八郎は第一高等学校の時代から、学徒出陣の前日（一九四三年一二月九日）までの心境を克明に記している。入団前の心境を膨大な量と質で記している。

佐々木八郎の日記の出典は、佐々木八郎著／藤代肇編『青春の遺書』（昭和出版一九八一）とする。なお、佐々木八郎の日記の一部は、日本戦没学生記念会編『新版きけわだつみのこえ』（岩波文庫一九九八）に収録されているので附記しておく。


森丘哲四郎は東京農業大学より学徒出陣で一九四三年一二月九日に海軍舞鶴海兵団に入団、その後第一四期飛行予備学生として採用され、土浦航空隊、元山（現朝鮮民主主義人民共和国）航空隊を経て、一九四五年四月二九日、鹿屋基地より神風第五・七生隊員として戦死している。享年二三歳、戦死時の階級は少尉であった。

森丘哲四郎の日記の出典は、森丘正唯／伊東秀雄編『神風特別攻撃隊七生隊　森丘少尉』（昭和四二非売品）とする。森丘哲四郎は海兵団入団後の様子を記している。土浦航空隊や元山航空隊での訓練の様子が覗《うかが》える。この人は海軍生活に人生の理想を見出している。


林市造は京都帝国大学より学徒出陣で一九四三年一二月一〇日に佐世保海兵団に入団、その後第一四期飛行予備学生に採用され、土浦航空隊、元山航空隊を経て、一九四五年（昭和二〇）四月一二日に神風第二・七生隊員として戦死している。享年二三歳、戦死時の階級は少尉であった。

林市造の日記の出典は、加賀博子編『林市造遺稿集　日なり楯なり』（櫂歌書房一九九五）とする。林市造は出撃直前の三ヶ月間を記している。一九四五年一月から三月までの短い日記である。日記を書きはじめて一ヵ月半後の二月二二日に特攻への編成命令を受けている。この人特有の記述で特攻隊員としての心境が綴られている。なお、林市造の遺書の一部は日本戦没学生記念会編『新版きけわだつみのこえ』(岩波文庫一九九八)に収録されているので附記しておく。

三名とも日記の日付に少しずつ違いがある。だから、この三名の日記を繋ぎ合わせれば、当時の特攻隊員の学生時代から出撃直前までの心境が俯瞰できることになるが、しかし、三名ともそれぞれの日記は個性的である。表情も内容も全く違う。故にそれぞれの日記は一人ひとりの個性として読まれる必要がある。日付が隙間なくつながっているのは、たまたまの偶然であることを断っておく。


ここで学徒出陣について、簡単に触れておきたい。学徒出陣とは一九四三年(昭和一八)一〇月二日の『在学徴集延期臨時特例』公布による文科系学生の徴兵猶予停止による動員である。明治憲法下における日本は「国民皆兵」であった。満二〇歳になった男子は全て「兵役の義務」が課せられていた。しかし、これには特例があった。当時の文部省管轄下にある旧制大学、旧制高等学校、旧制専門学校等の学生は、満二六歳までは徴兵を延期することが出来た。しかし、この特例も戦局の悪化に従い徐々に崩れていく。一九四一年(昭和一六)一〇月、「大学学部等ノ在学年限又ハ修業年限ノ臨時短縮ニ関スル件」という勅令が公布され、一九四二年三月卒業の学生に対して三ヶ月の繰り上げ卒業を課し、それまでの徴兵延期を停止したのである。この処置は翌年の一九四二年も実施され、この時は六ヶ月の繰り上げとなった。すなわち、一九四三年(昭和一八年)三月卒業予定者は、前年の一九四二年九月の繰り上げ卒業となった。この措置は一九四三年にもおよぶことになる。これでもまだ下級士官の不足を感じた政府と軍部は、『在学徴集延期臨時特例』(一九四三年一〇月)の公布をおこなった。これは卒業を待つことなく在学のままで徴兵できる制度である。要するに特例がなくなった。在学生の根こそぎ動員である。いわゆる「学徒出陣」である。

一九四三年(昭和一八)の学徒出陣は、主として文科系学生の動員となり、その人数は十万人に達したと言われている。戦意高揚のためにその年の一〇月二一日に、東京の明治神宮外苑球技場で、当時の政府主催による「出陣学徒壮行会」が開催されている。雨の降る中を、学生服にゲートルを巻き、銃を抱えた学生たちの分列行進が挙行されている。この情景は当時の記録映画により有名である。このような「壮行会」は神宮外苑球技場以外でも、日本各地の大学等で実施されたようだ。そして、陸軍ではこの年の一二月一日に、海軍では一二月一〇日に、多くの学生はペンを銃に代えて入営・入団していった。終戦までに動員された「学徒出陣」の合計は三十万人とも言われている。

佐々木八郎、森丘哲四郎、林市造らも、この「学徒出陣」により学業半ばにして、一九四三年（昭和一八）一二月一〇日前後に、生地に近い海軍海兵団に入団することになる。

第二項　佐々木八郎の日記

佐々木八郎の日記（以下『日記』）は、日々の出来事を綴る記録というよりも、その時代の文明論評、社会時評といった趣がある。日記にしてはかなりの分量であるし、さらに内容は難解というよりも晦渋である。佐々木八郎著／藤代肇編『青春の遺書』（昭和出版一九八一年九月三〇日二刷）は、佐々木一七歳からの書き出しである。若い人の日記である。歯の浮くような青臭い文章と誰もが思う。しかし、佐々木の『日記』はちがう。相当にレベルの高い論文といった感じである。

この人の『日記』を解説するのは厄介である。また、引用する場合も、どこをどのように切り取っていいのかが難しい。無理を承知の上で、『日記』を年代順、日づけ順に伴走し、この人の青春の軌跡を紐解いていきたい。この人は、あたかも、それが当然の如く従容として特攻出撃している。すくなくとも筆者（私）にはそのように感じられる。『日記』のどこかに、この人がその後に特攻隊員として出撃することとの謎が潜んでいるのかもしれない。

〔一九三九年〈昭和一四年〉 一七歳〕

『日記』は一九三九年（昭和一四年）三月一六日の日付から始まる。佐々木八郎は一七歳。三月二七日は第一高等学校の入学試験の発表日、佐々木は「アッタ！　あそこ！」と自分の番号を確認している。感激の一瞬であるが、その後の記述は淡々としている。合格は当たり前といった感じである。

第一高等学校入学後、佐々木は映画をよく観ている。音楽もよく聞いている。とくに佐々木の音楽への造詣は一流のようだ。その一端を引用したい。「新響の公演」の論評である。なお末尾の括弧内は筆者注による日記の日付である。

モツァルトの『フルート・コンチェルト』は独奏者のフルートの音が澄んでおらず、息が洩れて聞き苦しかったが、曲の甘美と絃のうまさで非常によかった。ベートーヴェンの『エロイカ』は可もなく不可もなし。ただ一度バスか何かが唸り声を出したのはあれでよかったのだろうか。ローゼンシュトックはえらく精力的な指揮者だ。バルトークの曲等はタクトの風を切る音まで聞こえた位だ。（一九三九・五・一〇）

相当な音楽通であることを彷彿とさせる。まだ一七歳の少年である。しかし、この人は青白きインテリではない。野球を楽しんでいる。山をこよなく愛している。スポーツマンだ。

旧制高校生と聞けばバンカラを思い浮かぶが、しかし佐々木はバンカラを嫌っている。「ただ一途に体位向上と自己練磨の三年を送ろうという気持で一杯だ」と記している。寮生活はかなりまじめである。

ところで、この人の時代を読む眼は、当時の水準をはるかに超越しているように思える。日本が支配する中国をつぎのように記している。

尾崎秀実の『現代支那論』を興味深く読了。半封建制、半植民地性で停滞している現代支那を改革して支那民族を救い、同時に日本の発展をはかるのが事変の目的だろう。徒らに武力で抑え、経済的に日本が独占するのみでは支那は治まらぬ。(一九三九・一〇・一〇)

未来を見事に予見している。日本の醜悪を見事に喝破している。この見事な「喝破」はその後もつづく。(「支那」は今日では中華人民共和国への蔑称とされている)

〔一九四〇年〈昭和一五年〉佐々木一八歳〕

元旦の『日記』、一年の計を記している。

今年やろうと思うことを次に記す。
一、英語、ドイツ語、フランス語、ラテン語。
二、宗教問題、とくにキリスト教の研究。
三、哲学一般。
四、ロシア文学、フランス文学。
五、ラフカディオ・ハーンの History of English Literature (『英文学史』)。
このほか、スキー、登山による自己鍛錬、文字通りの心身の鍛錬をやっていくつもりでいる。
(一九四〇・一・一)

少し日付がとぶが、一〇月一二日にはこうも記す。なお文中／は出典では改行となっている。

科学

a文化科学と自然科学（リッケルト）／b歴史と自然科学（ヴィンデルバント）／c科学概論／d哲学と科学の間

経済

a経済学／b経済原論／c英国経済史／d経済学説歴

哲学

a哲学史要／b哲学通論／c認識論

歴史

a歴史とは何ぞや（ベルンハイム）／bランケと世界史学（鈴木成高）／c歴史哲学

雑

aルソー／bトルストイとドストエフスキー（メレジコフスキー）／c人間の学としての倫理学／d宗教哲学／e七大哲人

英語、ドイツ語

ああ、機の晩《おそ》かりしを憾《うら》む。（ルビ――引用者）

まず、今はヴィンデルバントの『歴史と自然科学』と鈴木成高の『ランケと世界史学』、メレジコフスキーの『トルストイとドストエフスキー』及び経済学をやり、次に哲学方面に移っていこう。今の僕には普通の一高生の二倍のエネルギーが要るのだ。（一九四〇・一〇・一二）

この人の読書量は壮観である。手当たり次第といった感じだ。ところが、一〇月二四日には「僕は今までの生活が散漫であったために、読書量は人より少ない」と書いている。これを読む筆者（私）は一瞬絶句し、「少ない？　何それ！」と思わずつぶや呟いてしまった。
つぎの一節を少し我慢をして読んでいただきたい。

ランケによれば、十九世紀に始まった東洋と西洋との関係は、後者の前者への延長であったが、それ以前は両者別個にそれ自身の発展をつづけてきた。アメリカの発見とアジアとの交渉復活も共にヨーロッパの延長であった。日本の西洋文明輸入は、ヨーロッパの古代と中世が全然様相を異にしながら同じヨーロッパ自体からの発展であるのと異なり、日本のヨーロッパ化でしかない。東亜新株序とはこの誤りの改正である。社会的な必然をもって生まれた機械文明（単なる科学の進歩ではない）、続いて興ったドイツ重工業からのドイツの発展は世界大戦を引きおこしたが、ヴェルサイユ条約が十九世紀の遺産にすぎなかったため破壊されてしまい、未曽有の事象たるイデオロギー国家の出現となった。今や〝ヨーロッパとは何ぞや？〟がアジアに移って、アジア自身により〝アジアとは何ぞや？〟が問われている…。
民族、国家の考え方は僕とほとんど同じであったが、世界史の普遍を宗教的なものと考えるランケは、僕の考え方が合理主義的になっているのか、どうも頷けない。

（一九四〇・一〇・二七）

この引用に意味があるのではない。とにかく佐々木の『日記』は全てこんな調子である。ほとんどついていけない。レベルが高すぎる。一方、つぎの一文はまだ分りやすい。

我々は西洋から離れて我々の足許から立ち上らねばならないが、文化科学においては自然科学以上に個性を尊重すべきであり、その意味でも日本人としての自覚から科学が始められなければならない。（略）日本人の科学は日本的方法とか日本的科学とかを目的として建設されるべきものではなく、我々の植えつけられた大地から離れずに、客観的真理を目指すことによって、自然に日本的科学となる。日本的な方法、態度といっても、それは取ってつけた個性でなく、日本人が日本人としての自覚を持って科学すれば、それが自然に日本的科学になる。（略）日本的科学とは、それに留まるものでなくして、発展して、世界に普遍妥当性を持つものとなるべきである。かくしてこそ真の意味の日本的科学である。

以上は、僕自身の考えもまじえた安倍さん（第一高等学校等長—引用者）の講義の要旨である。僕としては、この一時間は大きな収穫であった。（一九四〇・一二・一〇）

このような思考が、当時の高校生に共通のものであったかどうかは知らないが、とにかく佐々木は日本人としての自覚をしっかりと持っている。そして佐々木一流の国粋主義を説いているように思われる。

この歳の一二月三日時点での佐々木八郎の体格は身長一六三・五cm、体重五五kg、視力一・五から二・〇。決して大柄ではないが、当時の日本人としては平均的な健康体であったと思われる。特に視力が良い。視力は航空を志願する者の必須条件である。上記の思想性といい、身体といい、その後に日本帝国海軍の飛行機搭乗員としての条件がすでに備わっている。

〔一九四一年〈昭和一六年〉一九歳〕

元旦の『日記』の冒頭に「年頭一言」として、「〈瞬間を絶対たらしめよ。すれば、苦も楽も生も死も、すべて悔いなき一生たり得るであろう〉」と記す。この人は決意の人であったようだ。その時々

で、それぞれの決意を記している。このような決意はその後も続く。正月に谷崎潤一郎『蓼喰う虫』を読んで、

谷崎潤一郎『蓼喰ふ虫』—力強い情熱が見られるわけでもなく、クライマックスもない、いわば淡々たるものではあるが、対照によってはっきりとさせられた情緒は一種独特の妙音を胸の中に奏でさせる。僕はこれを一つの傑作に推し得ると思う。（一九四一・一・七）

この論評が妥当なものであるかどうかは分らない。ただ、佐々木の読解力と分析力は相当なものであることを彷彿とさせる。文学だけではない。歌舞伎も同様である。

夜、母と歌舞伎を見に行く。正月興行とて菊五郎、幸四郎、羽左衛門、吉右衛門、福助、男女蔵、時蔵の一流所が顔を見せる。名和長年の第一幕の吉右衛門と寺小屋の段の大詰めは感動的だった。思わず涙を流した。あの息づまるような吉右衛門と菊五郎の芸、さすがだ。残念だったのは浄瑠璃が香しくなかったこと。（一九四一・二・一五）

恐れ入りましたとしか言いようがない。この歳の『日記』には、ヘーゲル、カント、マルクス、エンゲルス、マックス・ウェバーと、限りない向学心が読み取れる。ところで、一方ではきわめて唐突に、

遂に神を認識することができた。幸福に胸がわくわくする。ああ、誰かにぶちまけたい。（一九四一・三・一二）

と絶叫する。「神」の説明がない。宗教上の神ではなさそうだ。哲理というか認識論というのか、そんな「悟り」のようなものを言っているようだ。悟りと言えばつぎのように記す。


境遇の定めた自分の位置をよく認識して、その場その場で自分の全力を尽くすこと、それより他に人間の幸福はあり得ないと悟ることであろう。

　禅も何も要らない。努力の中の喜び、不満に満足すること、不孝が幸福であること、煩悩即菩提を悟ること、これらが何故人に判らないのだろう。（一九四一・五・六）

まさに悟りの人である。行者然としている。修験者そのものである。ある種の宗教的な境地に入っているかのようだ。さらに、つぎのように叫ぶ、

ああ、すべてに死を賭けるほどの真面目さがほしい。この限りある世に、この一つの命をいくつにも生かしたい。毎瞬一つの命を失うようでありたい。（一九四一・六・二七）

この人は、すでに「あるものに」命を預けている。その「あるもの」とは一体何なのか、ここでは判然としない。

　この年（一九四一年）の一二月八日に日本は世界に宣戦布告をしている。ハワイ真珠湾攻撃である。この日の記述は「対米英宣戦の大詔下る」と、たった一行で終っている。そっけない。この人はインテリである。だから時代の流れに常に疑問をもっている。しかし、一方そんな自分の冷静さに嫌気《いやけ》して、こうも言う。

純粋に戦勝を喜べない俺の頭をぶちこわしてしまいたい。ヒトラーの演説を聞き、三国協定の締結を聞いても、国民の歓喜に共鳴しない俺の頭をぶちこわしてしまいたい。(一九四一・一二・一一)

体制順応になり切れない自分に焦っている。そうでありつつ同時に「しかし、僕は断固として反戦論者として自らを主張する。戦争を除くことに努力するつもりだ」。思考に相当な分裂がある。しかし、この人の思考は分裂しているが決して混濁はしていない。この歳の一二月二八日には、つぎのように記している。

現在、世界は国家主義、民族主義の旗印の下に地球をいくつかのブロックとして分割しつつあるが、この運動がいつかはその緊張に堪えられなくなる。歴史が示しているように、最初は部落単位だった経済圏がやがて小国家になり、大国家になり、ブロックになる。経済圏の拡大につれて戦争のスケールも拡大する。ブロックの次に来るものは世界国家であろう。中世の宗教が絶対でなかったように、現在の国家主義も絶対なものではなかろう。民族的な矜持というようなものは残るだろうが、国家は滅びるか、形を変えるであろう。かくして世界国家が形成されるとするならば、それは如何に形成されるか。僕はこれがプロレタリア革命によって行われるとは思わない。ロシアの如く文明の程度の低い所では或いは可能であったかも知れないが、精神年齢の高い国家には迎えられまい。精神的なバックがなくては到底統一はできまい。機械的な世界国家は不可能であるし、不賛成である。

もう一つの問題は、ここにブロックが結成されたとして、それが何によって破壊されるかということだ。経済的な地盤ができた場合も、例えば日本などは信仰によって統一しようとしているが、そのあとはどうなるか。どう変化するか。ドイツ、イタリアがどうなるかも大きな？　だと思う。（一九四一・一二・二八）

明晰である。未来を見事に看取している。地球規模で未来を予見している。明晰なのは思考だけではない。体力もなかなかのものだ。『日記』には自分の体力を記す、「投擲四五メートル、百メートル一三・三秒、走り幅飛び四メートル八〇、俵運び六〇キロ一四・五秒と、すべて上級をどうにか確保」云々と記している。

〔一九四二年〈昭和一七年〉二〇歳〕

この年の三月六日に東京帝国大学に進学している。この歳の『日記』を読んで行くと、空恐ろしくなってくる。ある種の戦慄を感じる。この人の記述をランダムに拾い出してみたい。

現在高潮している国家主義は絶対のものではない。やがて石油も尽きるだろう。その頃には原子破壊か何かのエネルギーが出来て人間の社会がぐっと変わるだろう。そして感情が段々枯渇して、遂に滅びる日が来る。（一九四二・一・四）

無知なるが故に引きずられる幾千万の人達。人間精神はどこにでも満足を見出すことが出来る。戦争の間にも〝死によって生きる哲学〟を持ち、抽象的な〝祖国〟という言葉、〝民族〟という言葉に惹かれて、自ら或る種の陶酔状態に入って感情の興奮を覚え、自己満足の境に達する一種の宗教心を持つことのできるのが人間だ。それなら何故戦争などという野蛮な状態を離れて全人

類の幸福を求めることができないのか。少数の盲目者や偽善家に引きずられているのだ。(一九四二・一・二五)

「以上のようなことを公然と喋ったら、この身が危ないだろう」といいつつ、その後の舌鋒も休むことなく鋭く厳しい

いつまでも忠孝一本槍で〝精神文明〟を強調して悲惨な生活をさせるべきではない。売国奴と罵られる人の方が世界について正しい目を持っているのだ．知らざることの悲しさ、知らされない憤り。(一九四二・三・二二)

例の九軍神のことが近頃しきりに紙上を賑わしている。決してあの九人の功を軽視し、その母なる人を尊敬しないのではないが、毎日の新聞を見るとムカムカしてくる。あれだけのことをする人はたしかに神と奉られる価値はあろう。ただああやって人を煽り、この機会とばかりに〝母の力〟などと宣伝する政治がこの上もなく厭わしい。あの母だけが偉いんじゃない。その手口は見えすいているではないか。この場合だけ〝母だ母だ〟と煽るなど、ああやって人を戦に導いて行くんだ。〝忠〟を強いるのだ。昔のように戦争が一部の職業の者に限られ、殿様が勝手に戦争をやっていた頃はよかったろうが、こんな時代になってまだ戦争をやるから色々の無理が起こって来るのだ。もう目覚めて来るだろう。目覚めさせねばならない。(一九四二・四・七)

このように言いつつ、一方では、陸軍戸山学校での銃剣特別訓練にやりがいを感じている。さらに「戦争へいくのも厭わぬつもりだ。どうにでもなれ」(一九四二・六・二七)と、一見捨て鉢である。と

ころが、である、映画『ハワイ・マレー沖海戦』を見て、

技術的にもわが国最高の水準を示していると思うが、何よりも土浦海軍航空隊の生活の〝頑張リズム〟に打たれた。我々はともすれば対敵意識のないため、緊張感のないために、徒らな理屈に逃避したり、有閑階級のみが考える怠惰な生の享楽に陥って、はては哀れな自己の生を、利を主張するに至る。そんなものを考えている暇のないほど、頑張って行こう。（一九四二・一二・八）

と海軍航空隊に理想を見出している。この歳の最後をつぎのように記す。この人の、この年の総括であるように思われる。

真理はただ一つ、身を捨てて何も考えずに頼り、何も考えずに進むことだけだ。（一九四二・一二・一二）

〔一九四三年〈昭和一八年〉二一歳〕

この年の『日記』は、この人の決意がかなりはっきりとにじみ出てくる。戦争に真正面から対峙する覚悟である。むしろ戦場に行くことを望んでいる。

しかし僕は戦の庭に出ることも自分に与えられた光栄ある任務であると思っている。現下の日本に生きる青年としてこの世界史の創造の機会に参画できることは光栄の至りであると思う。我々は死物狂いで与えられた任務としての経済学を研究して来た。この道を自ら選んだ義務であるからだ。その上、体力に恵まれ、活動能力を人並み以上に授かった自分として、身を国のため

に捧げ得る幸福なる義務をも有しているのだ。二つながらに崇高な任務であると思う。戦の性格が反動であるか否かは知らぬ。ただ義務や責任は課せられるのであり、それを果たすことのみが我々の目標なのである。全力を尽くしたいと思う。反動であろうとなかろうと、人として最も美しく、崇高な努力の中に死にたいと思う。白虎隊は反動的なものであったかも知れない。しかし彼等の死は崇高である。美の極致である。形に捉われることを僕は欲しない。後世史家に偉いと呼ばれることも望まない。名もなき民として、自分の義務と責任に生き、そして死するのみである。(一九四三・六・一二)

そして、遂に、つぎのように言わしめる。

旧社会の残存勢力を代表する米英を撃摧すると共に、我が国の民族的生命を絶やしてしまうことを恐れねばならぬ。何はともあれ、社会の担い手たる我が国が滅んでしまうことがあってはならない。(一九四三・八・一二)

これまでの佐々木の思考は分裂している。その時々で左右に大きく「ぶれ」ている。しかし、ここに来て、佐々木一流の思考の統一を成し遂げている。ひとつの「覚悟」が形成されたようだ。『日記』の内容も段々と重たくなって来る。

少し話が変るが、ここで、佐々木の女性観を『日記』から拾っておきたい。青春といえば、淡い恋心の時期でもある。しかし、佐々木の『日記』からは女性の影を窺い知ることが出来ない。「愛」について記してはいる(一九四一・四・二)。しかし、この「愛」は女性へのそれではなく、もっと根源的な普遍的なことを言っているようだ。

恋愛こそは甘美なこの世の花であると思う。崇高な姿であると思う。それはこの世界に画然と二分された両性の崇高な結合によって次ぎのゼネレーションへの大きな力となり、この世界を完全な一つのものにしてゆくことができるのだから。（一九四一・四・二）

佐々木らしく、愛を説くのも理屈っぽい。しかし、この「恋愛」もこの数行の記述で終っている。唯一過激な表現をしている個所がある。

書きかけている遺言兼自叙伝ふうの小説の勉強のため、森鷗外の『ヰタ・セクスアリス』を読む。昔の人はませていたと思う反面、僕はあまりにも目覚めが遅かったようだとも思う。中学二年の春中野が塀に英語で書いてある文を読みながら『男の……を女の……に入れると子供が出来る、と書いてある』と言ったのを「うそをつけ」と一蹴したのがそもそもの初めだったと思う。それからようやく性を意識するようになった。僕など色々の点で明治の世に生まれたら鷗外のような境遇に置かれたことだろう。

近頃、電車の中で美しい女の人に目がとまる。（一九四三・三・一九）

佐々木も若い男子である。女性に目を奪われている。当然であろう。そして、これも非常に唐突に「尚子さんが本当に好きになりそうな気がする」（一九四三・八・九）とたった一行を記している。「尚子さん」の詳細は記していない。この人の拙い恋がいじらしい。

話を戻す。一九四三年一〇月九日の『日記』には「いよいよ一二月一日入営と決まった」と記している。この人の膨大な『日記』も終りに近づいてきた。一〇月九日より抜粋引用する。

我々はいま第一線に立って一年でも長く敵を食いとめ、以て国家の悠久の生命を守る楯となることを求められているのだ。学問は勿論あるが、軍隊で鍛えられてくれれば、我々の如き実際的、社会的な学問はいよいよ磨きがかかるだろうと思う。また、もし僕一人は斃れても、社会はただ一人の力のみが動かし得るものではないのだから、心配はない。喜んで出陣しよう。軍隊に入る以上、最も軍隊らしい所で働いてみたいと思う。主計官は御免だ。あんな仕事は僕たちの特殊技能でも何でもない。やはり飛行機に行くべきだと思う。ここでこそ自分の全能力が発揮できる。そして軍に、我が国に最も要求されているのもその能力だと思う。特に僕はまだ体も柔軟だし、運動神経は発達しているし、申分ないと思う。僕のような者が行かなければ行く人がいない。大いに腕を揮《ふる》って来ようと思う。

この人の入団には一点の曇りもない。さらに、「主計官」が御免だとし、もっとも危険な航空への強い願望を記している。主計官についてこうも記す。一〇月一〇日より抜粋引用する。

僕の成績を以ってすれば、そして栗原さんにでも頼めば、主計にはすぐなれるだろう。しかし僕はあえて僕の最も求められている所へ参じて働こうと思う。（略）海軍の操縦予備学生を志願する。僕が行かなくちゃ（一九四三・一〇・一〇）

ここで言う「主計」とは、「海軍主計官」のことである。簡単に言えば軍隊の中の総務事務方と言っていいだろう。事務方だから安全であるというのではない。主計として最前線に赴くことも勿論ある。海軍では巡洋艦以上の大型艦には主計も乗る。ただ、他の兵科とちがい、武器をとって直接に敵と戦うという場面はない。また、主計は給与や各種物品の調達配給を行う。そこには、それなりの「役得」もあったようだ。しかし、佐々木はその主計を拒否している。それどころか、最も危険な航空を志望している。航空に進むかどうかは「命令」ではない。「志願」である。それでは志願者が全て航空に進めとかというとそうではない。難しい選考があった。何よりも適性が必要であった。飛行機は最前線の決戦兵器である。その当時、航空を志望する人は多かったようだ。そのことは高い確率の「戦死」を選ぶことに等しい。佐々木はその航空を志願している。そして希望どおりに飛行予備学生に採用され戦闘機搭乗員となった。その行き着く先が神風特攻である。それでは佐々木にとって特攻は唐突なことであったのか、そうではないように思う。航空を選んだこととの必然であったように思う。佐々木八郎は主計を許否した瞬間に「死」を選択したのである。

佐々木の『日記』は一九四三年（昭和一八年）一二月八日で終っている。その最後のくだりを引用する。

（略）僕は今は遺言を書くまい。ただ今まで恩顧をうけた人々がそれぞれにそれぞれの道を真すぐに進んで、それぞれの天命を全うされんことを望むのみである。すべては大いなる天の解釈する所、各人が世界史の審判に何の恐るる所なく直面せられんことを望むのみである．幸いに諸兄、健康に、それぞれの道を歩まれんことを。そして、それぞれの人が佐々木八郎なる人間の与えた印象をそれぞれの人なりに濃く、淡くその胸にとどめおかれて進んで行っていただきたいと念願するのである．

これを以ってこの日記を閉ずることとする。

昭和十八年十二月九日午前二時四十分

一九四三年（昭和一八）一二月九日、午前二時四〇分に『日記』を閉じている。翌日の一二月一〇日は入団の日である。この日から出撃日の一九四五年（昭二〇）四月一四日までの約一年半の消息は分からない。『日記』の饒舌が一夜にして寡黙へと一変する。やることが半端ではない。この人らしい、この人の強い決意を感じる。

佐々木の『日記』を引用しつつ、この人の思考の軌跡を追ってみた。筆者の引用なり、解説が妥当なものとは決して考えていない。それほどまでに、この人の『日記』は質量ともに膨大である。筆者の引用と解釈が大きくズレていないことを祈りたい。

佐々木八郎には深い学識があった。しかし、この人は決して書斎人ではない。山を愛しスポーツを楽しみ、第一高等学校時代にはクラス運営に何かと腐心している。また登山部のトラブルの解決に奔走している。知性よりも感性を重んじ、思考よりも実践を尊び、さらに、この人の身体を貫いているものは、ある種の禁欲主義であったように思われる。頭で考える前に身体で実行する生活者であり、知性の豊富を求める前に悟りを重んじる行者であったようだ。他人に多くを求めず、自己練磨を心掛ける修験者である。このような性格が、特攻戦死へと直線的につながったと言うつもりはない。それは、この人の特攻戦死をすでに知っている後世の人間の「こじつけ」である。しかし、『日記』にはその数年のちの特攻戦死を予見したくなる記述が結構多く散見できる。

この人の『日記』を読み終えた瞬間にふとため息がついた。こんなに真摯で将来があり、さらに世界未来を見事に喝破できる有能な人が、たとえ切迫した時代背景があったとしても、一片の悔いもなく、泣き叫ぶこともなく、ある種の決意のもと、ごく当たり前のごとく従容として特攻機上の人となったことは驚愕である。この時代の摩訶不思議、あるいはこの人自身の摩訶不思議を感じる。

佐々木の『日記』は読みづらい。内容が晦渋であり、また、論理の飛躍がある。ついていけない箇所が多くある。さらに、佐々木の『日記』を読むのは辛くて切ない。何故なら、後世にこの『日記』を読む我々はこの人の特攻戦死をすでに知っている。しかし、『日記』を書く佐々木は、その瞬間には自分の特攻戦死を知らない。たしかに『日記』は「死」を予見している。しかしながら一方では、『日記』には思い悩みながらも青春の輝きがある、きらきらと光る未来がある。このことと特攻戦死との落差が、『日記』読む者に深い悲しみを催す。これが切ない。

筆者の勝手な推測ではあるが、特攻死は、前世からあらかじめ決められていた、この人の帰結であったのかもしれない。この帰結は、この人にとって、またこの人を取り囲む多くの人たちにとって、また、この人を必要としたその後の社会にとっては痛恨の極みである。しかし、この人は自己の意に反して特攻死したのではない。むしろ、その死を予見し、従容として死地に赴いたと考える。こう考えることによってせめてもの救いを感じる。

日本戦没学生手記編集委員会『きけわだつみのこえ』(東京大学出版部一九五一)では、この人の遺書として、この人のエッセイ『「愛」と「戦」と「死」―宮沢賢治作「鳥の北斗七星」に関連―』を掲載している。佐々木の人となりが滲みでている。後半の一部を引用したい。

そしてお互いに、生れもった運命を背に担いつつ、お互い、それぞれにきまったように力一ぱい働き、力一ぱい戦おうではないか。そんな気持なのだ。つまらない理屈をつけて、自分にきまった道から逃げかくれする事は卑怯である。お互いに、きまった道を進んで、天の命ずるままに勝敗を決しよう。お互いがお互いにきまったように全力をつくす所に、世界史の進歩もあるのだと信ずる。一箇の人間として、どこまでも人間らしく、卑怯でないように、生きたいものだと思う。

（略）

出来る事なら我らの祖国が新しい世界史における主体的役割を担ってくれるといいと思う。また我々はそれを可能ならしめるように全力を盡さねばならない。

（略）

戦に勝ちぬこう、頑張りぬこうという精神ばかりではだめだ。その精神の担う組織、生産関係を、科学の命ずる所によって最も合理的にする事こそ必要なのではなかろうか。ともかく、我々は我々にきまったように力一ぱい働くのみ。それ以上を望む事は神を冒瀆するものというべきであろう。

佐々木の思想性が先鋭的に吐露している。この人を知るうえで重要な一文である。海軍飛行予備学生第十四期会編『あゝ同期の桜』（一九五五年光人社）では、「昭和二〇年四月一二日（谷田部航空隊にて　日記）」としたうえで、つぎの一文を遺書として掲載している。これによると、佐々木は入団後にも日記を書いていたことになる。

遂に出撃の日は来た。外出より帰って、すぐその足を飛行場に向けた。昨日に続き今朝はB二九が来るので午前飛行となったが、B二九の来襲早く、飛行機分散。指揮所へ帰ると、二十名、今日二時に鈴鹿へ進出という。二d（注＝小隊）の小生は直ちに出撃と思ったが、果してその通り。

遅れたと言って泣く牛山、何かと世話をしてくれる戦友。俺は幸福者だ。十四期の先陣承った進発だ。平沢に一通手紙を書く。

彼を信じ、彼に感謝して行く身となった。本当に今の自分の心境にとっては、彼あることが何よりの心強い味方である。これほどまで深く感ずるとは、自分でも考えられなかった。

家へは何も書かない。心配させるだけだ。しかしこの間の外出は有難かった。おかげでマフラーと写真を持ってくることができたのだった。天佑だ。母の心づくしの薬だけが後々、母の涙の種となるだろう。三十五日分の用がなくなったのだから。

しかし、これが絶筆ではない。佐々木八郎著／藤代肇編『青春の遺書』の「解説　佐々木八郎の生涯」によると、佐々木は出撃一日前の四月一三日に二通の手紙を書いている。一通は東大の親友であった平沢秀雄あてである。以下引用する。

ここ南国の基地は八重桜の満開です。昨日から引き続き、絶え間なしに、再び還ることなき飛行機が飛び立って行きます。即時待機ですが、まだ出撃の命が来ないので一筆しました。昨夜はぐっすり眠りました。夕陽は蓮華の咲く畑の彼方に落ち、宿舎国民学校の庭の芝生は寮の初夏の様でした。兄と散歩に出た頃の黄昏の匂いを思い出して感無量でした。兄と二人写した写真と兄の遺髪、最後の便り、これだけは一緒に征かせてもらいます。また飛び立って行きました。もう命令の下るのも近いことと思います。総攻撃です。男子の本懐、言う言葉もありません。

聖代のもののふこそは神にあれや桜かざして今日も飛立つ
友どちの情こもれる身にしあれば空母沈めであだに散らめや

もう一通は父あてである。ところで、『日記』からは、佐々木八郎は父泰文とそりが合わなかったようだ。父への愛情とか尊敬が『日記』からは殆《ほとん》ど伝わってこない。むしろ反発している。その父へ佐々木八郎は出撃前日に、最後の手紙を出している。これを解説する藤代肇は「名文家の彼にしては珍しくつたない、幼児の昔にでも還ったような素朴な文章である」(『青春の遺書』より)と前置きをしている。

お父さん、もう会えませんが、いつまでも僕は、お父さんの側にいます。僕は、お父さんが大好きでした。口答え一つしたことはなかったけれど、お父さんを好きだなんて言ったことはありませんでした。
最後だから、言わせてください。
僕はお父さんが大好きです。
お父さんも、僕が大きくなってから、一度もかわいがってくれなかったけれど、お父さんの目はいつも温かくぼくを見守っていてくださいました。

この二編が佐々木の絶筆となったようだ。

佐々木八郎著/藤代肇編『青春の遺書』(前掲)に佐々木八郎の一葉の写真が掲載されている。「鹿屋基地宿舎で出撃を待つ最後の遺影」とキャプションが付してある。くつろいだ雰囲気だ。まだ飛行服を着用していない。背景にさりげなく写る同僚はすでに飛行服であることから、この撮影の直後に、この人も出撃の身支度をしたのであろう。カメラをしっかりと見つめている。しかし、これから「出撃」といった緊張感があまり感じられない。ごく日常的なスナップといった感じの表情である。

ところで、森本忠夫『特攻』（文藝春秋）によると、一九四五年四月一四日、佐々木八郎らの神風第一昭和隊の突入は記録されていない。目標到達を前にして、虚しく大空に戦死したものと推測する。

第三項　森丘哲四郎の日記

つぎに森丘哲四郎の軌跡を森丘正唯／伊東秀雄編『神風特別攻撃隊七生隊 森丘少尉』（同文館出版昭和四二年 非売品　以下『日記』とする）より追ってみたい。森丘は東京農業大学の在学から一九四三年（昭和一八年）一二月一〇日、海軍舞鶴海兵団に入団している。一九四四年一月に第一四期海軍飛行予備学生に採用され、同年二月頃に土浦海軍航空隊に転属、同年五月頃に出水海軍航空隊に転属、同年一〇月頃に元山航空隊に転属し戦闘機搭乗員としての訓練を受けている。

〔一九四三年〈昭和一八年〉二一歳〕

この人の『日記』は一九四三年（昭和一八）三月八日から始まる。森丘はまだ東京農業大学の学生である。その日の出来事なり感想なりを淡々と綴っている。例えば、

三月十日　水曜日　陸軍記念日

七時四十分　上野着にて農大受験生佐藤を迎ふるため農場を六時に出る。彼を青山の八千代館なる山本の下宿に落着かせたり。その折、森健殿に会う。

大井町カネボウへ洋服生地を貰いに行く。農場売店にしては立派だ。また美しくない（ママ）美人が八、九人も居たのには驚いた。閑暇のある人々だ。

十二時三十分　本郷に行き、野田兄に面接、昼食、映画などともにす。陸軍航空戦なるものを見る。かねてよりの希望にはあれど、余りに無気魄な、怠気の多い駄作の一つであった。ただ最後の空中戦はとりどころである。八十六銭の価値なし。
五時四十分　中野に野口先輩を訪う。色々快よく話しあいて帰れり。
三日月の淡い光の下、山に帰ればぺーちんの来訪ありしとか。全く残念と気の毒の至りなり。年少なる友なれど彼は全く良く出来た男だ。いま一つ彼にあつて欲しいのは野人的考えだ。即ち肉体は猛獣の如く、精神は公子然と。彼の肉体はいつ野人的になることやら。彼の母には俺が不足一つある。それは次の時に記す。

といった調子である。一八年三月といえば戦局は熾烈を加えて来た時期だが、日本国内はまだのんびりしていたようだ。『日記』は真面目で謹厳実直である。この人も音楽、とくにクラッシック音楽の造詣が深い。またラグビーも楽しんでいる。文武両道の人だ。

こんな生活も、その年の一二月八日に一変する。「学徒出陣」による海兵団への入団である。その年の一〇月二一日には明治神宮外苑競技場での「出陣学徒壮行会」が開催されているが、この「壮行会」は『日記』には触れられていない。

一二月八日、故郷の富山を出発している。翌九日の朝五時三〇分、東舞鶴駅に到着、そして一〇時に舞鶴海兵団（京都府）に入団している。一〇日は身体検査、この時すでに「飛適となる」と記している。要するに航空に適しているとのことだ。この瞬間にその後のかれの運命が決まった。

大学出身の学徒全員が「海軍予備学生」（将来の予備士官）になれたのではない。そのための試験があった。一五日に「予備学生の筆答試験」があった。この時の森丘の自己採点は「国語。四〇％しかできなかった」、「物数。六〇％できたと思う」としている。出来具合は芳しくない。さらに一六日には「飛適心理知能検査あり。多分四〇％できなり」、そして「予備学生は断念。少尉となり得ず短剣は夢だ。残念！　しかし、国に尽すに兵たると将校たると、何の差異これあらむ」として早々と予備学生すなわち士官（少尉）となること、そのシンボルである腰の短剣を諦めている。

全体の調子は海軍生活に違和感をもっていない。むしろ張り切っている。海軍は「美の尊厳の極みなり」とも言っている。

〔一九四四年〈昭和一九年〉**二二歳〕**

一九四四年（昭和一九）元日、この日の舞鶴海兵団の食事メニューを記している。それによると、朝食は二鉢で一つは「雑煮」、もう一つは「豆、キンピラ、カズノコ」。昼食は三鉢で「白米」、「カズノコ、コンビーフ、新香、スルメ」、「セリノ吸物」それに「虎屋の羊羹、アップル」がついている。夜は二鉢で「白米」、もう一鉢のおかずの内容は記していない。「アップル」もついている。

一月四日　晴

準備当番。清水健吉と二人でダビットへカッターの準備に行く。凍てついたカッターの内部の掃除及び必要装具を備えたり。分隊士同乗の三六号カッターは冬の舞鶴の海をすべる。前方に見ゆる空、山は何たる美よ。樹氷の美しさ、一人一人の雪人形が立ち歩いている如し。そして美は形容し難し。

撓漕三十分—　橈上げ—。またあの山が美しい。午前の日光に輝く山、雪、飛び舞う〝とび〟〝かもめ〟、水の色よ。岸の漁村の家々、〝吾妻の美〟。肉体の苦痛はどこへ。又新しき活力。おお、自然の美、天然の美の美しき偉大さよ。（略）

日本美に感激している。この人（たち）が守ろうとしたひとつに、この「日本美」があるように思う。森丘の祖国愛には一点の曇りがない。そして、この人は訓練を嫌がっていない。雪中行軍訓練も「快適、快適」と言っている。さらに食事も「断然美味」と言っている。この人の『日記』はその日の出来事と所感を淡々と記している。

一月二五日に「八時　学生合格発表。飛行学生に合格せり。男の最栄光の道への第一歩」と記している。筆者（私）は『日記』のこの件《くだり》を読んでいて、思わず「おめでとう」と呟《つぶや》いてしまった。『日記』によると、「千六百名中千名が合格せり。友人三名のうち一人は駄目だった」としている。ということは、大学等の学徒出身者でも残り六〇〇名は士官への道が閉ざされたということになる。とにかく森丘哲四郎は、この日に「第十四期飛行専修予備学生」に採用されたことになる。士官任官への道が開けた。

二月に入って、森丘は舞鶴海兵団から土浦海軍航空隊（茨城県）へ配属となる。そして、ここから飛行訓練が始まる。土浦でもこの人は日々の出来事を淡々と記している。例えば、

二月八日　火曜　晴天強風
総員起し、とともに風強きを知る。砂塵濛々として目を開き得ざる如し。筑波おろしの実力を見よとばかり。

負けるな予備学生、頑張れ。

軍制学。分隊士。

通信、さっぱり応聴しない。努力せよ。

手信号
初めて、菓子の配給あり。
夜、訓練防空演習あり。
酒保あり。(隊内売店などでの自由時間—引用者注)

二月九日　水曜　快晴
快晴なり、昨日に比して本日の天気。
午前、数学、通信、査定あり。三分の一しか出来なかった。頑張れ。
第四次限、五次限未だかつてなき素晴らしき戦訓あり。ソロモン方面の空中戦。
第八分隊長、　清水大尉
士官は元気でおせ、
積極的たれ、
明朗たれ。
ノート、せっけんをもらう。

と言った具合だ。ここでも食事のことを記している。二月一一日の「中食は豪華版たり。みかん、よーかん。するめ、れんこんの酢のもの、たこの甘煮　何から食べて良いやらと言いたいぐらい。舞鶴の元旦より以上なり」。この日は「紀元節」である。祝いの食事である。いつもがこうであった訳ではない。日常の食事はもっと淡白である。
二月一四日には、一つの決意を記している。

（略）朝八時三十分課業始めの時、教育主任の訓示。

諸子の命は八月までだ。八月には総員戦死、唯残るは上御一人おわしませば可。何たる無上の栄光よ。私は陸下のために死ぬることの出来る軍人として教育を受けているのだ。一日を大切にして身の修養を忘れず、最大栄光の下に死なん。


二月一七日にも食事メニューを記している。朝食は三鉢、「メシ」と「サトイモの味噌汁」と「タクアン」。昼食も三鉢、「メシ」と「タコ、イモ、コンニャク」と「タクアン」。夕食も三鉢、「メシ」と「カレーとサトイモの醤油煮」。これで栄養が保てたのであろうか。それでも、この人の士気は高い。二月二一日の『日記』から、

戦いは負け戦だ。然し再び進攻の日も近し。国民よ、悲観するな。十四期予備学生を忘れるな。彼等は今なにをしていると思うか。土浦に、横須賀に、また鹿児島にと。一万の士官候補があることを忘れるな。前期十三期先輩は既に中練（中間練習機―引用者注）教程中だ。ひとり海軍のみならず、陸軍にも相当数の学徒精鋭部隊があるのだ。


とにかく、何事にも前向きだ。零式《れいしき》艦上戦闘機（詳細後述―敗戦後は『ゼロ戦』とも言われている）の飛行を見ながら、「実に鮮やかなり。美の極致と考う」としている。後に彼自身も憧れの零式艦上戦闘機に搭乗することになる。

三月三日に「月給を初めて入手、十五円也。何も国に尽すことなくして十五円を頂ける有難さ」と記している。

一九四四年（昭一九）五月二六日に出水航空隊（鹿児島県）に転属となっている。この日から中間

練習機の飛行訓練教程に入る。

六月三日
生れし誇り、大和日本に男子としてわれは地球を眼下に望めり。
海軍航空士官となる日近し。
慣熟飛行　三十分
　美、快、壮、唯一なり。

七月五日
　そろそろ飛行時間八時間を過ぎる頃とはなりぬ。単独飛行の時期到来す。分隊にても十名内外ある様子。四ペアにては野田氏、山口氏等もかなり優秀の模様。自分も昨日は良好と宣言さる。人並以上に早く変ったことをなす時は優越感とて大なれど、今の私は唯大君に捧げる命の早く散り得る花たらむため頑張るぞ。

飛行訓練の成績は結構に良いようだ。その六日後に早々と単独飛行が許されている。

七月十一日
雛鷲巣立つ
独りにて翔けることが出来得たり。
単独（単独飛行—引用者注）を許す。
二十三名。分隊学生舎における初の単独飛行なり。

同乗時間　一〇時間
飛行日数　二十六日
回　　数　二十八回
単独行
今、此の一事こそ搭乗員たる吾々、私の終生の最大の喜びの一つなり。

と感激している。その二ヶ月後の九月二十六日には、

九月二十六日
卒業飛行
これまでの飛行時間三五時五〇分

と記している。

この日で中間練習機による飛行訓練が終った。つぎは実用機教程に入る。一〇月に元山航空隊（現朝鮮民主主義人民共和国ピョンヤンより東一七二㎞日本海側の地域）へ転属している。

ここで余談、特攻隊員は飛行訓練時間を短縮されたかのような風聞がまことしやかに今日でも語られている。極端な例では着陸訓練を割愛されて、一度の離陸で出撃したかのような荒唐無稽がジャーナリズムの世界では堂々と語られる場合もある。一人前に飛行機を操縦できるためには一五〇時間程度の飛行訓練が必要であったようだ。しかし、当時はそんな悠長を言っている場合ではない。それでも一〇〇時間前後の飛行訓練をし、さらに実戦訓練を受ける。全ての搭乗員の基本教程である。この

教程を修了してから、ある人は実戦部隊に、またある人は特攻隊員へと任命される。特攻隊員であるが故に飛行訓練時間が短縮された事実はない。ましてや着陸訓練を割愛されたなどは問題にならない。飛行機の操縦は自動車の教習どころでない。何十回となく離着陸を繰り返して飛行技術が高められていく。着陸訓練なしで出撃したということは、わずか一回の離陸が即出撃ということになる。そんなことは有り得ない。

話をもどす。森丘は一二月二五日に海軍少尉に昇任している。少尉の任官が余程うれしかったようだ。

戦斗機乗り、そして少尉。やはり嬉しい心持だ。これで酒と女でもあればなお面白いのだが。酒は多量飲めるようになった。出撃前に父と盃を交わしたい気持でいっぱいだ。母や郷には海軍少尉のスマートなる所を見せたい。村人には子供時代の悪戯をお詫びしたい。小娘たちには海軍士官の意気を見せたい。そして散りたい。これが裟婆気の表現なのだ。

子供達には大空の空戦の話もしてみたい。女学生には朝の飛行時の美、夕の美を語りたい。老人には散り行きし友の霊の安からんことを、ともに祈りたいと語りたい。恋人があれば隊における苦しき生活の一部を語ってみたい。また面白いことも。学友に会わんか、戦斗機乗りの仁義も切ってやりたい。村の青年には海軍の精神、無言の実力をみせてやりたい。親類の人々には航空食糧のことを話してやりたい。これが予備士官のあわれさと思います。みみずととんぼの自慢話で、とんぼがかく言いました。あっはっはっ。

断っておくが、森丘哲四朗はこの時にはまだ特攻を命令されてはいない。戦闘機搭乗員となったのである。そのことを素直に喜んでいる。この後、彼は訓練のことを一言も記してしない。空想にひたっている。それも女性の空想である。軍隊内での日記とは思えない〝プラトニックラブ〟を語る。二年まえに出会った「鈴木房江ちゃん（十四歳）」に思いを馳せている。そして「いつまでも純情であれ。若かれ。わが房江さん」としている。全体の印象は女性としてよりも、妹として接するかのような印象である。

転勤になった元山航空隊では、「小林治子　元山高等女学校二年生、お茶のお友達」のことを「美しい乙女なり。而して若さと伸び伸びさを風土的に失われた感多分にあり。自分の心の糧を彼女に求めん。われ、愛の心の影さす所、その内に生きることをわれは願う」と記している。「而して」以下の一文は少し意味不明だが、全体としてはこの女性への憧れである。『日記』は彼女のことに二回触れている。後述する。

〔一九四五年〈昭和二〇年〉二三歳〕

一九四五年（昭二〇）二月二二日は、この人にとっては運命的な日となる。特攻隊への編成が発表されている。

一大記念すべき日なり。

私の身を心を、祖国に捧げる得る日が予約された日だ。

何たる喜びぞ。光栄無上絶対なり。即ち、内々に海軍特別攻撃隊の一員として選に入りし日なり。

朝八時、搭乗員総員整列。司令より国家の直面せる重大性を訓示さる。

八時四十分、飛行長より分隊の編制替えを発表、各分隊長を指命さる。続きて隊長、各分隊士を指命、分隊員を指命。第五分隊、二十四名。われその一員たり得たり。

特攻隊編成のこの日から「酒」のことを記している。「酒が美味になった。最小限十本を必要とする」と言っている。

酒なくてなんの人生、これあらんの言の如く。酒酒、日曜日は酒漬の如く。また、色にも出にけりわが酒は、飲みしを人の問うまでは。酒を飲んで次の日の搭乗は苦痛だったが、今は平気だ。人生の失敗は酒にありとはいゝえ、絶対に酒には飲まれ難きものに候。(一九四五・三・二)

一方では実にのんびりと飛行訓練を楽しんでいる。

十三時三十分　私の愛機四三一号整備完了。試飛行に舞上る。高度四〇〇〇、四五〇〇、地上の暖かさははや極寒の気なり。試すべき事項終了。

高度二五〇〇なり。緩徐なる飛行機の上より元山地方を眺めながら

汽船は煙を
水鳥は群をなして
漁人の仕掛けし網を
また水底までも鮮かなる浅き所を

美の極致と見たりぬ。降着異状無し。まさに大空の漫歩なりき。(一九四五・三・二〇)

この人は大空の美しさ、楽しさ、そして素晴らしさを説く。これは、この時代に搭乗員となった全

ての人たちに共通する感嘆である。みんな大空を愛している。三月二二日に、もう一度「小林治子さん」のことに触れている。

彼女と語る言の葉は幾ばくとてなし。然れどもわれは愛す。君知るや、知らず。
彼女は琴も弾き得る人だ。私の結婚の理想の表現可能な女学生と思う。（一九四五・三・二〇）

彼はすでに死を予見している、だからこの愛が切ない。そして、この愛を振り払うかのように特攻訓練に励んでいる。

三月二十六日　春暖
本日より航法、空戦、爆撃の訓練を始む。一個区隊単位にて行う。
降下角度　三〇度、高度一五〇〇米、気速　二五〇ノット、引起し　四〇〇米。
快適だ。無念無想のうちに突撃して引起していた。しかし考えて見ると、いまのような調子では体当たりも完全に出来そうもない。小さな不安を感じた。私たちの降爆は切腹の練習である。

三月二十七日
降爆訓練
快適だ。大空高く舞い下る神鷲、美の極致なり。春霞む空のあなたより隼の如く舞い下る零戦（零式艦上戦闘機―引用者注）の勇姿よ。

では、この訓練は誰のための訓練なのか、誰のための特攻なのか。四月一日につぎのように記す。

（ただ私だけの物想いです）
治子ちゃんは誰が何と言おうと、私は好きでした。然しこれは私だけの考えであり、想いであります故。
私は特に彼女の幸福を祈りましょう。私はただ芸術品の美に接したるような感じのした人であった。
治子ちゃんのような人々が多く出来なければだめだ。女学生のうちに。

健康で若々しく美しき心を持って
　巨艦をも砕かむほどの武夫に
　　恋きくときは悔まざらめや

その人への愛ゆえに、その人のために命を棄てることも惜しくはない、と、そんな書きぶりである。そして、その人への愛を打ち消すかのように、「酒　酒　酒　すべてを破砕するものは酒だけだ。私は酒に負けた」と記す。

四月二日には、両親への一文を記している。実質的な遺書と考える。

御両親様へ
玉砕出来ることを念じております。
玉砕のこの時まで不孝者でした。残念です。然し敵艦船を轟沈せしめた時は、この不孝者をお許し願います。

顧みますれば、

幼時大病に侵さるること数度、死境を歩すること三度。御両親様の深き愛をもって今ここにあります。

中学時代、農大時代一日として、御両親様をご安心させた日とてありません。私が勉強し人間の修養をするべく努めなかったためです。出撃の命を戴き不甲斐なさを淋しく感じます。やはり人間は常に出来得るすべてをもって、修養しなければだめだと初めてわかりました。このことを常に御両親様から教えられておりながら、ああ残念です。

然し海軍における生活では、絶対に私は嬉嬉として散り得ると信じております。海軍の生活では常に父上の教えを守りました。（酒に負けたと書いたのは私の主観をもって見たる良心的反省です）そして誰にも負けない修養をしたと信じます。私の海軍の一年半はそれ以前のすべての生活より大きな進歩をしたと私は信じます。

八時十五分　整列。指揮所へ行きます。

発進の命あるやも知れませぬ。

翌四月三日は元山航空隊から、出撃基地（鹿屋）への進出であるが天候不良につき三日間の待機となる。最後の記事は「明日の天候を心す」（一九四五・四・三）。明日の天気の好いことを祈っている。この人の『日記』はここで終る。

森丘のその後の消息は『日記』からは分らないが、二人の女性がその後の姿を伝えている。島田たつ江は四月五日（一九四五年）のこととして、彼女の姉を訪ねてきた森丘哲四郎、岡部平一（少尉 予備学生出身 二二歳 四月一二日戦死）、久保田博（少尉 予備学生出身 二三歳 四月六日戦死）らに会っている。姉が留守であり、代りの面談である。島田たつ江は、「これが明日は散って行かれる方とは思えぬ愉快そうな元気なお姿でした」、「死んでお行きになる方ってあんなにも気高く美しいものなのでせうか、お話している最中でも幾度かその感を抱きました」、さらに「お会いして話していた時の三人の方のほがらかさに明日死なれる方々とは思われず」と森丘の父宛の手紙に認《したた》めている。(『神風特別攻撃隊七生隊』収録島田たつ江書簡より)

その一〇日後の四月一四日か一五日に、森丘哲四朗は出水航空隊の時からの行き付けの旅館を尋ねている。旅館の岩崎治子は「お話しをしていてもどことなくお淋しいそうでございました。そのうち、再びお部屋をお伺いしましたら、お部屋の隅でじいっと何かを考えこんでおられまして、それはいかにもさびしそうでございました」と遺族に語っている。(『神風特別攻撃隊七生隊』収録岩崎治子談より)

森丘の出撃時の様子を伝える史料がある。「昭和二十年四月十六日」作成の「第七二一空爆戦隊戦闘詳報第三号」(『海軍特別攻撃隊戦闘記録』アテネ書房　以下『戦闘詳報』)である。『戦闘詳報』とは、海軍が作成した作戦終了ごとの公式の戦闘記録報告書である。作戦の目的、経緯、参加人員、戦果や戦訓などが詳細に記されている。各種の『戦闘詳報』は本稿の全編で引用することになる。件《くだん》の『戦闘詳報』の「第三節　沖縄周辺敵艦船攻撃戦」に森丘哲四郎の名が記載されている。

これによると、森丘は四月六日に出撃命令が出て、実際に出撃している。しかしこの日、森丘は生還している。理由は「一六〇〇(一六時〇〇分―引用者注)発動機不調ノ為一機帰投」とある。エンジンが不調であったらしい。このことから、島田たつ江と会ったのは出撃前日(四月五日)ということになる。岩崎治子の旅館の場合は、一旦生還した後のことであったようだ。その時は「お部屋の隅でじいっと何かを考えこんでおられまして、それはいかにもさびしそうでございました」といった印象であったようだ。生還したことに罪の意識があったであろう。岩崎治子に会ったその日から二週間後に再出撃し戦死している。

因みに森本忠夫『特攻』（文芸春秋）によると、一九四五年四月二九日、森丘らの神風第五・七生隊は突入に成功し、連合国軍に何等かの損害を与えたようだ。

ところで、森丘が恋心をいただいた「小林治子」は、その後どうなったのであろうか、戦友であった野田克人が昭和四一年一二月の日づけでその消息を短くつぎのように記している。

ただ小林治子ちゃんご一家が二十四年（昭和二四年―引用者注）頃から連絡がつかなくなったのが残念でなりません。二十一年ごろに私が東京でお父さんと健輔君にお会いしたきりですが、治子ちゃんは森丘の写真を出しては泣いてばかりいるというお話でした。福岡県の筈ですがお元気でおられますよう、そしていつか連絡が取れますことを鶴首しております。（『神風特別攻撃隊七生隊』収録野田克人談より）

小林治子は戦後には元山から福岡に引き揚げてきたのであろう。しかし、その消息は分らないとしている。短い文面からも、その後の小林治子の切なく悲しい姿を想像せざるを得ない。残された人たちにとっても特攻はきびしい現実であった。

第四項　林市造の日記

つぎに林市造の心境を加賀博子編『林市造遺稿集　日なり楯なり』（櫂歌書房一九九五　以下『日記』）より引用したい。林市造は京都帝国大学より学徒出陣している。一九四三年一二月一〇日に海軍佐世保第二海兵団に入団、翌一九四四年二月一日に土浦航空隊に転属、第一四期飛行予備学生に採用されている。五月二八日より出水航空隊で飛行訓練を受け、同年九月二八日に元山航空隊に転属、そこで戦闘機搭乗員としての訓練を受けている。土浦航空隊以降の経歴は前述の森丘と全く同じである。所属部隊も同じ「七二一空爆戦隊」であった。林市造は森丘哲四郎とどこかで顔を会わせていたのかもしれない。しかし、両者の『日記』は、このことに触れていない。

この人の『日記』は一九四五年（昭二〇）一月九日より始まり三月二一日で終る。そしてその三週間後の四月一二日に特攻戦死する。短い期間の日記である。しかも、その期日の全ての日付けで記述されているのではない。飛び飛びの日付けである。だから、短い期間で、さらに短い『日記』となっている。『日記』の書きはじめでは、この人はまだ特攻命令をうけていない。しかし、今までの日記とはちがって、まさに特攻命令前後の心境を綴ったものである。戦死直前の心のうちが綴られている。

その内容は、母への限りない愛に溢れている。この人にとって母はこの世の全てであるかのようだ。この人にとって母は理想の女性、理想の人格であったようだ。一方、ひとりの兵士としての自覚にも満ち溢れている。この人の戦局への奉仕精神は佐々木や森丘と同等である。この人なりの特攻精神が横溢している。さらに、この人は敬虔なキリスト教徒である。『日記』の表題を「日なり楯なり」としているが、それは聖書からの引用である。母への愛、国家への忠誠　キリスト教徒、一見矛盾するこれらのことが、『日記』では矛盾することなく同居している。

〔一九四五年〈昭和二〇年〉　二二歳〕

一月九日　火曜日　晴

珍しくも新しき手帳貰えるに依り、日記をはじむ。私が軍籍に身をおきてより一年余りの日がたっているが、その間の私の変化は如何であるかということが、私の最初の反省の材料となる。私は大人になった。人にあざむかれることが少くなった。このことが最も感ぜられる。すれて人が悪くなったと云えるかもしれない。そして私が最も期待をかけていたものは、遂に求め得ないのではないかという予感が残念に頭をかすめる。

戦に出ることは私達の希望であるのに何故いつまでも出ることが出来ないのか。私は焦燥を感じている。私が得んと欲するものは戦の中より外にない。

窓の氷がとけて珍しく暖かい日、

私達は今日も飛行機にのらない。空をとぶ編隊が、指揮所から、しんみりとながめられる。ここ元山に桜が散って若葉まで、決戦の時に際会しながら剣をとって、馳せつけ得ない悲しみが、私の力を抜いてしまうような気がする。

今日の寒稽古は、楽しかった。久しぶりにあんな気持になれたことが嬉しい。

林は戦闘機搭乗員としての自覚を、さらに今の自分の役割が何であるかを、しっかりと悟っている。この悟りに一点の曇りも感ぜられない。

一月十二日　金曜日　晴

大分気分がよくなった。来週にはなおると思う。

考えが此の頃散漫になったのが目につく。

考えると云うことが煩わしい。風景をみても珍らしきものがない。

取りのこされた様な私達、戦線にたつのが、遅れるだけ、何か無気力な気が襲ってくる。毎日飛行機にのっていればこうでもないが前日より林は頭痛があった。じんましんである。この日は少し良くなったようだ。そうなると今度は戦線から遠くにいる自分に焦りを感じている。せめて訓練でもあればいいと思っている。飛行機に乗りたいと言っている。

一月二十九日　月曜
母からの手紙の返事未だかかない。

お嫁さんの話なんか私には真に縁遠く感ぜられる。勿論ほのかなる思いを感ぜざるわけでもないのであるが。

私は明らかに死する身である。

だけど私が死を思わざるに何の不都合があろう。私は結婚してもよいと思っているけれど、他の人からみれば明らかに死にゆく身である。結婚が一方的なるものでないかぎり、結婚するという女が道具でない限り、それは成立せざるものである。


林の結婚観と女性観が興味深い。このような感情は、その当時航空を選んだ人たちの共通する認識であったようだ。前述の森丘哲四郎も、表現は違うが、同じ意味のことをそれぞれの言い方で『日記』に記している。若い男性である。女性への憧れがあって当然である。しかしながら、死を自明としている身にとって、結婚に何の意味があるのか、それは一人の不孝な女性を生むだけである。結婚や女性を考えることは、当時の搭乗員にとって絶対に慎まなければならないことであり、それは一つのモラルであったようだ。その翌日には、結婚観とは違った、全く別のことをつぎのように記す。

一月三十日　火曜日　曇

小事にかかずらわってはいけない。私の前には大事が控えているはずである。私は私の任務をしかと見とどけるべきである。

容姿、姿勢、才力、地位、富、私はそのいずれもが不完全なるを知りすぎる位知っている。これはいつにても不意に私達の眼をふさぐ。これを煩悩というのであろう。だがまどわされてはいけない。私達にとってそれが魅力であるということは悲しいことである。それらを得ることが快楽を与える。私達はあまりにもこの楽の前にかよわい。

快楽を得んと欲すれば私達は世をすてねばならない。私達は嫌な目をみねばならない。

私はこの決断がつきかねる。闘いに自信がないからである。

私はすぐ瀬踏みをする。私は私の目にうぬぼれている。私は盲目にならなくてはいけない。

私は私を信じている故か、生活にふれて、世のきたなさをみる。何故にきたなく思えるか、このところに案外なものがあるかもしれない。

恵まれたるものは勝者なるか。

霊の世界と物の世とは遂に離れ得ざるものに非るか。人の性質といふものは関（以下空白）

前半は外観上の容姿だとか地位、金に惑わされてはいけないとしている。そこまではよく分った。しかし、後半部分がよく分らない。林は何かに悩んでいるようだ。これからの戦さの成行きに思いを馳せているのであろうか、それとも彼の人生そのものを論じているのであろうか。とにかく悩みは深いようだ。ところで「(以下空白)」とあるのは『日記』を出版の際に編集者が付けた注釈と思われる。原文では、林は文字どおり空白のままで何も記さなかったのであろう。

二月六日は彼の誕生日で二三歳としている。一九二二年生まれだからそうである。その日から一六日後の二二日に、ついに来るべきものが来た。特攻編成命令である。この瞬間をつぎのように記す。

二月二十二日
私達は大君のまけのまにまにと云う言葉の通りに行けばよい。
私達は死場所を与えられたるものである。
新しく編成せられたる分隊の下、私達は突込めばよい。
人間は忘却する術を有する動物である。

前述の森丘哲四郎も同じ日に特攻編成命令を受けている。森丘は「一大記念すべき日なり」「何たる喜びぞ。光栄無上絶対なり」と記している。それにひきかえ、林市造はもの静かで控えめだ。どこか消極的な響きもある。その理由は翌日の『日記』のなかにある。少し長いが重要な一節である。

二月二十三日
私達の命日は遅くとも三月一杯中になるらしい。
死があんなに怖ろしかったのに、私達は既に与えられてしまった。
私は英雄でもなく、偉丈夫でもない。凡人である身には世のきづな（ママ）と絶たれることが、耐えられなくなってくる。私は遊びという遊びはやったことがないけれど、遊びというものに対しては、未練はあってもたいしたことはない。私の過去は少くとも私の環境は美しかった。それだけ私は夢をみて死ねる気がする。だけど、私の母のことを考えるときは、私は泣けて来て仕方がない。母が私をたよりにして、私一人を望みにして二十年の生活を闘って来たことを考えると、私の母が才能のある人であり、美しい人であり、その半生の恵まれていた人であっただけ、半生の苦闘を考えるとき、私は私の生命の惜しさが、思われてならない。

私もともども楽しい日を送りたかった。

世の人はいろいろの慰めをいうかもしれない。けれども母の悲しみのいやされることが、あるべき筈がない。

戦死であっても子を失ったということに代りはないのであるから。

私にとっては、死は心残りのすることであっても、行くべき道であり、私の心は敵船上めがけての突込みには、満身の闘志にもやされるに違いない。

世の人にほめられる嬉しさもある。大君の辺に身を捧げた安心もあるに違いない。

けれども母にとっては私の死は最後でしかないであろう。

母のことを考えると私は泣くより仕方がない。

しかし、若きもののふの戦に死ぬことは、子を失うことは、全世界の人にあたえられた試練である。私の母が悲しかりとも、世の人よりおくれて最後までのこるものとは思われない。必ず立直ってくれるであろうということが信じ得る。

それにもまして、私は私の母が信ずる神を信じているということは何という強味だろう。すべては神のみむねであると考えてくると私の心はのびやかになる。神は母に対しても私に対しても悪しくなされるはずがない。私達一家への幸福は必ず与えられる。

私はいつか死んでも、いつか母と一緒にたのしく居ることを夢にみる。残る世の人々が、きたなかろうとも（私が美しいとはいいはしない。私に比較してというのである。それはあまりに、だいそれた、あつかましい思いかもしれないが）私は国の美しさを知っている。世人の幸福という漠たるものは私の胸を打たないけれども、祖国の栄えるということは、危急のときにあたって私の必死のねがいである。

この国が汚い奴らにふみにじられるということは私にはたまらない。私は一死以って、やはりどうしても敵を打たねばやりきれない。

大君の辺に死ぬ願いは正直の所まだ私の心からのものとはいいがたい。

だが大君の辺に死ぬことは私にさだめられたことである。私はそれを、私はこの道をたどって死にゆくことにより安心の境に入れることを、心から信じている。

死は忘却の内に行わる。私の感情の激するときは忘却するときである。私は死の瞬間を恐れることはない。私は死の恐怖が私の生活をみだすことを恐れなくてはならない。


この人は自分の役割をしっかりと認識している。その覚悟もしっかりとしている。しかし、母のことが気懸りのようだ。林の悩みの根源がここにあるように思う。もし、特攻に消極的な響きがあるとしたら、母への限りない愛が断ち切られることの憂いである。しかし、この悩みもキリスト教によって一瞬のうちに解決する。その解決の行く先が「大君の辺に」死ぬことの安心となっている。読むものにとって、この人の本心がどこにあるのかよく分からない。林自身もこの時によく分って書いているようにも思えない。

しかしながら、この人の戦争指導への批判は鋭い。舌鋒鮮やかである。


（略）


世にもてはやさるる軍人も、政治家も、何と、薄っぺらな思慮なきものの多きことか。

誠の道に適えば道が分るはず。まさに暗愚なる者共が後にのこりてゆくを思えば断腸の思いがする。

大君の辺に死ぬことは古来我々の祖先の願望であった。忠なる人とは大君の辺に死ぬことをこい願った人のことである。

身を草奔の軽きに置かず、勿体なくも、大君のために自分が死ぬと云う。私は勿論、大君のためと云うた人々のすべてが、自分の国に対する力を過大に評価して居たとはいわぬ。だがかかる人の何と多きことか。

宛然国中国を確立する軍人に於てかかるものの最も多きことは痛憤にたえないところである。老幼男女、一般の人々は日々の生を楽しんで居てそれ以上について云々しないのであるから　最もよき民草である。罪ありとするも軽い。しかるに枢要の地位にたつものは、殊に軍人は、その置かれたる位置に乗じて、許しがたき罪、赤子であること、民であることを忘れるという罪をおかしてはいないのか。（一九四五・三・一九）

日記といえども、ここまで書いて、これが知れたら林の身が危ない。しかし、林は平気で書いている。実は林には、ここまで書ける自信がある。

私はすでに逃げる時間がない。残されて居る時間だけで、私の用を弁ずるに足りないのであるから、私は私の願望をとげることを、この最後のときにとげようと思う。私はもうこんどは逃げはしない。私は断乎として立向わねばならない。（一九四五・三・一九）

この記述は三月一九日である。林の特攻戦死は四月一二日であるから、特攻戦死二四日前ということになる。林には、すでに怖いものはなかった。しかし、林はあくまでも自分に正直であった。最後の最後まで、悩み続け、悩み続ける自分を隠そうとしていない。

彼の短い日記の最後の日付けは一九四五年の「三月二一日」である。つぎにように記す。

三月二十一日
雪どけのせせらぎの音が独りで日当たりの掩体によりかかっている私を
古里の土筆つみし小川のほとりにさそう。私はしばし幼かりし頃に帰る。

今零戦が敵機をむかえに飛びたたんとする時。

短き生命にも思い出のときは多い。恵まれた私には浮世との別離はたえがたい。けれど思いかえすまでもなく私は突込せねばならない。

出撃の準備整うてくるにつれて、私は一種圧迫される様な感じがする。耐えがたい。私は私の死をみつめることはとても出来そうにない。この一期に生きる。

安心立命の境地にたっしていない私には、ともすれば忘却の手段をかりて、事実を瞬間まで隠蔽させせようとする。

けれども今私は手段を選ぶべきではない。その瞬間までも求めて、ばたぐるわねばならない。

逃げににげた私の生命であれば、ここそは、最後の花をさかせる時なのだから。文をかいても又文にだまされてしまいそうである。

人間はなんでこんな術を覚えたのか、弱い。

そして私はその弱さにこのんで沈んでいる。

絶望、絶望は罪である。

母からの便りまてど来たらず。私はこの時に至ってもやはり楽しかった家庭が忘れられない。

今一度でも会えざりともたのしみにひたりたい。

のこされし時間は少くとも私は私自身一個の精神となって死んで行きたい。

私は（以下空白）

『日記』の最後をこのように記して、林市造はその日から二一日後に鹿屋（鹿児島）から出撃し特攻戦死している。最後の「私は」のつぎの「（以下空白）」では、林は一体何を言いたかったのであろうか。それとも、言うべき言葉はすでに出尽くしていたのであろうか。

ところで、この人は出撃直前に母に手紙を送っている。これは遺書と考えてよい。『日記』もさることながら、この遺書にこそ林の心境が最も明確に吐露されているように思う。かなりの長文である、全体の文脈からも一言一句も省略できない。『林市造遺稿集　日なり楯なり』より全文を引用したい。

その後お元気のことと思います。

私達の隊の名前は神風七生特別攻撃隊です。

本日その半ばが沖縄沖の決戦に敵船團に突入しました。私達の出撃も二三日中に決まっています。案外お釈迦様の誕生日かもしれないですね。

鹿屋基地の学校の仮士官宿舎でごろねして電灯がないので、たきびして、明るくしてこれをかいています。戦果がぞくぞくあがって来て後続の私達はすごく張切っています。

夕方散歩してレンゲソウ畑にねころんで昔をしのびました。朝鮮から一ぺんに南の国に来て、桜の散っているのにびっくりしています。けれども、内地の暖い緑が目にしみるようでなつかしいです。

お母さん、私が死んでも淋しがらないで下さい。名誉の戦死、それも皇国の興廃をかけた戦に出て往くのですから有難いです。飛行機で九州に入ってから、博多の上はとおりませんでしたが、腹一杯歌を歌ってなごりを惜しみましたよ。もう余り思いのこすことはありません。云いたいことは梅野にことづけました。ここでの情況を書くのです。

私が戦死したあと、私のこと、お母さんの思われるように処置して下さい。どこにもかしこにも筆不精して手紙出していませんから、よろしくいうことを忘れないで下さいね。最後のしりぬぐいをさせるわけですけど、手紙かきたくとも、もうそんなひまはないのです。きょうも又征きてかえらざる人々がぞくぞくと敵艦めがけて出て征きます。颯爽たる基地のありさまがみせたいですね。日記類は必ず焼き捨て下さい。人に絶対に見せてはいけないものですからね。必ずですよ。

出撃の服装は飛行服に日の丸の鉢巻をしめて純白のマフラーをして義士の討入のようです。お母さんの、千人は右に萬人は左にたおるとも……のかいてある国旗も身につけてゆきます。お母さん達の寫眞をしっかと胸にはさんで征こうと思っています。満喜雄さんのも。必ず必中轟沈させてみせます。戦果の中の一隻は私です。最後まで周到に確実にやる決心です。お母さんが見て居られるに違いない、祈って居られるに違いないのですから安心して突入しますよ。

お別れにはいなりずしと羊かんがつきますよ。弁当をもって征くのもなかなかよいですね。

立石さんからもらったかつをぶしもお守りと一緒にもってゆきましょう。お母さんのとこにゆくのに一寸海の中をとおっていかねばならないですからね。満喜雄さんと博子姉さんには葉書を一緒にかきました。何か会えば話は多そうですがなにもないですからね。みんなでたのしかったですから、かえって何も書くことがないのだと思っていますけどよろしく。仲之尾の人々にはくれぐれもよろしくおっしゃって下さい。散々あらしまわったですからね。お母さん達去年の秋ゆかれたでしょう。羨しかったですね。

何だか夢のようです。明日は居ないのですからね。昨日でて征った人々が死んでいるとは思えません。

なんだか又ひょっこりかえってくるような気がします。お母さんも長らくあわなかったからそんな気がするでしょうね。でもあっさりあきらめて下さい。「死にし者は死にし者に葬らしめよ」です。後にたくさん人がいるのですから皆でたのしく暮して下さい。私達の中には、全然母一人子一人の者もいますよ。

思えば映画「陸軍」でみた博多が最後となりました。博多には一度かえりたかったです。お母さん、私もぐちをもうこぼしませんから、お母さんも私についてはこぼさないで下さいね。泣いたってかまいませんが、泣いてくださいね。やっぱり、あまりかなしまないで下さい。私はよく人に可愛がられましたね。私のどこがよかったんでしょうか。こんな私でも少しはとり得があったんだなあと安心します。ぐうたらのままで死ぬのはやはり一寸つらいですからね。敵の行動にぶり勝利は我にあります。私達がつっこむことにより、最後のとどめがさされましょう。うれしいです。我々にとりて「生くるはキリストなり死するも又益なり」です。これが誠に痛切に思われます。

生きているということは有難いことです。でも今の私達は生きていることは不思議です。当然死ぬべきものなのです。死ぬことに対し理由をつけようとは思いません。ただ敵を求めて突入するだけです。

私は甘やかされましたね。今から考えると勿体ないです。境遇のよかったことは私の誇りです。この誇りを最後まで保持しようと思います。私から境遇をひいたら零です。

随分ぐうたらですが一人前人の前に居れたのが有難いです。

なにか変な話になりましたが、今日は一寸ねむいのです。又時間があったらかき加えましょう。もう余りなごりを惜しまなくてよいですね。お母さんにはなにもかもわかっているのですから、あわてません。もう死んでもよいですね。ここらでお別れ致しましょう。

お母さんに心配かけるばかりで何一つ出来ずに、安心させることが出来ずに死んでゆくのが残念です。許して下さいね。これだけが心残りです。でもお母さん、千代子姉さん、博子姉さん、満喜雄さんがいますから大丈夫ですね。

　満喜雄さんは私よりずっとたのみがいがありますよ。これだけは間違いはありません。安心して下さい。

　潤子ちゃん、陽子ちゃん、宏明ちゃんによろしく、一度顔がみたかったです。ずい分かわいらしくなっていることでしょうね。

　私の服なんかありますが、なおしたらたれ《（ママ）》でも着れましょう。せめてもの餞別です。缶づめとか、キャラメルとか、酒とかありあまるほどいただいて久しぶりで内にいてめしのくえなかった頃がなつかしいです。特攻隊といってもたいしたことはなくほまれでもなんでもないですが、お母さんだけはほめて下さいね。惜しんで下さい。

　お母さんや兄弟達に思っていただければ充分です。まだ他にも友達が知人が居られて惜しんで下さいますね。益々嬉しいです。皆によろしくいって下さい。有難いと云って居たと。なごりはつきませんね。

　お別れ致します。

　市造は一足先に天国に参ります。天国に入れてもらえますかしら。お母さん祈って下さい。お母さんが来られるところへ行かなくてはたまらないですから。

　お母さん、さよなら。

　千代子姉さん、博子姉さん、満喜雄さん、潤子ちゃん、陽子ちゃん、宏明ちゃん、光兄さん、貞廣兄さん、さよなら。

　こんな手紙かいて未練だと笑って下さらないで下さいね。

さよなら
市造

母上様
皆々様

この遺書の読後感は、筆者（私）が下手な解説をする必要はない。この遺書を読むひとりひとりの方々の感性に任せるべきであろう

この人は根から優しい人であったようだ。多くの遺書に見られるような紋切り型の表現が全くない。語りかけるような柔らかい口調である。「特攻隊といってもたいしたことはなくほまれでもなんでもないですが、お母さんだけはほめて下さいね」と、この人一流の表現をしている。とにかく、ゆったりと流れる大河の如き豊かさと落着きを感じる。その静かな湧き出る流れが母を包む。ここまで愛された母は幸せだ。しかし、その愛と幸せが突如として断たれる、その瞬間に林は怖れおののいている。この人は本当に正直な人だ。こんな豊かな人が、惜しげもなく、何の未練もなく、一握りの肉塊となって大空に、大海原に散っていかねばならなかったことは、今更ながら痛恨に耐えない。

この日（一九四五年四月一二日）は日本陸海軍による特攻出撃総数は一九七名（一二〇機）、そのうち体当たり成功は一二機、至近命中は四機、連合国艦船の被害は一八隻に及んでいる。前述の『戦闘詳報』の「第六功績」では僅かに一行で「功績抜群ト認ム」と記しているが、森本忠夫『特攻』（文藝春秋）によると、林市造らの神風第二・七生隊の戦果は虚しく終ったようである。

第五項　日記『くちなしの花』

三人の日記はそれぞれに違う。佐々木八郎は現状の日本の全てを知り尽くし、その上で全てを達観し、従容として特攻機上の人となったように想う。行者然とした、凛とした姿を彷彿とさせる。

森丘哲四郎は海軍に理想を見出している。おそらく神風特攻にも同じ理想を感じたのではないかと推測する。この人の写真は颯爽としている。飛行服を着るために生れて来たような人ある。しかし、出撃前の様子は少し違っていたようだ。どこか淋しさを漂わせながら飛びたっていったのではないだろうか。とにかく情熱的で美しい人だ。

林市造は母への一途な思いがあった。まるで恋人のようだ。母への思いが、この人の心の支えになっている。出撃直前におにぎりのようなものを頬張っている写真が残っている。おそらく稲荷寿司であろう。大口を開けて旨そうな表情ではある。しかし、どこか無理をしているような感じもする。朴訥とした根から優しい人だ。

この人たちは、それぞれの思いと、それぞれの納得の仕方で出撃していった。出撃直前の表情は様々である。しかし、この人たちには、唯一共通するものがある。「特攻戦死」という事実である。さらに、この「特攻戦死」の事実の中に、もうひとつ共通するものが潜んでいるような気がする。それは、気高く美しい母を育んだ日本を、美しい乙女の棲む日本を、自然美に輝く日本を、その日本の全てをわが身をもって護ろうとしたこと、そして、そのことが自分たちの使命であるという自己犠牲の中に、この人たちは日本の未来と繁栄を夢見たのではないかということである。

この人たちの『日記』を読んで、更にひとつの感慨に浸った。それは、この頃の日本軍は、この人たちの「優しい心」と「美しい人柄」、すなわち自己犠牲の精神に頼って戦をしていたということだ。

本章を終えるにあたって、このことを記して置きたい。

戦《いくさ》は「戦力」と「戦技」で闘うものであると考える。「戦力」とは闘うための力であり、「戦技」とは闘うための「技」である。そして、勝ちを得て生き残る力である。これは兵士への不断の訓練、兵器のたゆまぬ開発、戦略の構想と戦術の開発、そして、これらの合理的な組み合わせによる部隊の編成、そして、実戦による検証、更なる「戦力」と「戦技」の構築、このようなサイクルを経て、さらに高められた「戦力」と「戦技」が、軍隊という組織を通して、ひとりひとりの兵士に集積されることが、そして、そのひとりひとりの兵士が最後には「生き残る」ことが戦争遂行の条件であり、戦における勝利への礎となる。そのためには膨大な国家予算と長い年月の積み重ねが必要である。敗戦直前にこのことを当時の日本に求めることは無理である。しかしながら、まだ余裕のあった時期に、実は日本はこの「戦力」と「戦技」の開発を怠っている。「怠っている」は言い過ぎかもしれない。たしかにそれなりの努力はあった。アジア太平洋戦争の初戦では、たしかに、日本軍に「戦力」と「戦技」はあった。しかし、日本海軍はミッドウェイ海戦（一九四二年六月）の敗北により、それまでの「戦力」と「戦技」は瞬時にして海の藻屑と化してしまった。日本海軍の「戦力」と「戦技」は所詮少数精鋭でしかなかった。面の広がりがなかった。少数精鋭の一角が崩れると、後には何も残らなかった。それに比して連合国軍はミッドウェイ海戦を境にして益々「戦力」と「戦技」を高めていった。一九四五年（昭和二〇）にはその差は歴然となった。この差を覆い隠すかのように、日本軍部は兵士に悠久の大義に生きる精神を説いた。しかし、こんな形而上で戦が勝てる道理がない。そこで、日本軍部が最後にすがったのは、若者の中にすでに育まれていた、この人たちの「優しい心」と「美しい人柄」、すなわち禁欲的な自己犠牲の精神である。

「戦力」と「戦技」の全く欠如した、ただ単に「優しい心」と「美しい人柄」にのみ頼った戦の結末は歴然である。その戦死は崇高ではあっても、その敗北は悲惨である。この「優しい心」と「美しい人柄」をもった人たちがすなわち特攻隊員たちであった。国家による不断の努力があって、精一杯の「戦力」と「戦技」のもとでの戦死なら、まだ納得がいく。しかし、国家努力の不足を補うかの如く、これら「優しさ」と「美しさ」だけを唯一の「戦力」として、そして「戦技」不十分のままで多くの人たちが戦死していったことには、やり切れない気持が残る。

その当時の日本軍でも優れた「戦力」と「戦技」のもとで闘った人たちもいた。それでも連合国軍との較差は如何ともしがたく多くの人たちは戦死した。しかしながら、一方では優れた「戦力」と「戦技」があったが故に生還できた人たちもあった。

しかし、特攻隊員たちは全く違う。この人たちには、端《はな》から「戦力」と「戦技」が与えられていない。この人たちの「戦力」と「戦技」は、まさしく、生れた時からもっていた「優しい心」と「美しい人柄」である。これがこの人たちに残された唯一の「戦力」と「戦技」となった。この自己犠牲は崇高である。しかし、勝利するための力でもなく技でもない。「戦力」と「戦技」のないこの人たちにとって、初陣が特攻出撃となった。軍隊での初めての出撃が最後の戦場となった。この人たちの生還は端《はな》から零である。

それでも、この人たちは国家に対して何の恨みもなく、むしろ日本に生れたことを誇りに感じつつ、実によく闘った、否、闘いすぎた。

そこで、以上のことを実感するために、もう一つの日記を紹介したい。宅嶋徳光の日記『くちなしの花』（光人社）である。宅嶋徳光は学徒出陣ではない。一九四三年九月に慶應義塾大学を繰り上げ卒業し、第一三期飛行予備学生として採用されている。第一三期も特攻隊員となった人が多い。しかし、宅嶋徳光は特攻隊員ではない。一九四五年（昭和二〇）四月九日、一式陸上攻撃機（後述）による金華山沖での「任務デ飛行中宮城県牡鹿郡金華山沖ニ於テ遭難シ死亡」となっている。

この宅嶋の『日記』も、この人固有の「優しさ」と「美しさ」で綴られている。軍隊とは、そして戦とは人と人の殺し合いである。殺すか殺されるかの二者択一の殺伐とした世界である。宅嶋もそんな「人を殺すため」の軍隊に入っている。たしかに、宅嶋の『日記』にも、今、自分が置かれた環境と自分の役割への覚悟がある。しかし、『日記』全体の記述は、そんなこととは全く裏腹の、人としての「優しさ」と「美しさ」に溢れている。例えば一九四四年（昭一九）三月一九日を、つぎのように記す。

三月十九日（夜十一時）

新しい印象とか感銘とか情緒とかは、それが薄れない裡に書き記しておく方がよい。あすにしようと思ったこの一日の日記も、今夜の裡に書いておこう。

人間の感情はその営む生活の状態や種類や出来事によって明らかに変化する。私も軍隊の生活に入って、そして母の不幸（母の死—引用者注）に出会ってから、ことに鮮明な活き活きとした感情と、至純な、物事に感じ易い性格を復活したように思える。

訪れた天草の一日に、私共に与えられた島民の心からなる敬意と厚遇と温情とは、少なからず私に深い感動を与えた。果して自分如き者にという控え目な面映ゆさと、またその一面に、分に過ぎた悦びを感じた。あの時は、そっと奨められた肩越しの接待の湯茶の一杯に、私は優しい人の情と、そして母の親しみを思わないではいられなかった。私はふと思わず涙した。母を失ってまだ日浅い私の心に、このような情の慈雨は、言う力なく有り難くなつかしいものであった。同じ悲しみと、同じ心を持つ人こそ、このような細い情緒の絲に共鳴し、理解し易い感受性を理解してくれるであろうことを信ずる。

天草の人々に亡き母と似た優しさを感じる。ところで、天草の人たちは、宅嶋個人として接待したのではないだろう。「私共に与えられた島民の心からなる敬意と厚遇と温情」は、命に換えて自分たちを守ってくれるであろう軍人として、海軍搭乗員として接待したのであろう。そんなことは宅嶋自身が良く知っている。

この人情と亡き母の優しさの思い出が重なり、宅島は涙している。そして、このことが、戦《いくさ》への覚悟を確固たるものにしていく。

宅嶋には恋人がいる。八重子さんである。その恋人に宅嶋は突き放したような厳しい言葉をおくる。つぎのように言う。

三月二十一日

（略）俺は俺であっても、俺の俺ではない。このことは、賢明な君はよく理解してくれると信ずる。最早、私は君一人を愛すること以上に、日本を、そして君を含めた日本の人々を愛している。

このようなことを書いたからといって、俺は決して思い上った怒号的なジンゴイズム（jingo-ism—好戦的愛国主義—引用者注）に陥っているわけでも何でもない。在学当時、私の心を育んだ憂国の理智を、愛国の情にかえたまでのことである。このことも君には話したことがあると思う。君に会える日はもう当分ないだろう。或いは永久にないかも知れない。

すでに、宅嶋は覚悟が決まっている。死を予見している。「憂国」を「愛国」に換えたまでと言ってのける。これは価値観の転換に等しいものであるが、宅嶋はこともなげに悠然と転換している。時代がそのことを求めている。このことのためらいとか苦悩なりを余り感じさせない。これも、この人一流の優しさなのかもしれない。恋人八重子さんへのつっけんどんな無愛想も、この人なりの禁欲的な自己犠牲という優しさが根底にある。

三月三十日

俺も君達が平和な日々を過ごせることのためには、本当に生命も惜しくないと思っている。昔の武人は、そして今日もある若者の間には、死の代償として無意識に、あるいは意識的に、名誉を欲するものがある。俺は公衆に抜きんでた一人ではない。公衆と同じ様に頭を揃えたところの一人なのだ。恐らく、俺の存在を知っている人は極く少ない。従って、極めて平凡な、極めて世俗的な人間故に、自己の名誉を望むほどの卓越者だとの自信は持たぬ。

ただ、俺の行為が、将来君達の平和な幸福な日を築くに、僅かながらの用を成すならは、俺は俺の今までのあらゆる不幸に、耐えしのんできたことの意味があると思う。（略）

宅嶋には卓越した表現力がある。だからうまく表現出来たのであって、海軍搭乗員を選んだこの時代の全ての若者の考えを代弁しているようにも思う。宅嶋は自分を特別な人間とは決して思っていない。ここにも禁欲的な自己犠牲の精神が息づいている。

四月二日

静かな田舎家の離れに、楽しい春の一日を送る。椿、桜、桃などと春は美しい花の装いに人の目を悦ばす……。

母はよく、このような美しい風景にふれると、私を呼んだものだ。

「ちょっと出てみて御覧、とても綺麗」

俺は今もそのように呼ばれた気がした。

母は父に嫁いで都会に生活するようになっても、決して素朴な農民の感性は失わなかった。俺は幼い頃、母の里帰りに伴なわれて、このような静かな、もっと寂しい母の家に泊ったことを覚えている。岩にあたる渓流の激しい怒声と、ふくろうのなく声が、夜は無性に怖かった。母のふところは、いつも俺の逃げ場所だった。

川の上を星が流れた。青く冷たい星だった。


ここ南国の暖かい春風に誘われて、野辺の菫も、川辺の椿も、桜も、桃も、すっかり咲き揃った。春という季節は、やはり、一年中で気持の良い時である。俺達の頭上では、その日その日の雲が面白い行き足を見せてくれる。遠い山も、朝の美しい陽を受けて左側の斜面を輝やかせ、その右側には深く陰を作る。また黄昏の円かな日射しに、山々が葡萄色の夢のような紫烟に包まれる頃、夕凪はきまってやってくる。素晴らしい景色だ。

俺は時々、遠い山を乗り越えて行く微風の軽ろやかさに心を委ね、夢のような幸福を追う。

俺は、あの山の彼方に広い無人の境があり、どこまでも希望を求めて理想を追う美しい若人達が、伍々に馬を駆るような気がする。俺の心の奥底に宿む逍遙ぐせの故か。その時、俺の心は囲繞する現実の冷たさを忘れ去っている。

気高く美しい母の温もりが伝わってくる。母から人間の「優しさ」と「美しさ」を学んだかのようだ。また後半の文章は、美しい日本の風景の中にこそ、日本の未来のあることが語られている。名文である。この人（たち）が戦《いくさ》を拒なかった理由のひとつがここにある。守るべき日本の原風景があった。この人（たち）は自分の命に換えて、これを守ろうとしたのである。

「出水寸景」と題して、日本の原風景のつぎように謳っている。

出水寸景

日まわりのような　お陽さまぐるぐる
鶺鴒が川沿いの竹薮に飛び去った後
蓮華のおふとんで　小牛がこっくりこ
遅れ咲きの椿が　悲しそう　（一九四四・五・六・）

筆者（私）は、この人（たち）の日記や遺書を読んでいて、フト錯覚に陥ることがある。この人（たち）は「搭乗員」とか「海軍予備士官」だとか、そんなきな臭い「軍人」ではなく、人間としての優しさを頑なに守り、日本のうつくしい原風景をこよなく愛することのできる人（たち）であり、そのためには自分の命との引き換えもためらわない、そんな万葉時代の「防人《さきもり》」のような大らかさを持った人（たち）であったように思う。この人（たち）には牧歌的な土の匂いがする。

この大らかさは、恋人八重子さんへの記述にも共通する。八重子さんへのその書き方はつっけんどんで、突き放したような書きぶりであることはすでに述べた。その理由はつぎの記述の中にある。

その時のあるを覚悟して、俺はすべて身の回りを整えて置きたい。このような俺の信念は、どうしても君を不幸にさせたくないということの考えに通じている。妻のただ一人の、最も信頼すべき味方は、常に夫である。若くして夫を失った妻の将来は非常に不幸である。そのようなことが、君の身に起るということは、俺にとっても淋しい。感情がただ一色に、その人の生涯を通じて激しく燃焼することは、極めて困難なことである。もし夫を失った悲しみの裡に、自分の将来を暗く不幸なものにしてしまうのでは、気の毒だと考えている。(一九四四・六・一一・)

この記述に多くの解説はいらないであろう。死を予見した者が、最愛の人に送る、至上の優しさである。

俺の言葉に泣いた奴が一人
俺を恨んでいる奴が一人
それでも本当に俺を忘れないでいてくれる奴が一人
俺が死んだらくちなしの花を飾ってくれる奴が一人
みんな併せてたった一人　(一九四五・六・二四・)

この人の八重子さんへの愛は悲壮である。万葉人の相聞歌に似た美しさと切なさがある。

この項は、宅嶋の『日記』を紹介するのが目的ではない。本項冒頭でも触れたように、この時期の日本軍は「戦力」と「戦技」で戦をしているのではなく、その当時の若者がすでに有していた「優しい心」と「美しい人柄」、すなわち禁欲的な自己犠牲の精神に頼って戦をしていたのではないかと言うことを、宅嶋の日記から実感したかったのである。

「戦力」と「戦技」があれば戦の中でも生き残れる可能性が膨らむ。しかし、日本軍は戦には絶対に必要な「戦力」と「戦技」の育成を怠った。その結果は悲惨な敗北であり、多くの若者の戦死である。

しかし、だからと言って、この人（たち）はこのことを怨んではいなし。むしろ自らの命を惜しみなく差し出している。宅嶋はつぎのように言う。

物量の点に於て非常な劣勢にある俺達の国に、俺達が捧げ得る最後の資本であり、そして投資は俺の身体である。俺はそう思っている。本当に、俺はこのようなことを考える時には、君のことも忘れてしまう。君以外の事柄に夢中になるということは、君にも不幸なことだろう。俺はその点でも今の気持では、君を幸福にしてやる自信はない。
君に対する愛を、俺は国家に置き換えた。（一九四四・六・一六・）

「君に対する愛を、俺は国家に置き換えた」。政府と軍部は、この人（たち）の、この気持に頼ったのである。だからといって、この人（たち）は、戦争指導に全幅の信頼を置いて訳ではいない。宅嶋は国家や軍の貧しさと愚かさをつぎのように喝破する。

帝国政府、重慶政府に対し声明をなす。
声明概要「帝国政府は重慶政府を相手とせず」と言うのである。極めて心苦しい。既にこれに対する国民の公正な言論の批判も許されない今已一国家の体面よりするも極めて愚かなる声明なりと愚見す。敢えてこれを取り挙げる者も出る筈はない。閉塞された輿論の中で、国民は忍耐と諦念のみを強制され続けてきたのであるから、真相を把握するだけのデータを有しない。マンネリズムと、そしてデマゴーグによって、社会を動かしてきたことの旧悪の暴露である。国民の輿論の核心となるべきジャーナリズムの罪であり、更にジャーナリズムの言論を制約せしめた一つの、ある強権力の罪である。

必ずや社会は、根本的な批判の俎上に立たねばならぬであろう。改革が必要である。デモクラシーの真髄を、今一度理解しなければならない。個人主義（エゴイズムではない）は、まだ吾人に完全にマスターされていない。（一九四四・六・三〇・）

見事である。これだけのことを、あの時代で書き得たことは、ある種の奇跡であり、また感動である。

国家や軍が貧しくて愚かであることに反比例するかのように、この人（たち）は自らの禁欲と自己犠牲の精神を膨らませていく。国家と軍は、この人（たち）の「優しさ」と、「美しさ」に頼り過ぎた。その結果が特攻であり、この人たちの壮絶な死である。

宅嶋徳光の『日記』は一一月一五日の日付で終っている。そして、その五ヶ月後の一九四五年（昭二〇）四月九日に遭難死亡となっている。

日本は戦《いくさ》に敗れた。「戦力」と「戦技」の育成を怠った貧しくて愚かな国家の現実である。しかし、「優しさ」と「美しさ」を唯一の武器として戦った人たちの精神は、今以て敗れてはいない。

戦《いくさ》が終って六一年が経った。宅嶋の残した日記『くちなしの花』は、今も、その気高く美しい姿を、ひっそりと我々の心の裡に咲かせてくれている。そして、その芳香はこの人（たち）の真の心を今に伝えてくれている。宅嶋（たち）は今は亡き人である。しかし、この人（たち）の「くちなしの花」は今も咲きつづけている。

第二章——華のいのち

第一項　特攻隊員と学制

アジア太平洋戦争の全期間で、海軍神風特別攻撃隊員として戦死した人たちの総数は二、五一一名（『特攻データベース』筆者作成）である。最年少は第八神風神雷部隊桜花隊（一式陸上攻撃機電信員）の田中康夫（二飛曹 電信練習生）一六歳、最高齢は第一神風神雷部隊桜花隊長中野五郎（少佐 海兵六一期）の三五歳である。いずれも華ある若い人たちである。これらの人たちは人生でどんな夢を持っていたのであろうか。中には生れつきの軍人精神で育った人もいたであろう。一方、軍隊とは全く裏腹の学問や芸術の世界に憧れをもっていた人々もいたはずである。戦争さえなければ、この人たちの将来は様々であった。富裕層に生れた人は大学まで進学できた。この人たちの将来の選択肢は当然に多かった。一方、庶民層に生れた人たちの将来はどうであったろうか。限られたものであったと想像する。しかし、庶民層であっても、成績優秀者には一つの夢があった。軍隊である。志願による士官候補もしくは下士官候補としての夢である。陸軍では陸軍士官学校、少年飛行兵、少年戦車兵などの進路があった。また海軍では海軍兵学校、海軍機関学校、海軍経理学校、さらに海軍飛行予科練習生などの進路があった。いずれもその当時、若者の憧れの的であったと聞く。

とにかく戦争は、そして特攻は、これらの人たちの夢を全て呑みこんで、それを特攻という「使命感」に置き換えさせて、多くの若者を死地へといざなった。この人たちの元々の夢が一体何であったかは知るよしもない。そこで、この人たちの、その夢の一端を知る手掛かりとして、この人たちの短い人生での就学経歴に触れておくのも意味あるのではないだろうか。その就学経歴から、もし戦争がなければ、この人たちの人生の夢は一体何であったのかを窺ってみたい。

その前に一九四三年（昭和一八年）頃の学制について簡単に記して置きたい。未曾有な戦争の最中にあったものの、それまでに築かれた日本の学制は結構に多岐に亘り豊かである。学制を見れば、日本という国が明治以来、いかに多様で多方面の人材育成に努めたかを窺い知ることができる。とにかく教育制度はかなり発達していたようである。当時の学制は複雑で輻輳しており分りにくい場合もある。しかし、国民の側からすればそれだけに選択肢が多かったとも言える。

そこで、その学制について簡単に述べておく。ただし断っておくが、敗戦前の学制は男子中心の教育制度であった。女子の教育制度は未整備であった。女子教育の充実は敗戦を待たなければならない。

〔国民学校〕

「国民学校初等科」は六年間の義務教育である。男女共学である。今の小学校と同じである。ここを卒業して社会人となる人も多かった。一方、ここから中学校へ進学し更に上級校へ進学するコースもあった。当時の中学校は今の中学校と高等学校を足したようなものである。今と違って中学校は義務教育ではない。当時では中学校に行くことは大変な経済的負担であったと聞く。そこで「国民学校初等科」卒業者には「国民学校高等科」への進学コースがあった。「国民学校高等科」は二年制で義務教育ではない。「国民学校高等科」卒業で社会人となる者もいるが、ここから更に師範学校（後述）

への進学コースもあった。また「国民学校高等科」から海軍乙種飛行予科練習生（乙種予科練）への進路があった。ところで、「国民学校高等科」は男子だけの進学制度である。女子は別に「高等女学校」への進学となる。「国民学校初等科」卒業からは、もう一つの進学コースがあった。「青年学校」である。普通科二年制、本科五年制で一般教養とともに男子では主として軍事教練の教育が中心であったようだ。更に、「国民学校初等科」からもうひとつの別の進路コースがあった。逓信省航空局乗員養成所である。民間操縦士の養成機関であるが、運営には陸海軍が深く関わっていたようだ。国民学校初等科卒業から入る本科と中学校途中から入る操縦科の二つのコースがあった。この逓信省航空局乗員養成所から海軍の搭乗員になった人も多い。そして少数ではあるが特攻戦死者も出ている。海軍ではこの逓信省航空局乗員養成所出身の人たちを「飛行予備練習生」と呼んでいた。

〔中学校〕

「中学校」は「国民学校初等科」卒業の進学コースである。一般的には五年制であった。ただし、「中学校」は男子のみの学校である。「中学校」と並行して「実業学校」があった。商業、工業、農業などの五年制であった。女子は「高等女学校」への進学となる。五年制が基本であるが、四年制もあった。女子の「実業学校」としては家政女学校があった。男子の場合は「中学校」から、つぎの「高等学校」や「専門学校」などへの進学コースがあった。

この「中学校」在籍途中から陸軍では「陸軍士官学校」、海軍では「海軍兵学校」（後述）への受験資格があった。さらに海軍では「甲種飛行予科練習生」（後述）への受験資格もあった。いずれも、当時の若者の憧れであったと聞く。選考も相当に狭き門であったようだ。逓信省航空局乗員養成所の操縦科も「中学校」途中から入ることも出来た。

〔高等学校〕

「高等学校」は、今日で言えば大学の教養課程に相当する。男子のみの教育機関である。「中学校」四年以上の修了者に受験資格がある。就学年限は三年で、ここを卒業すると帝国大学、および官立の大学へ進学できる。

この「高等学校」からは、海軍では飛行予備学生（一三期まで―後述）が、また、一九四三年（昭和一八）一二月からは、飛行予備生徒（一期―後述））が採用されている。

〔大学予科〕

上記の「高等学校」と並行して設置されたもので、官立校、公立校、私立校として設置されていた。ただし、男子のみの教育機関である。上記「高等学校」と同じで、「中学校」四年以上の修了者に受験資格がある。

この「大学予科」からは、前述した飛行予備学生（一三期まで）、また、一九四三年一二月からは、飛行予備生徒（一期）が採用されている。

〔専門学校〕

専門学校は、上記の「高等学校」や「大学予科」以外の進学コースである。商業、工業、農林、水産、医学、外国語、芸術、教育（ただし高等師範）等の専門コースがあり選択肢は豊富である。「中学校」（五年）を卒業した者に受験資格がある。この「専門学校」の多くは、敗戦後には、各地の国立大学や、専門分野の大学（外国語大学等）となっている。ただし、男子のみの教育機関であった。唯一の男女共学は官立の東京音楽学校だけであった。小学校教員養成機関の準専門学校として「師範学校」があった。先述したように国民学校高等科卒業の進学コースである。五年制であった。中学校卒業者は一年制であった。

女子の専門教育機関としては、奈良や東京の女子師範学校、私立女子大学、私立の語学専門学校等があった。男子に比べて女子の進学コースは限られていた。

この「専門学校」からは、すでに前述の飛行予備学生（一三期まで）が、また、一九四三年一二月からは、飛行予備生徒（一期）が採用されている。

〔大学〕

三年制の最終学府となる。「帝国大学」、「官立大学」（工業系、商業系、医学系、文理系等）、各地の「公立大学」、そして各地の「私立大学」があった。いずれも男子だけである。これらの大学の多くは、敗戦後も新制の大学となっている。「帝国大学」に「大学院」も設置されていたが少数であった。「大学」からは、海軍では飛行予備学生が採用されている。

〔その他〕

上記以外の進路としては、陸海軍関係の各種養成機関として陸軍士官学校、海軍兵学校、海軍経理学校、海軍機関学校等があった。いずれも中学校四年修了者に受験資格があった。就学年限は二年半であった。

これ以外にも各種兵科の専門養成機関があった。航空に関しては、陸軍には陸軍飛行学校があり、「国民学校高等科」卒業者を受験資格として陸軍少年飛行兵を養成していた。海軍では、すでに述べたように海軍飛行予科練習生（甲種、乙種）があった。

また、軍関係以外の民間には、看護、保健、通信、鉄道、民間航空等様々な専門職養成機関があった。その一つに前述の「逓信省航行局乗員養成所」がある。民間パイロットの養成機関で日本全国に一三箇所あった。当時の若者のパイロットへの夢が結構に高かったことが窺われる。政府もパイロット養成には相当の力をいれていたようだ。同時にそこは陸海軍の予備下士官空中勤務者（陸軍）や搭乗員（海軍）の養成機関の役割も果していた。

第二項　搭乗員となるために

海軍では、搭乗員（操縦、偵察、電信）になるためには、大きく五つのコースがあった。海軍兵学校卒業後に士官搭乗員となるコース。大学などから予備役として海軍に入団（繰上卒業および学徒出陣）し海軍飛行予備学生を経て予備士官搭乗員となるコース。国民学校高等科および中学校から海軍飛行予科練習生（乙種、甲種）を経て下士官（飛行曹長以下）搭乗員となるコース、海軍現役兵から海軍飛行予科練習生（丙種）経て下士官搭乗員となるコースそして航空局乗員養成所から下士官搭乗員となるコースの五つである。

搭乗員も三つの種別に区分される。操縦員、偵察員、そして電信員である。戦闘機のような単座機は一人乗りであることから当然に操縦員だけが搭乗する。艦上爆撃機などの二座機は前席に操縦員、後部席に偵察員が乗る。この偵察員が結構に忙しい。文字通りの哨戒任務にあたるが、この偵察員に課せられた大きな任務は航法である。飛行機を確実正確に目的物（地）に誘導していかねばならない。当時の日本海軍は「偏流角測定」（後述）による「推測航法」（後述）を採っている。これが厄介であったようだ。相当な熟練が必要とされる。さらに攻撃の際は爆撃手として照準器で正確に目標に照準を合わし爆弾を投下する。この照準と爆弾投下がかなり難しかったようで簡単に命中するものではなかったらしい。ある種の神業が必要であったようだ。これ以外に偵察は電信員も兼ねる場合もある。

とにかく偵察員は結構に忙しい。

操縦員となるか偵察員となるかは、出身機関や階層に関係なく、審査による適正で判断されたようだ。搭乗員である以上、操縦員の希望は多かったようであるが、偵察員の任務は操縦以上に重要である。

操縦員と偵察員の他に電信員があった。これは三座以上の攻撃機や双発の陸上爆撃機などの後部席に搭乗して無線電信を専門とする。また、戦闘機などの追尾を受けた場合は射手として応戦する場合もある。ところで、電信員は予科練出身などの下士官搭乗員の任務となっている。士官の電信員はない。予科練出身以外では「電信練習生」などの専門機関出身者がいる。

上記の他に搭乗整備員があった。整備員は通常は地上勤務であるが、双発以上の大型機では、機上でのエンジン監視が必要であったようだ。だから、もともとは搭乗員ではないが搭乗整備員として特攻出撃している人が少数ではあるが存在している。一式陸上攻撃機や二式大型飛行艇（いずれも後述）などの大型機には必ず搭乗している。この人たちの特攻戦死は哀切に耐えない。

それでは、つぎに機関ごとに詳細を述べる。

〈海軍兵学校　以下「海兵」と言う場合もある〉

「海軍兵学校」は明治維新とともに創設された海軍の士官養成機関である。明治一九年にそれまでの東京から広島県の江田島に移転している。以来、「江田島」が「海軍兵学校」の代名詞となった。中学校四年以上の就学者に入校資格があった。当時の若者の多くが憧れたという。中学校からは高校や専門学校、大学に進学するコースがある。しかし、誰もがそのコースを選ぶことができた訳ではない。ごく一部の富裕層でなければ進学できない現実があった。高校への進学を断念した人たちの中で海軍兵学校に入校した人たちも多かったようだ。海軍兵学校は無料である。給料が出る。海軍の士官養成機関であって、当時ではエリートコースの一つでもあった。海軍兵学校の卒業生は兵科に進むことになる。砲術、水雷、航海（以上艦隊勤務）、そして航空があった。この航空を選んだ者が搭乗員となる。搭乗員として採用された者の中から更に神風特別攻撃隊員になった。この「海軍兵学校」の特攻戦死は一一〇名となっている。

「海軍機関学校」からも特攻戦死者がでている。「海軍機関学校」とは軍艦の推進機関（ディーゼルエンジンやタービン技術部門）をつかさどる士官の養成機関である。この中から航空に進んだ人が少数ではあるが存在する。「海軍機関学校」の特攻戦死者は九名となっている。兵学校と機関学校出身者の特攻戦死者は合計一一九名、海軍全特攻戦死者（二、五一一名）の四・七％となる。特攻戦死時の階級は大半が中尉か大尉であった。戦死時の最年少は山下克義（中尉 海兵七三期）と水上潤一（中尉 海兵七三期）の一九歳である。最高齢はすでに述べた中野五郎（少佐 海兵六一期）三五歳である。

〈海軍飛行予備学生・生徒 以下一括して「予備学生」という場合もある**〉**

大学（学部）、専門学校（大学専門部・高等師範学校を含む）、高等学校（大学予科を含む）、師範学校等の卒業生や在学生から搭乗員を募る制度であり、制度としては一九三四年（昭九）の創設である。不足する初級士官搭乗員を補充する目的で創設されたが、一九四二年（昭一七）までの採用はそんなに多かった訳ではない。最高が一一期（一九四二年 昭一七年九月）の一二一名である。戦況の推移により、初級士官搭乗員の不足が現実の問題となり、一九四三年一三期からの大量採用（四、七二六名とも五、一九九名とも言われている）となった。それまでは、この制度が十分に活かされていなかったことになる。まさに泥縄的な対応である。大量採用に教育設備と教育内容及び教育機材が追いついていない。飛行技量不十分のままで実戦配備された。一三期とそのつぎの一四期生（一九四三年一二月学徒出陣）は「特攻要員」とまで言われた。

ここで、少し注意がいる。一九四三年九月の飛行予備学生一三期採用までは、大学（学部）、専門学校、高等学校出身者の全てが「飛行予備学生」とされていた。しかし、一九四三年一二月（学徒出陣）からは出身校種別による採用区分がある。大学（学部）出身者は「海軍飛行予備学生一四期生」として採用されているが、それ以外の専門学校（大学専門部）や高等学校（大学予科）出身者は「海軍飛行予備生徒一期生」として採用されている。学校種別によって「予備学生」と「予備生徒」のちがった制度での採用となっている。少しややこしい。因みに飛行予備学生一四期生の採用は一、九五四名とも三、三二三名とも言われている。士官として任官する。飛行予備生徒一期生の採用は一、三九三名とも二、一九七名とも言われている（いずれも資料によって数字に大きな誤差がある）。士官候補生（准尉）として任官する。制度として複雑であり煩わしい。そこで本稿では両者を総称して「飛行予備学生」としていることを断っておく。この飛行予備学生出身の特攻戦死者は全部で六五一名、全特攻戦死者の二五・九％となっている。大半は中尉か少尉であった。最年少は石塚隆三（少尉 京都帝国大学出身 予備学生一四期）一八歳である。最高齢は永富雅夫（中尉 関西学院大学 予備学生一三期）、山下省治（中尉 西南学院大学 予備学生一三期）、能倉三夫（中尉 横浜高等工業学校 予備学生一三期）、斉藤喜一（少尉 早稲田大学 予備学生一三期）らの三四歳である。

〈海軍飛行予科練習生　以下「予科練」と言う場合もある〉

海軍飛行予科練習生制度の創設は一九三〇年（昭五）である。下士官搭乗員の養成機関として創設された。実は、この予科練も少しややこしい。中学校四年生第一学期修了以上を対象として一九四〇年（昭一五）に創設されたのを「甲種予科練」と言う。この甲種予科練制度の創設により、一九三〇年（昭五）より採用してきた国民学校高等科卒業以上を対象とした「予科練」を「乙種予科練」と名称が改められた。さらに、「乙種」採用の中でも比較的年齢の高い人を対象として早期養成の「特乙種予科練」も創設されている。さらに、海軍の一般兵の中から搭乗員として採用して来たこれまでの「操縦術練習生」と「偵察術練習生」を一九四〇年（昭一五）年からは、「丙種予科練」と名称変更して採用する制度を創設している。要するに、予科練には大きく分けて甲種、乙種（特乙種を含む）、丙種の三区分があったことになる。卒業後は下士官として任官する。予科練出身者の特攻戦死者は一、五八一名となっている。全特攻戦死者の六二・九パーセントである。殆どは飛行兵長以上の下士官である。中には飛行兵曹長の准士官もいた。最年少は黒岩芳人（一飛曹 甲種一二期）らの一七歳である。最高齢は黒沢厚（二飛曹 丙種一六期）、倉松房太（二飛曹 丙種一六期）、北浦義夫（二飛曹 丙種一七期）、池田芳一（一飛曹 丙種一〇期）らの三四歳である。

〈飛行予備練習生 以下「予備練」と言う場合もある〉

「飛行予備練習生」は逓信省航空局乗員養成所出身者である。これは民間パイロットの養成機関であった。その当時全国に一三箇所の航空乗員養成所があった。その内、仙台、新潟、古川、印旛、京都、米子、岡山、筑後、熊本、都城が陸軍飛行隊の予備養成機関となっている。一方、福山、愛媛、長崎が海軍航空隊の予備養成機関となっている。卒業後は下士官として任官する。「飛行予備練習生」の特攻戦死者は三八名、全特攻戦死者の一・五％となる。最年少は嶋村中（一等飛行兵曹）らの一九歳、最高齢は倉知宣明（上飛曹）二三歳である。

上記以外では、操縦術練習生や偵察術練習生（丙種予科練創設以前の制度）、そして電信練習生、整備練習生などの出身者がある。その名のとおり、攻撃機や爆撃などの複座や三座の飛行機に偵察員、電信員、搭乗整備員として搭乗した人たちである。

以上の様に、搭乗員の養成機関も多岐にわっており、それぞれの出身機関によって特攻戦死者数も違いがある。予科練出身者の特攻戦死者は一、五八一名で全体の六二・九％となっており一番に多い。その次ぎが飛行予備学生の六五一名戦死で全体の二五・九％である。一方、海軍兵学校（海軍機関学校も含む）出身者の特攻戦死者は一一九名で全体の四・七％となっており、案外と少ない。その理由として兵学校出身者を意識的に特攻から除外したとする説がある。そして、元大学生などであった飛行予備学生や、若い予科練を特攻要員とし、兵学校出身者の温存を図ったと主張する文献が見られる。確かに数字だけをみればそのようになる。しかし、別の角度から検証すれば、必ずしもそうとは言い切れない。その理由は、それぞれの出身機関の採用母数の違いにある。すなわち、採用母数を分母とした戦死率から見れば違った結果となる。このことを簡単に触れておきたい。

海軍兵学校出身者の場合、例えば第七二期生（一九四三年九月卒業）六二五名のうち特攻戦死者は三八名であり特攻戦死率は六・一％となる。第七三期生（一九四四年三月卒業）九〇二名のうち特攻戦死者は二五名であり特攻戦死率は二・八％となる。両期の平均による特攻戦死率四・一％となる。ただし、前述のように兵学校出身者の全員が航空（飛行学生）に進んだ訳ではない。砲術、水雷、航海、そして航空（飛行学校）とそれぞれの兵科に分かれる。敗戦直前には航空（飛行学生）に進んだ者が多いと考えられるが、それでも航空（飛行学生）の母数は以上の数字よりは低くなるはずである。故に特攻戦死率は数ポイント高くなると推測できる。

因みに海軍兵学校七二期の戦死状況をインターネットウエブサイト（「海軍兵学校」）で検索したところ、全戦死者三三六名（卒業者六二五名）に対して航空による戦死者は一二三名と推測できた。この戦死状況から全体の三分の一が航空に進んだということになる。このことを基にして七二期と七三期を計算してみると、航空志願した兵学校出身者の実に一二・四％（推測）が特攻戦死したことになる。この数値はつぎに説明する予備学生や予科練よりも遥かに高い数値となる。

それでは、飛行予備学生の場合はどうであろうか。第一三期生（一九四三年九月採用）は四、七二六名（五、一九九名説あり）のうち特攻戦死者は四五一名となっており特攻戦死率は九・五％（八・七％）となっている。第一四期生一、九五四名（三、三二三名説あり、一九四四年二月採用）と飛行予備生徒第一期生一、三九三名（二、一九七名説あり、一九四四年二月採用）の合計三、三四七名（五・五二〇名）のうち特攻戦死者は一九〇名となっており特攻戦死率は五・七％（三・四％）となる。両期の平均による特攻戦死率は六・〇％（七・九％）となった。前述したように、この人たちは海軍兵学校の場合と違って、すべて航空を志願した人たちが母数である。海軍兵学校も航空を選んだ人を母数にすれば、むしろ兵学校出身者の方が特攻戦死率は高い（推測一二・四％）ということになる。飛行予備学生出身者との有意差は殆ど無いと筆者は考えている。

つぎに、予科練の場合はどうであろうか。詳細の数字は省くが、例えば甲種では一二期（一九四三年四月入隊）の特攻戦死率が六・五％となっている。乙種では一八期（一九四三年五月入隊）の特攻戦死率は〇％となっている。丙種では一七期（一九四三年三月）の特攻戦死率は九・〇％となっている。また特乙二期（一九四三年六月入隊）は五・七％となっている。以上の平均は四・一％となった。ただし、予科練の場合は出身期数によって戦死率には著しい違いがある（ここでは一九四三年を基準としている）。とにかく、数字から見る限り「兵学校出身者の温存」という意図的な有意があるとは考えられない。

海軍兵学校出身者を温存したとする世評の根拠は筆者には見出せない。海軍兵学校は海軍の士官養成機関である。この出身者は海軍最高位の大将となることもある。とにかく海軍のエリート士官を養成する機関である。だから、もともとは少数精鋭である。海軍兵学校は当時の若者の憧れであった。相当に難しい選考があった。経済的な理由などで官立の高等学校や私立の大学予科や専門部あるいは大学学部などに進学出来なかった者の中で兵学校に進んだ人も多かったと聞く。少数エリート階層であることから、もともと母数が少ない。これに比例して特攻戦死者も他の機関出身者に比べて少なくなっているのは当然のことである。

飛行予備学生は、足りなくなってきた初級士官搭乗員の補充（予備士官）として、一九四三年の一三期生より大量採用となった。前述したように、飛行予備学生制度は一九三四年（昭九）の創設で歴史として新しいものではない。しかし、それまでの採用枠は大きくなかった。しかし、歴戦の搭乗員が戦死していった。搭乗員が足りなくなってきた。わけても尉官クラスの初級士官搭乗員が極端に少なくなってきた。そこに目をつけたのが飛行予備学生の大量採用である。この人たちは元来は大学等の高等教育機関の学生であった。基礎知識は備わっている、学力もある。だから、そのための基礎教育プログラムは不要である。すぐに飛行訓練に入ることが出来る。このようにして、大量の士官搭乗員が養成された。そして、その中の多くの人たちが神風特別攻撃隊員として編入されていった。とにかく、この人たちの母数はもともと多い。だから、特攻戦死者もそれと比例して多くなっている。

飛行機は士官搭乗員だけで運用できるものではない。有能な下士官搭乗員が必要だ。むしろ、士官搭乗員よりも大量の下士官搭乗員が必要だ。その養成機関が海軍飛行予科練習生である。この人たちが海軍航空隊を下支えしてきたといってよい。この人たちの存在を抜きにして海軍航空隊史を語ることができない。一九四一年のアジア太平洋戦争開戦と同時にこの人たちの大量採用が始まっている。また戦局が厳しくなって来た一九四三年（昭一八）にはそれまで以上の採用となっている。とにかく母数が大きい。だから、特攻戦死者も多くなる。

以上のように、それぞれの理由により、各階層の母数が異なる。だから、特攻戦死者の絶対数もそれに正比例するのは当然である。しかし、それぞれの母数から戦死者率を見た場合、世評言われる「海軍兵学校出身者の温存」という意図的なものは筆者には見出せない。

第三項　華から花に（飛行予備学生）

以上、様々な搭乗員の養成機関を概括してきた。海軍兵学校出身者は、その事情はともかくとして、職業軍人を自ら選んだ人たちである。この人たちの海軍内部での階級は高い。海軍組織の中心的存在である。

また海軍飛行予科練習生も、その事情はともかく、下士官としての職業軍人を自ら選んだことになる。海軍航空隊の中核的存在である。筋金入りの海軍精神の持ち主である。

これに対して、海軍飛行予備学生は、元来は大学等の学生である。とくに一四期生（予備生徒一期生）は徴兵猶予停止により強制徴用である。軍人としては素人に属する。この予備士官が正規の士官以上の働きをしている。とくに特攻においては正規の士官と同等か、もしくはそれ以上の働きをしている。

この人たちは、軍人になるために進学したのではない。全く別の夢があった。しかし、戦局はこの人たちをも戦場へと駆り立てた。そんな時代であった。そんな時代であることを一番よく知っていたのはこの人たち自身であった。だから、「予備士官」であったにもかかわらず、神風特攻に関しては、この人たちの働きを抜きにしては語ることは出来ない。だからこの人たちが特に気になる。

とにかく、この人たちには別の夢があったはずだ。平和な時ならば、あるいはサラリーマンに、あるいは官僚に、またジャーナリストになっていたかもしれない。中には学者や芸術家の才があった人たちも多かったのではないかと推測する。製造業にあるいは農業に自分の将来を託していた人たちも多かったであろう。しかし、戦争という邪悪な胃袋は、この人たちの「夢」の全てを悉く《ことごと》ゴクリと呑み込んでしまった。

それでは、この人たちの人生と将来の「夢」とは一体何であったのか、今では知る由もない。この人たちは遺書を多く残しているが、そこには不思議と自分たちの「夢」を全く語っていない。「夢」をすでに棄てているかのようだ。だからこそ、この人たちの「夢」に迫りたいという思いが募る。その一つの拠り所をこの人たちが入団前に就学していた学校に求めたい。この人たちは何を学び何を未来に託そうとしたのかを、この人たちの母校を訪ねることにより、「夢」の一端に迫りたいと考える。

そこで、以下大変に煩わしくはあるが、海軍神風特攻で戦死した海軍飛行予備学生(生徒)出身六五一名の人たちの出身校と氏名をつぎに記しておきたい。この時代を生き抜いた、この人たちの青春の記録である。母校をとおして、この人たちが生き抜いて来た、あまりにも短すぎた青春を伴走しておきたい。

〔大学〕

アジア太平洋戦争における海軍神風特攻の大学出身者戦死は三五八名である。つぎに、大学名と大学ごとの戦死者(数)を記す。一九四三年頃の大学進学率は決して高くはない。飛行予備士官の中でこの人たちの特攻戦死者は、他の教育機関出身者と比較しても多い。予科練出身者に次いで多い。この人たちは、海軍神風特攻の実質的な中核を担ったことになる。以下追悼の意をこめて、出身校別に氏名を記す。

◆**北海道帝国大学**(河晴彦、山崎幸雄、笹本洵平、以上三名)◆**東北帝国大学**(高久健一、寺田泰夫、以上二名)◆**東北学院大学**(川合仁、針生房吉、以上二名)◆**東京帝国大学**(吉田信、荒木弘、工藤紀正、江口昌男、佐々木八郎、藤井眞治、堀之内久俊、大石政則、山鹿悦三、安達卓也、吉武淑郎、岡田敏男、林元一、井上静夫、田中敬治、中尾武徳、以上一六名)◆**東京商科大学**(松藤大治、矢野弘一、以上二名）◆**東京工科大学**（中村修　以上一名）◆**早稲田大学**（石井欣也、斉藤喜一、沖山文忠、根尾久男、日吉恒夫、金子照男、斎藤勇、鷲尾侃、兼森武文、麻生摂郎、岡部幸夫、福田喬、富安俊助、中村恒二、木村司郎、根岸達郎、磯貝巌、柏倉繁次郎、市島保男、小川清、枡見良雄、円並地正壯、村瀬稔、渡辺健二郎、西川博、石見文男、松場進、高橋健男、伊藤直誉、岩本京一、志沢保吉、足立芳郎、野津誠、笠原越郎、近藤清、江沢敏夫、川部裕、宮本十三、山本謹治、碇山達也、椎根正、牧ノ内幸雄、以上、四二名）◆**慶應義塾大学**（片山崇、古谷真二、中西斎季、黒崎英之助、桑野実、名古屋徹蔵、安田弘道、本川譲治、貴島正明、福田東作、杉本貢、幾島達雄、古市敏雄、中垣眞人、島澄夫、伊藤英次、熊井常郎、小野喜市、坂木充、奥村周一、岸忍、林憲正、舟津一郎、渡部庄次、河野宗明、坂本明、安田友彦、相馬昴、以上二八名）◆**明治大学**（村上惇、森本賜、村井彦四郎、藤（篠）崎俊英、柴田敬禧、伊東祥夫、森史郎、植木平七郎、本庄巌、久保田博、原田愛文、石橋石雄、足利益功、牧野缶亥、外山雄二、植島（村）幸次郎、田平光弘、上保茂、本田実蘊、後藤紀雄、加藤三郎、横山保、川野博章、久保登喜大、正木蕃、谷川隆夫、工藤双二、谷山春男、山口竜太、檜和田直成、佐々木威夫、須田治、真野敏弘、以上三三名）◆**法政大学**（久野好孚、井野精蔵、根本道雄、阿部仁太郎、岩熊唯明、宮沢宏男、福島元康、岩崎良春、竹内英雄、日裏啓次郎、山縣康治、石井敏晴、本田耕一、小林哲夫、竹口正、小堀秀雄、小野寺朝男、平林勇作、日向善弘、石井正雄、川畑泰、三好重成、前山富士生、大井好美、中島之夫、中谷栄一、以上二六名）◆**立教大学**（植村真久、上田四郎、栗井俊夫、手塚和夫、木部崎登、篠原惟則、小川登、清水吉一、山田鉄雄、須賀芳宗、小城亜細亜、山崎誠一、一二名）◆**中央大学**（荒木輝夫、小林武雄、小林秀雄、植竹静男、高橋正、杉下安佑、溝口幸次郎、小山精一、土井定義、矢島哲夫、根本宏、出島広良、谷節夫、桝井敏夫、石川芳行、石田力雄、金法芳磨、大岩虎吉、松永敏比古、酒巻一夫、岩崎久豊、時任正明、中村吉太郎、山中彰、小林茂雄、山川芳男、佐藤年正、橋本清水、田中正喜、中野善弘、岡田清、三浦猛輝、以上三二名）◆**日本大学**（神山敬、上原和則、平井孝二、深津進、中根久喜、椎木鉄夫、岡本眞二、石丸進一、成田和孝、田中公三、山田章、北村徳太郎、遠藤益司、松村米蔵、神原正信、伊熊二郎、大北敬、竹内孝、小田切徳一、古橋達夫、米谷克躬、木村義雄、玉木麻人、高橋中、力石権四郎、渡世保、荒木圭亮、佐藤四朗、以上二八名）◆**青山学院大学**（福岡（西）一隆、関島進　以上二名）◆**上智大学**（太田栄次郎、武井清、以上二名）◆**東京農業大学**（宝満克夫、藤田鴨明、森丘哲四郎、十河正澄、堀江荘次、中村盛雄、大河原誠、佐藤憲次、以上八名）◆**国学院大学**（諸井国弘、村井末吉、河合達視、前原喜雄、矢野幾衛、以上五名）◆**明治学院大学**（酒井勗、笹沼正雄、以上二名）◆**東洋大学**（吉村信夫、志田登志雄、以上二名）◆**大東文化大学**（桜井武、北脇博夫二名）◆**関東学院大学**（小作明男、以上一名）◆**拓殖大学**（神島利則、土屋浩、笠井至、森忠司、西野実、藤田卓郎、赤司明三郎、中村栄三、高梨総理、鯉田登、田原拓郎、井上健吉、水無瀬勇、以上一三名）◆**専修大学**（平島仁、熊倉高敬、折口明、佐藤光男、上野晶惟、和田喜一郎、佐久間務、上大迫克己、根本喜一、以上九名）◆**大正大学**（若麻績隆、以上一名）◆**立正大学**（大森晴二、以上一名）◆**名古屋帝国大学**（金子保、以上一名）◆**神宮皇学館大学**（矢野徹郎、以上一名）◆**京都帝国大学**（吹野匡、石塚隆三、中村邦春、時岡鶴夫、千原達郎、久保忠弘、林市造、梅谷三郎、大崎国夫、旗生良景、山口久明、萩原満三、末次直輔、以上一三名）◆**同志社大学**（門山孝、高山重三、掘切晋一、別所啓市、岩崎鉄也、井上幸胤、以上六名）◆**立命館大学**（鈴木弘、山本治、浅田正治、白崎雅亮、箕村正男、作田幹雄、小口博造、斉藤友治、四方正則、以上九名）◆**龍谷大学**（富士原恒城、俵一夢、松倉弘文、重信隆丸、以上四名）◆**大谷大学**（高橋光淳、以上一名）◆**大阪商科大学**（片山秀男、鷲見敏郎、冨坂八右衛門、以上三名）◆**関西大学**（出井政義、緒方褒、西口徳次、山本雅省、岩橋慧、天野一史、吉見三郎、岡田正、山下久夫、木下茂、能勢寛治、以上一一名）◆**神戸商業大学**（河野正男、越智光、安部茂夫、渕元五十雄、以上四名）◆**関西学院大学**（永富雅夫、高杉英彦、松井清、湯川俊輔、田中幸三、以上五名）◆**高野山大学**（樫本弘明、山岡正瑞、以上二名）◆**九州帝国大学**（町田道教、橋本哲一郎、宮崎信夫、町田俊三、井上国平、以上五名）◆**西南学院大学**（高武公美、大木篤、山下省治、丸林勘一、丸田哲助、永尾博、野美山俊輔、以上七名）◆**東亜同文書院**（瀬口政孝、石橋申雄、吉尾啓、以上三名）◆**台北帝国大学**（織田眞忼、肥後朝太郎、岡部一平、茂木忠、以上四名）◆**京城帝国大学**（野村克己、大谷邦雄、大塚一俊、以上三名）◆**旅順工科大学**（田熊克省、以上一名）

今日においても名を馳せる大学が連なる。東京商科大学は一橋大学、大阪商科大学は大阪市立大学、神戸商業大学は神戸大学のそれぞれの前身である。神宮皇学館大学は官立であったが敗戦後は私立として運営されている。東亜同文書院は上海にあったが敗戦後に廃校となり、縁りの人たちによりその後に愛知大学が設立されている。

東亜同文書院出身の石橋申雄は。一九四五年四月六日、神風第一筑波隊として出撃戦死している。享年二五歳であった。父あての絶筆をつぎのように記している。白鷗遺族会編『雲ながるる果てに』（河出書房新社）より引用する。

父上様

九州の春は早いのですね、桜も菜の花も美しく戦場さながらのここにもなんとなくなごやかな気分を与えてくれます。

昨夜はぐっすり眠りました。夢さえ見ないほどでした。頭もすっきり気分も爽快です。

同じ地続きで、ちょいとそちらに廻りたい気もしますね。

お寺、水源地（いずれも伯父、叔母）等によろしく。

六日早朝　　中雄

日付は「六日早朝」となっている。この人の出撃は同日の一四時五五分である。出典の『雲ながる果てに』には「出撃当日鹿屋基地において書いたものらしい」の脚注を付している。「ぐっすり眠った」としている。そして「爽快」としている。こんな悟りにどのようにして達していったのか不思議である。

もうひとつ、慶応義塾大学出身、貴島正明の最後の様子を記しておきたい。一九四五年四月六日、神風第一・八幡護皇隊艦攻隊として九州串良基地より出撃している。須崎勝彌『カミカゼの真実』（光人社）より引用させていただく。著者の須崎勝彌は東北帝国大学出身の予備士官である。須崎はこの日、貴島正明らの出撃を見送る立場である。

「搭乗員整列五分前」―拡声器から流れる声に、指揮所前の群れが揺らいだ。そのときほんの一瞬、私（須崎勝彌―引用者注）は貴島中尉と目があった。彼は十三期の予備学生で、われわれの教官だった。

視線が合ったとき、私はしまったと思った。私は言うべき言葉を知らない「武運長久を」―特攻にはそれはない。「必死必中を」―生きている人間に向ってか。「ご成功を」―死はビジネスではない。私は目が合わなかったことにして、こっそりと群れから離れていった。

（略）

百歩も足を運んだだろうか。その時背後に慌しい足音を聞いた。振り向くと貴島中尉が駆けてくる。私はその場に立ちすくんだ。彼は体をぶっつけんばかりに駆け寄ってきた。「おい、しょんぼりするなよ。行ってくるからな」

ただそれだけを言うために、彼は私を追ってきた。まるでこの世に言残す大事なことを思いついたかのように、百歩の距離を走ってきた。そして決別の一語を投げるなり走り戻って行った。目が合った時の須崎勝彌の狼狽を彷彿とさせる。そして行く者が残る者を気遣っている。須崎勝彌は更につぎのように感嘆する。

「行ってくるからな」―そのひとことを言うために、私を追って百歩を走ってきたとき、彼は限りなく透徹した貴島正明その人だった。私の前で踵を返したその一瞬、彼の出撃の気概は一気に奔騰したにちがいない。

貴島正明は「行ってくるからな」の一言で自らを勢い付けて、機上の人となった。まるで映画のひとつのシーンを観る思いだ。

〔専門学校〕

アジア太平洋戦争における海軍神風特攻の専門学校（大学専門部を含む）出身者戦死は八三名である。つぎに学校名と学校ごとの戦死者（数）を記す。この専門学校郡は実に幅が広い。当時の多くの青年たちの夢が託されていた。しかし、その夢は一変して神風特攻となる。

◆**帯広高等獣学校**（小林啓吉、以上一名）◆**函館高等水産学校**（堀口吉秀、以上一名）◆**秋田鉱業専門学校**（加藤貞義、宮下（本）良平、藤田州司、以上三名）◆**東北薬学専門学校**（石渕利也、以上一名）◆**東京高等師範学校**（五島知勇喜、右高武男、以上二名）◆**東京商科大学専門部**（野元純、以上一名）◆**早稲田大学専門部**（江橋厚二郎、久保明、武井信夫、田中精之助、土屋（家）孝一、栗原（村）敏夫、以上六名）◆**明治大学専門部**（種村名、平田博一、川野巌、岩見健、後藤惇、久保強郎、林真喜三、以上七名）◆**中央大学専門部**（高橋正一、根岸敬次、大塚晟夫、以上三名）◆**法政大学専門部**（山中誠、以上一名）◆**日本大学専門部**（岡島四郎、山田又市、以上二名）◆**専修大学専門部**（加藤安男、以上一名）◆**東洋大学専門部**（佐々木栄吉、以上一名）◆**東京農業大学専門部**（吉田武夫、以上一名）◆**日本体育大学専門部**（山口人久、宮村誠一、以上二名）◆**東京薬学専門学校**（鈴木達也、夏目康、福知貴、以上三名）◆**東京興亜専門学校**（柿本茂、西田博治、新井清（灌）、上田隆保、吉田弘資、以上五名）◆**明治薬学専門学校**（山村英三郎、以上一名）◆**東京外国語学校**（西尾光夫、井上時郎、以上二名）◆**東京物理学校**（川口光男、村田定雄、以上二名）◆**東京美術学校**（小野光重、以上一名）◆**日本高等獣医学校**（工藤正典、以上一名）◆**高等無線電信専門学校**（松岡英雄、茨木速、以上二名）◆**二松学舎専門学校**（大本正、以上一名）◆**横浜専門学校**（一ノ関貞雄、本間政彦、小室静雄、北村久吉、三橋栄治、飯沼孟、以上六名）◆**横浜電気専門学校**（小泉宏三、以上一名）◆**真宗専門学校**（市野義春、以上一名）◆**京都高等蚕業学校**（末藤肇、庄屋次郎、以上二名）◆**武徳会専門学校**（萩田祥敬、以上一名）◆**大阪商業専門学校**（奥田良雄、以上一名）◆**関西大学専門部**（中西要、以上一名）◆**大阪外国語学校**（古川正祟、塩見季彦、以上二名）◆**大阪歯学専門学校**（小山耕二、以上一名）◆**大阪専門学校**（伊達実、大喜田久男、山本城、柳江秀男、篠部克己、以上五名）◆**天理外国語学校**（宮崎文雄、三明正明、原正、以上三名）◆**九州専門学校**（磯野弘之、嶋立毅、古賀俊資、渡辺政則、勝原通利、以上五名）◆**九州医学専門学校**（高橋元一、以上一名）◆**京城薬学専門学校**（杉尾忠、以上一名）◆**南満工科専門学校**（石川貫二、以上一名）

これらの専門学校は、敗戦後には各地の大学となっている。ちなみに東京興亜専門学校は亜細亜大学、横浜専門学校は神奈川大学、真宗専門学校は同朋大学、京都高等蚕業学校は京都工芸繊維大学、大阪専門学校は近畿大学、京都にあった武徳専門学校は敗戦後に廃校となっている。

古川正崇は大阪外国語学校出身である。一九四五年五月二九日、神風振天隊として出撃している。享年二三歳であった。「出撃を前にして詠う」として、短歌を遺している。白鷗遺族会編『雲ながるる果てに』（河出書房新社）より引用する。

二十四の我が命絶つ日なり 雨あがりつつ青空の見ゆ
特攻を待ちつつ日々の雨なれば　生きることにも飽きたる心地
マフラーを結べば何か暖かく　今日のかどでを楽しむ気持
あと三時間のわが命なり　只一人歌を作りて心を静む
トランプの一人占ひなどしつつ　出撃までの時を過しつ
下着よりすべて換ゆれば新らしき　我が命も生れ出づるか
ふるさとの母の便りに強きこと　言ひてはをれど老ひし母はも
死ぬ前のゆふべのんびり湯にひたり　たんねんに垢を洗ひ落す我
死ぬ時の延び延びになりてをれば　日々あきて遊ぶすべもなし
海の上を泳ぎをりつつ　どうともなれと思ひしことも二三度
島民に助けられつつ燈台を　仰ぎし時の心たらふよ
服ぬぎてたらひに坐り熱き湯を　かけて貰ひて生きたる心地
我が命十日の雨に長びけば　暮しにあきて昼寝などする
爆音の高き機上の人となり　帽子を固く締むるたしかさ

ふるさとの我を慕ひし子供とのこと　今にして思ひ出づるあはれさ
ペンとりて歌しるしつつこの夕　我は新らしき命を得るか
死といふは怖しごととは今も思へど　命のまにまに安んじてゆく
我が命今日にせまりし朝の眼覚め　日はうららと既に照りたり
人はつひに死ぬものなれば二十四の　我が命のありがたきかな
花一つ手折らむこともなきままに　桜は春の風に散るなり

全体の印象としては正に達観の境地に入っている感じがする。名状しがたい悟りの心境である。近寄り難い泰然とした佇《たたず》まいである。「下着よりすべて換ゆれば新らしき　我が命も生れ出づるか」の歌はすごい。この人は特攻出撃の死の直前までを精一杯に生きている。新しい下着をつけて、命が生れ出でたとしている。死を自覚した瞬間に新たな生を自覚している。いまひとつ「ペンとりて歌しるしつつこの夕　我は新らしき命を得るか」。ところで、そんな古川にも、かすかな「煩悩」があったようだ。最後の一首が気になる。「花一つ手折らむこともなきままに　桜は春の風に散るなり」、ここでいう「花」とは女性のことであろうか。その肌に一指も触れないままに「風に散る」いさぎよさを桜に譬《たと》えたのであろうか。そのことは、この人の誇りであった、と同時にかすかな悔いでもあるかのようだ。筆者（私）にはそのように聞える。この人たちの拙い愛がいじらしい。

〔高等工業学校〕

アジア太平洋戦争における海軍神風特攻の高等工業学校出身者戦死は八二名となっている。つぎに、高等工業学校名と学校ごとの戦死者（数）を記す。ところで、高等工業学校の特攻戦死者は全員が「飛行予備学生一三期生」である。すなわち「学徒出陣」以前の人たちである。一九四三年一二月の

「学徒出陣」には工学系の学生は除外されたと聞くが、学徒出陣の飛行予備生徒一期生には高等工業学校出身者の戦死は見当たらない。ということは、「学徒出陣」以前は工学系卒業者も兵役の対象となっていたということか。とにかく、この人たちは、工業技術の中堅を担うはずであった。それが、神風特攻を担うことになる。

◆**室蘭高等工業学校**（伊藤喜代治、佐藤正人、岩上一郎、以上三名）◆**盛岡高等工業学校**（工藤太郎、塚（梶）原一郎、鈴木稔、居村豊、三浦北太郎、福島正次、中村晴雄、菊地久、以上八名）◆**仙台高等工業学校**（細谷芳郎、今野惣助、斎藤三郎、菊地弘、金井正夫、吉田種三、以上六名）◆**米沢高等工業学校**（中野勇三、以上一名）◆**多賀高等工業学校**（矢口重寿、以上一名）◆**宇都宮高等工業学校**（久保田秀生、山口正人、以上二名）◆**桐生高等工業学校**（岩下英三、鈴木欣司、阿部芳治、以上三名）◆**横浜高等工業学校**（三宅輝彦、吉原晋、熊倉三夫、吉岡勝、以上四名）◆**武蔵高等工業学校**（星野政己、有村泰岳、以上二名）◆**長岡高等工業学校**（酒井正俊、柳正徳、小山康衡、木村潔、榊原靖、以上五名）◆**金沢高等工業学校**（沢本裕嗣、桜井幹男、黒瀬順斉、高野次郎、多木稔、河野清二、以上六名）◆**福井高等工業学校**（天谷英郎、以上一名）◆**山梨高等工業学校**（堀川秀弥、馬場繁郎、高橋渡、以上三名）◆**浜松高等工業学校**（鈴木清、市川猛、中尾邦為、矢野欣之、荒木孝、太田博、以上六名）◆**名古屋高等工業学校**（萱野留雄、田中高正、鈴木孝一、増田修、晦日進、以上五名）◆**大阪高等工業学校**（堀家晃、一名）◆**関西高等工業学校**（津久井正夫、以上一名）◆**神戸高等工業学校**（三宅精策、三木光、以上二名）◆**広島高等工業学校**（高島清、谷本（木）逸司、草村昌直、以上三名）◆**山口高等工業学校**（松林平吉、以上一名）◆**徳島高等工業学校**（池島厚吉、国房大文夫、田中久士、佐藤一義、以上四名）◆**高松高等工業学校**（末吉実、以上一名）◆**久留米高等工業学校**（龍野彦次郎、楠本二三夫、以上二名）◆**熊本高等工業学校**（井上啓、坂本哲朗、米田豊、山路博、以上四名）◆**台北高等工業学校**（中島眞鏡、以上一名）◆**台南高等工業学校**（長谷川拓男、生島活人、横尾佐資郎、砂川啓英、以上四名）

これらの高等工業学校は、敗戦後は各地の国立大学（一部私学）等の工学系学部となっている。ちなみに、多賀高等工業学校は茨城大学、桐生高等工業学校は群馬大学の工学系学部の前身である。関西高等工業学校は大阪工業大学の前身である。

これらの学校を記しながら、筆者はこの人たちの油にまみれた笑顔を想像した。その笑顔と神風特攻の落差が余りにも切ない。

〔高等商業学校〕

アジア太平洋戦争における海軍神風特攻の高等商業学校出身者戦死は三一名となっている。つぎに学校名と学校ごとの戦死者（数）を記す。

◆**小樽高等商業学校**（足立安行、栗村正教、菊地利夫、徳平宰郷、以上四名）◆**大倉高等商業学校**（小沢長三郎、以上一名）◆**横浜高等商業学校**（田所昇、以上一名）◆**高岡高等商業学校**（荻（萩）原巌、以上一名）◆**彦根高等商業学校**（長門達、杉田正治、郡田英男、延沢慶太郎、以上四名）◆**福知山高等商業学校**（野間茂、以上一名）◆**大阪高等商業学校**（野路井正造、以上一名）◆**昭和高等商業学校**（石坂和郎、以上一名）◆**神戸高等商業学校**（坂口明、外山正司、以上二名）◆**甲陽高等商業学校**（森永茂、以上一名）◆**山口高等商業学校**（滝本義正、以上一名）◆**高松高等商業学校**（鎌倉甚平、以上一名）◆**松山高等商業学校**（大石太、西本松一郎、嘉多山哲、田中斌、以上四名）◆**福岡高等商業学校**（佐守邦美、以上一名）◆**長崎高等商業学校**（鑢敬蔵、福田茂生、以上二名）◆**大分高等

商業学校（井口要之助、以上一名）◆**鹿児島高等商業学校**（林田直、以上一名）◆**善隣高等商業学校**（久保良介、以上一名）

（黒崎靖夫、以上一名）◆**台北高等商業学校**（小林常信、以上一名）◆**大連高等商業学校**

これらの高等商業学校は、敗戦後は各地の大学の経商系学部となっている。ちなみに、大倉高等商業学校は東京経済大学、昭和高等商業学校は大阪経済大学の前身である。善隣高等商業学校は韓国にあった学校である。

〔**高等農林学校**〕

アジア太平洋戦争における海軍神風特攻の高等農林学校出身者戦死は一〇名となっている。つぎに高等農林学校名と学校ごとの戦死者（数）を記す。

◆**宇都宮高等農林学校**（大木偉央、高橋三郎、以上二名）◆**岐阜高等農林学校**（西森秀夫、以上一名）◆**三重高等農林学校**（遠藤徳武、以上一名）◆**鳥取高等農林学校**（磯部豊、山口平、以上二名）◆**宮崎高等農林学校**（高島陸人、稲ヶ瀬隆治、以上二名）◆**鹿児島高等農林学校**（厚地兼之輔、以上一名）◆**台中高等農林学校**（畠中良成、以上一名）

これらの高等農林学校は、敗戦後は各地の大学の農学系学部となっている。

〔**高等学校**〕

アジア太平洋戦争における海軍神風特攻の高等学校（大学予科を含む）出身者戦死は一七名となっ

ている。つぎに高等学校名と学校ごとの戦死者（数）を記す。

◆東北学院大学予科（庄司弘一 以上一名）**◆山形高等学校**（大塚章、以上一名）**◆早稲田高等学院**（林正俊、葛和善治、古谷純男、田沢義治、以上四名）**◆中央大学予科**（鹿野茂、以上一名）**◆青山学院大学予科**（下地恵尚 以上一名）**◆国学院大学予科**（山口輝夫 以上一名）**◆東洋大学予科**（菅田三樹雄 以上一名）**◆大東文化大学予科**（白鳥鈴雄 乙津和市 以上二名）**◆武蔵高等学校**（石田完三、以上一名）**◆松本高等学校**（福元猛寛、以上一名）**◆同志社大学予科**（宮内栄 以上一名）**◆関西学院大学予科**（植村光男、以上一名）**◆福岡高等学校**（藤井実 以上一名）

これらの高等学校は、敗戦後は各地の大学の教養課程となっている。

〔師範学校〕

アジア太平洋戦争における海軍神風特攻での、師範学校出身者戦死は六四名となっている。つぎに師範学校名と学校ごとの戦死者（数）を記す。この師範学校の戦死者が結構に多い。さらに、全国各地に分布している。日本の教育が隅々までに行き渡っていた証拠でもある。

◆北海道師範学校（富沢幸光、以上一名）**◆北海道第一師範学校**（川田茂、以上一名）**◆福島師範学校**（根本次男、吉田兼二郎、高橋惣吾、以上三名）**◆茨城師範学校**（島田明、綿引芳男、以上二名）**◆群馬師範学校**（船津安男、以上一名）**◆埼玉師範学校**（小堀淳三郎、以上一名）**◆東京第一師範学校**（長井正二郎、西伊和男、以上二名）**◆東京第二師範学校**（加藤米男、以上一名）**◆東京第三

師範学校（今井道三、清水則定、以上二名）◆**神奈川師範学校**（山田興治、今井全四（志）郎、以上二名）◆**新潟第二師範学校**（堀井正四、以上一名）◆**富山師範学校**（関野喜太郎、以上一名）◆**石川師範学校**（朝倉正一、土山忠英、以上二名）◆**長野師範学校**（由井勲、以上一名）◆**岐阜師範学校**（青山義男、西川要三、以上二名）◆**静岡第一師範学校**（森島侠一郎、須藤竹次郎、以上二名）◆**静岡第二師範学校**（勝又武彦、以上一名）◆**愛知第一師範学校**（加藤年彦、以上一名）◆**滋賀師範学校**（吉岡信太郎、碓本守、以上二名）◆**京都師範学校**（卯滝重雄、松本厚、四方厳夫、以上三名）◆**大阪師範学校**（土肥三郎、以上一名）◆**大阪第一師範学校**（五十嵐正栄、以上一名）◆**大阪第二師範学校**（溝川隆、以上一名）◆**和歌山師範学校**（広田豊吉、北村新一、薬眞寺靖、以上三名）◆**鳥取師範学校**（大田博英、以上一名）◆**島根師範学校**（和田守圭秀、以上一名）◆**岡山師範学校**（石田寛、福寺薫、以上二名）◆**広島師範学校**（岸圭武、以上一名）◆**山口師範学校**（大橋進、以上一名）◆**徳島師範学校**（橋本誠也、以上一名）◆**香川師範学校**（佐川保男、以上一名）◆**愛媛師範学校**（海田茂雄、以上一名）◆**高知師範学校**（青木牧夫、以上一名）◆**福岡第一師範学校**（長沢善亮、以上一名）◆**福岡第二師範学校**（川原忠美、以上一名）◆**長崎師範学校**（住野英信、以上一名）◆**熊本師範学校**（宮原正、糀本武次郎、二名）◆**大分師範学校**（高橋英生、西田高光、武下明、三名）◆**鹿児島師範学校**（津曲（田）徳哉、小田原恒夫、以上二名）◆**京城師範学校**（安田昇、熊沢庸夫、以上二名）◆**台南師範学校**（大木勇蔵、以上一名）◆**旅順師範学校**（安則盛三、以上一名）

これらの師範学校は、敗戦後は各地の大学の教育系学部となっている。それにしても全国各地に広がっている。師範学校の奥の深さにあらためて驚かざるを得ない。

大阪師範学校出身の土肥三郎（中尉）は一九四五年四月一二日、第三神雷部隊桜花隊として出撃戦死している。享年二三歳である。この人の兵装は『桜花』（後述）である。体当たり専用機として設計された小型のロケット機であった。機首に一、二〇〇kg爆弾が内装され、尾部は小型の固形燃料ロケット推進器が装備され、その間に操縦席がある。全長六・一二メートル、全幅五・〇七メートル、自力では離陸できないので、目標近くまでは「母機」と呼ばれた一式陸上攻撃機の胴体に懸架され、搭乗員は母機で待機する。出撃直前に母機の胴体下爆弾庫から『桜花』の操縦席に滑り込む。一旦発射すれば『桜花』には生還の道はない。まさに「十死零生」絶対死の特攻専用機である。出撃直前の土肥三郎の様子を猪口力平／中島正『神風特別攻撃隊の記録』（雪華社）はつぎのように記す。この日は土肥三郎の母機だけが生還している。故に土肥三郎の出撃直前の様子が伝わっている。

このとき発進した「桜花」攻撃の一式陸攻は八機であったが、そのうち六機は敵水上艦艇に向けて「桜花」の発進をした後、敵の攻撃にあって撃墜され、ただ土肥機の母機だけが無事に帰投した。その報告によると、土肥中尉は機上の人となって基地を発進すると、しばらくは暇なので機長に、「昼寝をするから、戦場到達三〇分前になったら起こしてくれ」と伝言し、機内の仮製キャンバス・ベッドに悠々と横になって眠ったという。沖縄がだいぶ近くなったので彼を起こすと、目をこすりこすり起きてきて、「もう着いたのか?」と言い、同僚である機長と握手して、母機から穴を通って「桜花」に乗り移った。

もうだれも土肥中尉の姿を見ることはできない。土肥中尉と一式陸攻とのつながりは、小さな伝声管ただ一本である。まもなく連絡用のブザーが鳴って、「桜花発進よし」と伝えてきた。

出撃直前まで土肥は転寝《うたたね》をしていたという。悟りを通り越した剛毅豪胆、まさに「無」の境地といった心境であったと推測する。因みに、土肥三郎ら八機の『桜花』うち一機が駆逐艦『マンナート・

L・エイベリ』に体当たりしている（森本忠夫『特攻』文藝春秋）。この艦はその後沈没している。

ところで。土肥三郎中尉の母機に菅野善次郎（予科練出身 電信員）が搭乗していた。この人の証言（文藝春秋編『人間爆弾と呼ばれて―証言・桜花特攻』）によると、「前部の電信機につくため移動したところ、三浦機長の後の席で桜花隊の土肥三郎中尉は相変わらず目を閉じて腕組みをしたままの状態であった」としている。先に引用した「仮製キャンバス・ベッドに悠々と横になって眠った」という証言とは少し違いを感じる。菅野善次郎は敵艦発見と当時に「土肥三郎中尉を起こした」としている。土肥は「急いで上衣を脱ぎ、飛行帽をとって〝神雷〟のハチマキをした」、そして、ブローニング銃を「宮下少尉に渡してくれ、俺からの遺品だとな」と菅野に託している。先に引用した猪口力平／中島正の「沖縄がだいぶ近くなったので彼を起こすと、目をこすりこすり起きてきて、〝もう着いたのか？〟と言い」とする記述とも少しの違いを感じる。土肥三郎搭乗の『桜花』は電動雷管による切り離しに失敗したようだ。そこで、菅野善次郎は「機長の行動を素早く察した私は、目を閉じて手動索を引いた。そして目を開くと桜花の姿は見えず」としている。結構慌《あわただ》しい出撃であったようだ。この菅野善次郎の一連の証言に、土肥三郎の出撃直前の自然なたたずまいがあるように思う。前述の猪口力平／中島正『神風特別攻撃隊の記録』（雪華社）には、土肥三郎の「剛毅」で「悠然」とした様子が殊更に強調されているような気がする。そうすることにより神風特攻の「正当性」を暗に主張しているように感じる。土肥三郎、背の高い人である。凛とした表情である。目もとが涼やかだ。なかなかのハンサムである。

〔青年学校教員養成所〕

アジア太平洋戦争における海軍神風特攻の青年学校教員養成所出身者戦死は六名となっている。つぎに青年学校教員養成所名と養成所ごとの戦死者（数）を記す。

名）◆**青森青年学校教員養成所**（野宮仁平、以上一名）◆**東京青年学校教員養成所**（安田太一、以上一名）◆**京都青年学校教員養成所**（西村克己、以上一名）◆**大阪青年学校教員養成所**（藤坂昇、黒木七郎、以上二名）◆**広島青年学校教員養成所**（斎藤幸雄、以上一名）

これらの青年学校教員養成所は、敗戦後は各地の大学の教育系学部となっている。以上が飛行予備学生とその出身校である。

特攻戦死した飛行予備士官の出身学校を追想してきた。東京に偏《かたよ》りが見られるが、これは、当時の高等教育機関が東京に集中していたことによるものと考える。しかしながら、一方、各種の高等教育機関は全国に分布していたことも上述からはよく分る。当時の高等教育も全国隅々まで発達し充実していたと言ってよいだろう。そして特攻戦死者も全国的に分布しているようだ。

このように全国各地に広がっていたこの人たちの「夢」は、ある日ある時に一瞬に消え去ってしまった。特攻隊員は桜の花に喩えられる。豪華絢爛に美しく、その命は短く、散り際が見事であることからによる。この人たちの未来という「華」は、桜という「花」に姿を変えて、一瞬にして大空の彼方に散ってしまった。

第四項　そこは聖地（海軍兵学校）

予備学生の母校と氏名を記してきた。それでは、それ以外の人たちの青春の夢は一体何であったのであろうか。前述したように、中学校以上の上級校に進学できるのは、富裕層のほんの少数であった。成績優秀であっても、高校、大学はおろか、専門学校へも進学できなかった人たちの方が圧倒的に多かったと考えられる。そこで、これらの人たちを魅了した進路のひとつに海軍兵学校があった。ここは授業料はいらない。無料である。給料がでる。末は大将にまで昇任することができる。採用は相当な難関であったようだ。当時の若者の憧れの一つである。そして当時のエリートの一角を占めていた。この兵学校出身で特攻戦死した人は一一〇名であることはすでに述べた。

写真家真継不二夫撮影の『報道写真　海軍兵学校』（番町書房　昭和十八年七月八日）がある。発行は一九四三年（昭和一八）となっている。撮影は前年の一九四二年（昭和一七）のようだ。戦争最中の海軍兵学校の様子を知る格好の資料である。真継不二夫（一九〇三年生、一九八四年没）はフリーランスの写真家である。海軍に徴用されて海軍報道班員として活躍していた。この写真集は国策の一つと考えてよい。大本営海軍報道部が監修している。プロパガンダである。真継不二夫は写真集の末尾に「兵学校を撮る」と題したコメントを付している。これが興味深い。戦時中の兵学校の情景描写である。海軍兵学校の生活に新鮮な感動と驚きを素直に表している。真継不二夫の文章を引用しながら、海軍兵学校の一端を記して置きたい。

真継不二夫『海軍兵学校』表紙

すべては聖地の名にふさわしく清澄で、平和で静かである。

真継不二夫は海軍兵学校の全体印象を「聖地」と言っている。たしかに、真継の記述からの想像ではあるが、学校というよりも修道院か精神修養の道場のような印象を受ける。塵ひとつなく咳ひとつ聞えない、世間の喧騒から全く遮断した日本美の極致そのものと言っていいのかもしれない。その「聖地」がどのようなものであったかを追ってみたい。

前川中佐は、潮焦けのした健康な笑顔で迎へて下さる。背後の大きな黒板には、六月六来校と、筆者の姓名まで記されてある。眇たる一人の訪問者までも克明に掲示される周到さには、豪放の裡に緻密さの潜む海軍の性格の一端も窺ひ得られ、頭の下る思ひである。

真継は自分の来校予定を記す黒板に恐縮ぎみに感動している。真継は恐縮しているが、海軍兵学校の側からすれば、プロパガンダを依頼した大切な写真ジャーナリストである。丁重な迎えは当然であろう。事実、兵学校は真継の撮影に最大限の便宜を図ったようだ。撮影は翌朝の起床風景からはじまる。真継は午前四時にすでに起床している。生徒たちはまだ床のなかにある。

『では出かけませう』

促がされて廊下に出たが、校舎は未だ寂として咳一つ聞えない。階段脇の硝子戸を透して江田内の海が、銀灰色の鈍い光を湛《たた》へてゐる。

やがて、五時三十分の起床喇叭《らっぱ》が嚠喨《りゅうりょう》と鳴りひゞくと、堰きとめられた奔流が、一時に堰を切つて泡立ち流れるやうに、白い毛布は一斉に跳ね上り、脱兎のやうに寝台を飛び下りる。窓際のものは手早くカーテンを引き、白の事業服を頭から冠りながら、右足は靴の中へ入れてゐる。手が襦衣の紐を結び、ボタンをかけ終る頃には、左足も既に靴の中である。毛布を畳み、枕を積むと、一方の手は帽子を摑んでゐる。

すべてはアッといふ間に片付き、整頓される。時間にして二分余、三分とはかからない。一瞬の間に移るのであるが、畳んだ毛布に皺もなければ傾きもない。折返しの線まで狂ひなく揃つてゐる。尤も狂つたり傾いて居れば大変だ、江田島地震が起るからである。艦では甲板士官の任務と同様の週番生徒が、折角たゝんだ毛布をひつくり返してしまふのだ。かうなると顔も洗へず便所にも行けないやうな事態をさへ来すのである。早朝第一歩に、整頓と敏捷を行動原理として、自己自らを跳び越え、「気力に欠くるなきか」への戦を始めてゐるのである。

整理を終つた生徒は、洗面所へと駆け出してゆく。一瞬の混雑は、たいへんな靴音になつて響くが、これも正常歩を叫ぶ駅のホームのやうに乱雑なものではない。駆け出す足にひとつの紊れもないからである。整然たる駈足の歩調からは当然リズムが生じるのである。いま寝衣と着換へたばかりの事業服を脱いで、きちんと畳み、帽子と一緒に棚へ置いて、乾布摩擦を行ひ、歯を磨く。変つてゐるのは洗面器を使はないことで、水道の蛇口をひねり奔しるその水で、口を嗽《すす》ぎ、洗顔する。この方が衛生的だとの理由からであるらしい。洗面は洗心に通じ、誰一人として私語するものもない。洗面がすむと白い制服の奔流は、怒涛となつて校庭へ突進する。然し、階段ひとつ上下するにも、こゝには法則がある。校舎そのものが軍艦とされてゐるからである。急降たりとも降りるときは一段づつ、登るときは二段跳びに登るのであつて、これを紊さうものなら週番生徒の大喝にあひ、廻れ右して最初からやり直しを命ぜられるのである。（ルビ―引用者）

一糸乱れぬ起床風景である。全てが合理主義に繋がっている。無駄がない。まさにここは戦場なのである。この規律を乱す者があれば「江田島地震が起る」と真継は言う。真継はこの「江田島地震」が何であるかを記していないが、多くの他の文献資料からこれは鉄拳制裁の意であると解釈する。口頭での注意などと言う生易しいものではない。有無を言わせぬ、言い訳の利かない鉄拳が唸るのだ。「週番生徒の大喝」も鉄拳制裁のことである。この「地震」にしろ「大喝」にしろ、真継不二夫は先刻承知していたことであろう。だから、つぎのように言う。

　厳しい躾も鍛錬も、一に聖恩に應へ奉る赤誠の他ないのである。自己の栄達を望むがための学業でもなければ、名誉を得るための研鑽でもない。伝統に栄える帝国海軍の後継者として、海国日本の国防に任じ、一意奉公、如何にして醜《しこ》の御楯《みたて》となり、水漬《みづ》く屍《かばね》となるかの一念にのみ生きるのである。故に生徒は学を学びながらも学生ではないのである。判任武官の待遇を賜る軍人として、日々研鑽をなすのである。（ルビ引用者）

まさに滅私奉公の世界である。号令訓練や体操の終った後は朝食だ。朝食のメニューは「パン半斤に砂糖と味噌汁」としている。真継も余りの簡素な食事を心配している。しかし、これも計算された献立と知って納得する。

　この後は課業が始まるが真継は教室内の課業の様子を記していない。また写真も撮っていない。実はここを知りたいが、恐らく取材は許可されなかったのであろう。これは推測ではあるが、課業の内容それ自身は機密であったのかもしれない。真継はその間、自習室を案内されている。「導かれるまゝに一階の自習室に足を踏み入れる。明るい窓、白い壁、紅殻色の机、すべてが清潔であり簡素である」と記している。学校というよりは修道院の印象である。

『机のなかを拝見出来ませんか』

私は随分不遠慮なことを云つたものである。然し、開けられた机の中は、親しみ難いほど整頓されてゐて乱れがない。筆箱のなかには鉛筆数本、ペン軸、消しゴム、コンパス等が、手に取ればそのまゝ使へるやうに揃へてある。芯は長短なく刷られ、ペン先は美しく拭はれてゐる。教科書、辞書、学用品のいづれもが整理され、すべてのものが常に使用されるのを待つかのやうに整へられてある。

『物が乱雑では、狭い艦内での起居が不可能なので、いまから整理する習慣をつくるのです』と、教官の話である。

自習室の机の中を覗いて、真継は「親しみ難いほど」整頓されていたという。この「親しみ難い」という表現に真継の率直な感嘆があるように思う。真継はある種の違和感をもったと筆者は思う。兵学校はまさに寸分の隙も許されないのである。

正午近くになると、授業を終へた生徒が隊伍を組み「歩調とれ」の号令とゝもに、手を肩の高さまで振り上げつゝ生徒館に帰ってくる。稀れには二人や一人のときもあるが、二人であれば一人が号令をかけ、一人のときには自分自身で号令をかけながら、御紋章の前に来ると直立し、敬礼するまでは決して歩調を崩さない。このとき歩調が乱れてゐたり、動作に気力を欠いてゐると、玄関脇で監視する週番生徒が「廻れ右！」を宣告する。一度、二度、三度、四度、かうなると大変だ。五度や十度のやり直しは珍しくないからである。かくて歩調に乱れがなく気力を盛り返せば、鍛へる生徒も鍛へられる生徒も互に敬礼し合ひ、莞爾として睦まじく昼食に向ふのである。

「このとき歩調が乱れていたり」の次の文章が気になる。真継は遠慮気味に美しく描いてはいるが、筆者（私）はここに凄惨な鉄拳制裁の嵐を想像する。文中の「週番生徒」とは上級生のことだ。とにかく、何かと難くせをつけては同じことを繰り返させる。難くせであることから理由はいらない。「気力を盛り返せば」とあるが、この「盛り返す」までが大変である。鉄拳制裁の嵐が吹きまくる。しかし、これを有体《ありてい》には書けない。真継流の美しい言葉に置き換えているように感じる。つぎは夜の自習風景である。

> こゝろして開いた扉ではあつたが、室内の静寂を乱さずにはゐない。だが、生徒は皆端然として、不意の闖入者を振り返るものはない。近づいてレンズを向けても、気を散らすやうな気色もなく、眼は書物の上にそゝがれたまゝである。濁流を併呑しても、大洋はなほ紺碧に冴え返ってゐるやうに、すべては森閑として平然たる姿である。
>
> 写真生活十数年、社会の各層に亘りカメラを向けた人達は数多いが、これほどレンズを無視し、撮影者を無視し、冷厳水の如き態度に接したことがあつたであらうか。衒った無関心でもなければ、装つた平静でもない。自己の一歩の向上は帝国海軍の一歩の向上だとする牢固とした思想信念がさせるのであらうか。これこそ一糸紊れぬ規律を行動してゐるものゝ強さであり、信念に徹するものゝ態度かとも考へられるのである。
>
> 参観者といふものは、とかく注目され易いものである。けれどもこゝでは誰一人として、この外来者を一瞥するものもない。これは教室内にのみ限つたことではない。寮庭にしても、廊下で行違ったにしても、針ほどの関心さへ示さない。出来さうであつて出来難いことである。私は深い感動を覚えずには居られないのであつた。

ひとつの「達観」を垣間見る思いだ。今の自分の任務以外には何事にも動じない「海軍魂」を感動と感嘆のうちに描いている。たしかに、海軍兵学校の生徒たちはこのようであったのであろう。このことは毫も疑い得ない。このような兵学校と兵学校生徒を「躾のよい家庭の勉強室を見るような和やかさである」としている。そして、兵学校での取材の極めつけは次の一言で結論づけられている。

兵学校に来て、私が強く印象づけられたのは、生徒の顔の端正なことである。これほど揃って、整つた容貌をもつ生徒が、他の学校にあるであらうか。眉目清秀の謂ひではない。精神的なもの丶現れた美しさである。鍛へたもの丶美しさだといつてもよい。無垢で、清純で、玲瓏である。そしてこ丶では、一号、三号、四号の段階を明瞭に現してゐる。清純なうちに可憐さを残す四号生徒に比して、一号生徒には鍛えられたもの丶強さがあり、凛然とした美しさが一層強く現れてゐる。環境は人をつくるといふが、私は兵学校に来て、男の男らしさを見た。

外観の美しさではない。内面から滲み出る、精神的な美しさに感動している。とにかく、真継には海軍兵学校はこのように見えた。勿論これは真継だけの感想ではないように感じる。だれが観ても、海軍兵学校はこのような印象と思われる。その端正な顔を真継は写真集の表紙に使っている。端正であり凛としている。

前項で予備学生の出身校は様々であることを述べた。彼等は元は大学等の学生であったことから多士済々で娑婆っ気たっぷりで個性的である。しかし、海軍兵学校はこの「娑婆っ気」と「個性」を嫌う。規格外は彼らにとっては恥であったようだ。だから、実戦部隊の中においてさえ兵学校出身と予備学生出身とは何かと確執があったようだ。兵学校は精神と規律と規範的行動の三位一体による絶対的な生活原理が貫かれている。真継不二夫も言うように、そこはまさに「聖地」であったと言ってよい。

この人たちの氏名も前項の予備学生出身者と同様にここに記すべきであるが紙幅が許さない。第五章「墓碑銘」でこの人たちをも含む全戦死者名を記しているので、それに代えさせていただきたい。

海軍兵学校に関してもう一冊、清閑寺健『江田島』（小学館 昭和一八年五月）が手元にある。小説仕立てのプロパガンダである。ここでは、厳しい中にも一号生徒と上級生徒の愛情溢れる兄弟愛の江田島生活が描かれている。鉄拳制裁は一切記していない。こんなシーンがある。新入の一号生徒が江田島のルールを破った。これを見ていた上級生徒は、その一号生徒を呼び出す。本来ならここで凄惨な鉄拳が飛ぶ。しかし、その上級生徒は手にした竹刀で自分の腕を殴打する。「俺が悪いんだ、しつけがたらんのだ！」、要するに、上級生徒としての指導の至らなさを自ら責めるのである。これを見ていた一号生徒は「伍長！　ゆるしてください……」と大地に両手をつき許しを請う。「わかってくれたなあ」「は、はい」「二度とくり返すな。」「はい……」「起きろ、たて」と、こんな具合である。教官と生徒同士そして近隣の人々との厳しい中にもほのぼのとした家族愛的な海軍兵学校が描かれている。

海軍の士官養成機関として、海軍兵学校とともに海軍機関学校というのがあった。ここで言う「機関」とは推進機関、すなわちエンジンである。この学校は軍艦の推進機関を掌《つかさど》る技術士官の養成を目的としている。この海軍機関学校出身者からも九名の特攻戦死者がでている。

海軍機関学校は一八七三年（明六）に創設されている。独立した学校となるのは一八九三年（明二六）であることから歴史は相当に古い。軍艦でも小型艦はディーゼルエンジンであったらしいらしいが、その当時の殆どの軍艦は水蒸気タービン機関であったようだ。だから機関学校出身者は「カマタキ」(窯焚き)と呼ばれていたようだ。これが差別につながった。入学資格は海軍兵学校と同じ中学校四年修了者である。難度は機関学校の方が難しかったようだ。しかし、機関学校出身者は技術士官であることから指揮権は与えられなかった。だから、軍艦内では海軍兵学校出身者の指揮下にあったという。また呼称も同じ「大尉」であっても「機関大尉」と呼ばれていた。こんなことが、兵学校出身者による差別を生んだ。これを「機関科問題」と言い、当時でも問題視されていたようだ。一九四二年(昭一七)に兵学校との統合が図られ、制度上の差別は無くなったが、実態的な差別は拭い切れないものがあったようだ。この人たちは武器を持って戦う場面はない。この人たちの戦場は艦の一番奥深い所に在る機関(エンジン)室である。艦が沈めば最後まで取り残される場所である。だから「カマタキ」と言われたこの人たちの戦死率は高い。

それでは、何故、機関専門のこれらの人が神風特攻として出撃したのであろうか。この人たちは元々はエンジニアである。だから一部の人たちは航空需要の高まりから軍艦から航空整備への転科を命じられたようだ。これは志願によるものではない。命令である。そして、整備の必要から飛行作業(飛行操縦訓練)が行われ、適正者が航空への転科、すなわち搭乗員としての命令を受けたらしい。だから、この人たちの航空転科は志願ではなく、命令であった。この中から九名の神風特攻戦死者がでている。

もうひとつ海軍経理学校という士官養成機関があった。主として総務事務方や兵站を司《つかさど》る士官である。ここからは特攻戦死者は出ていない。

第五項　大空に棲む（飛行予科練習生）

海軍飛行予科練習生は略して「予科練」と言った。この方がわかりやすいかもしれない。「若い血潮の予科練の　七つ釦は桜に錨　今日も飛ぶ飛ぶ霞が浦にゃ　でっかい希望の雲が湧く」の『若鷲の歌』（作詞　西条八十　作曲　古関裕而　昭一八）は余りにも有名である。この「予科練」制度の創設は一九三〇年（昭五）である。兵学校出身者は士官搭乗員となるが、航空隊は士官だけで編成できるものではない。下士官搭乗員が必要である。その下士官搭乗員の養成機関が予科練である。予科練創設以前は現役の海軍兵の中から志願により「操縦術練習生」と「偵察術練習生」を募集し下士官搭乗員の養成を行って来た。しかし、戦局の推移により、これでは航空兵の補充が十分ではない。そこで、国民学校高等科卒業の一五歳から一七歳までを対象として海軍外部からの公募を実施した。一九三〇年（昭和五）六月一日からである。これが海軍飛行予科練習生制度の始まりである。下士官搭乗員は従来の海軍内部からの調達（練習生）と外部からの公募（予科練）というふたつの制度で本格的な大量養成が行われた。ところで、この「予科練」の選考が大変であったようだ。一九三〇年公募の第一期生は当初一〇〇名採用の予定に五、八〇〇名強の人たちが応募したという。最終は七九名の採用であったところから、競争率は実に七〇倍強であったらしい。

一九三七年（昭一二）には、新たに「甲種飛行予科練習生」制度が新設された。略して「甲飛」という。この「甲飛」の資格は中学校四年一学期修了者を対象とした。採用学歴が高くなった。これは特務士官搭乗員の養成を目的とした。「特務」とは士官ではあるが指揮権のない人たち言う。下士官と士官の中間に位置する階級である。正規な士官とはちがって「特務少尉」とか「特務大尉」と呼ばれていたという。しかしながらこの「特務」という制度も何かと蹉跌を生んだようだ。のちにはこの呼称は廃止されている。「甲飛」の新設により従来の国民学校高等科卒業の「予科練」を「乙種」と呼ぶようになった。

さらに一九四〇年（昭一五）には、それまでの海軍現役兵から採用してきた「操縦術練習生」と「偵察術練習生」を「丙種飛行予科練習生」と呼称があらためられた。このように「予科練」には「甲種」、「乙種」、「丙種」の三つの制度が並列することになる。さらに「乙種」の場合、一七歳以上の年齢の高い人たち（本来は一五歳から一七歳まで）には速成教育が実施され、短期間教育で実戦配備されたのである。この人たちを「特乙」という。大阪市都島区の釣上治三（二〇〇五年一一月逝去）は「特乙」の二期である。一九四三年六月一日に山口航空隊に入隊している。一九二六年（大正元年）一〇月二五日生れであることから、入隊時は一六歳、誕生日が来れば一七歳ということになる。予科練乙種への受験はたまたまその時に公募があったから応募したという。釣上は旧制中学校生であったことから予科練甲種受験の資格があった。しかし釣上の動機付けとその時の公募とのタイミングがあった。どの種別に受験するかは偶然の所作であったらしい。釣上は年嵩でもあったころから、予科練乙種であっても「特乙」の採用となったようだ。この時の「特乙二期」入隊は六一二名、そして特攻戦死者は三五名となっている。

以上のように、「予科練」制度は時代の変遷、また戦局の推移により幾多の改正がなされている。そして「予科練」こそが、海軍航空隊の中核を質量ともに担ったことになる。敗戦までの総採用数は二四一、八六九名（常陽新聞社編『等身大の予科練』）、そのうち特攻戦死も含めた戦死者は一九、〇三四名、戦死率は七・九％となる。一見低いように見える。しかし、一九四四年四月以降は大量採用ではあるが、実戦配備のないままに敗戦を迎えることになる。さらに、そもそもこの時期になると練習機が不足しており、飛行予科練習生とは名ばかりで、飛行訓練さえも受けていない人が多い。そして、この人たちは憧れの飛行機ではなく、水上特攻の『震洋』（爆装小型モーターボート特攻）や『伏龍』（爆装潜水夫特攻）へと編入されていった。結果として出撃機会がなく、生還率が高くなっている。このことが全体の戦死率を結果として低めたことになる。「甲種一一期」（一九四二年一〇月入隊）の場合は一、一九一名の入隊者に対して戦死者は七三三名（六二％）、うち特攻戦死者は一〇七名（九％）となっている。「乙種一八期」（一九四二年七月入隊）の場合は一、四七六名の入隊者に対して戦死者は四〇〇名（二七％）、うち特攻戦死者は一三七名（九・二八％）となっている。さらに「丙種一六期」（一九四三年一月入隊）の場合は六〇三名の入隊者に対して戦死者は四一二名（六八％）、うち特攻戦死者は七六名（一二・六％）となっており、いずれもかなり高い戦死率となっている。

要するに海軍飛行予科練習生は、海軍航空隊と海軍神風特攻の質と量の両面において、その中核を担ったことになる。この人たちは、それぞれの学歴で成績優秀な人たちであった。大空に憧れて予科練を志望した人たちも多かったと聞く。一方、成績優秀であっても経済的理由や家庭の事情で上級校に進学できず、将来を軍隊に委ねた人たちも多かったのではないこと推測する。「いやいや」だったのではない。まなじりを決した使命感のようなものが横溢していた、そんな時代である。その使命感を海軍に託し、そして航空に託したのである。とにかく、この人たちは相当に難しい選考を経て採用されている。この人たちも兵学校とは違った意味で、一つのエリートを構成していたことは確かである。そのエリートの条件として、この人たちにも厳しい「躾」がまっていた。ささいなことが上官の鉄拳の理由とされ、理不尽な制裁の嵐が吹きまくったに違いない。この人たちにとっても海軍飛行予科練習生は「聖地」であった。そして大空がこの人たちの棲みかであった。

予科練甲種一四期の卒業写真（一九四五年五月）が残っている。一つの班の卒業アルバムである。皆小柄であどけない。顔つきはまだ子どものままである。勿論、この人たちは特攻を経験していない。特攻戦死した一、五八一名の人たちも予科練卒業時には、こんなあどけない「子ども」たちであった

写真　荻原朔氏提供

と想像する。そして、その数年の後には筋金入りの、叩き上げの海軍搭乗員に育っていく。そして特攻へと赴いた。

最後に、その他の出身も記しておきたい。まず逓信省航空局乗員養成所である。民間航空の操縦士養成機関である。仙台（昭和一三年設立）、米子（一三年）、新潟（一六年）、熊本（一六年）、印旛（一六年）、京都（一七年）、岡山（一七年）、都城（一七年）、古川（一七年）、愛媛（一七年）、長崎（一七年）、福山（一八年）筑後（一九年）の一三箇所で乗員養成所が運営されていた。この設置数からも当時の若者たちの大空への憧れが偲ばれる。この乗員養成所の卒業生（愛媛、長崎、福山）が海軍の搭乗員となっている。そして三八名が特攻戦死している。海軍ではこの人たちを「飛行予備練習生」略して「予備練」と呼んでいた。

「操縦術練習生」と「偵察術練習生」出身の人たちも特攻戦死している。先述したように、この人たちは一九四〇年（昭和一五）の丙種飛行予科練習生制度創設以前に海軍現役兵から航空に志願した人たちである。「操縦術練習生」は二六名の戦死、「偵察術練習生」は一五名の戦死である。

「電信術練習生」出身の人たちも特攻戦死している。海軍通信学校（一九三〇年〈昭五〉創設）に入校した人たちである。卒業後は艦船や潜水艦、また基地電信員として配置されるが、搭乗員として三座機の偵察員もしくは電信員としての特攻出撃であった。三一名の人たちが特攻戦死している。

「整備術練習生」出身の人たちも特攻戦死している。一式陸上攻撃機に搭乗しての出撃であった。一式陸上攻撃機は『桜花』の母機として使われている。その母機は特攻機ではない、生還が前提とされているが、しかしながら先述したように出撃した殆どの一式陸上攻撃機は撃墜されている。そして四二名の整備員が戦死している。とにかく少数ではあるが搭乗整備員も特攻戦死している。この人たちにも大空への限りない夢があった。整備員と言えども大空こそがこの人たちの青春であった。そして、その行き着く先は特攻であった。

以上の出身機関別の特攻戦死者数を一覧にするとつぎのようになる。

海軍兵学校	一一〇名	
機関学校	九名	
海軍飛行予備学生・生徒	六五一名	
海軍飛行予科練習生	一、五八一名	
海軍飛行予備練習生	三八名	(逓信省航空局乗員養成所)
海軍操縦術練習生	二六名	(予科練創設以前の人たち)
海軍電信練習生	三一名	
海軍偵察術練習生	一五名	(予科練創設以前の人たち)
海軍整備練習生	四二名	
その他	八名	
合計	二、五一一名	

以上をグラフにすると、上のようになる。

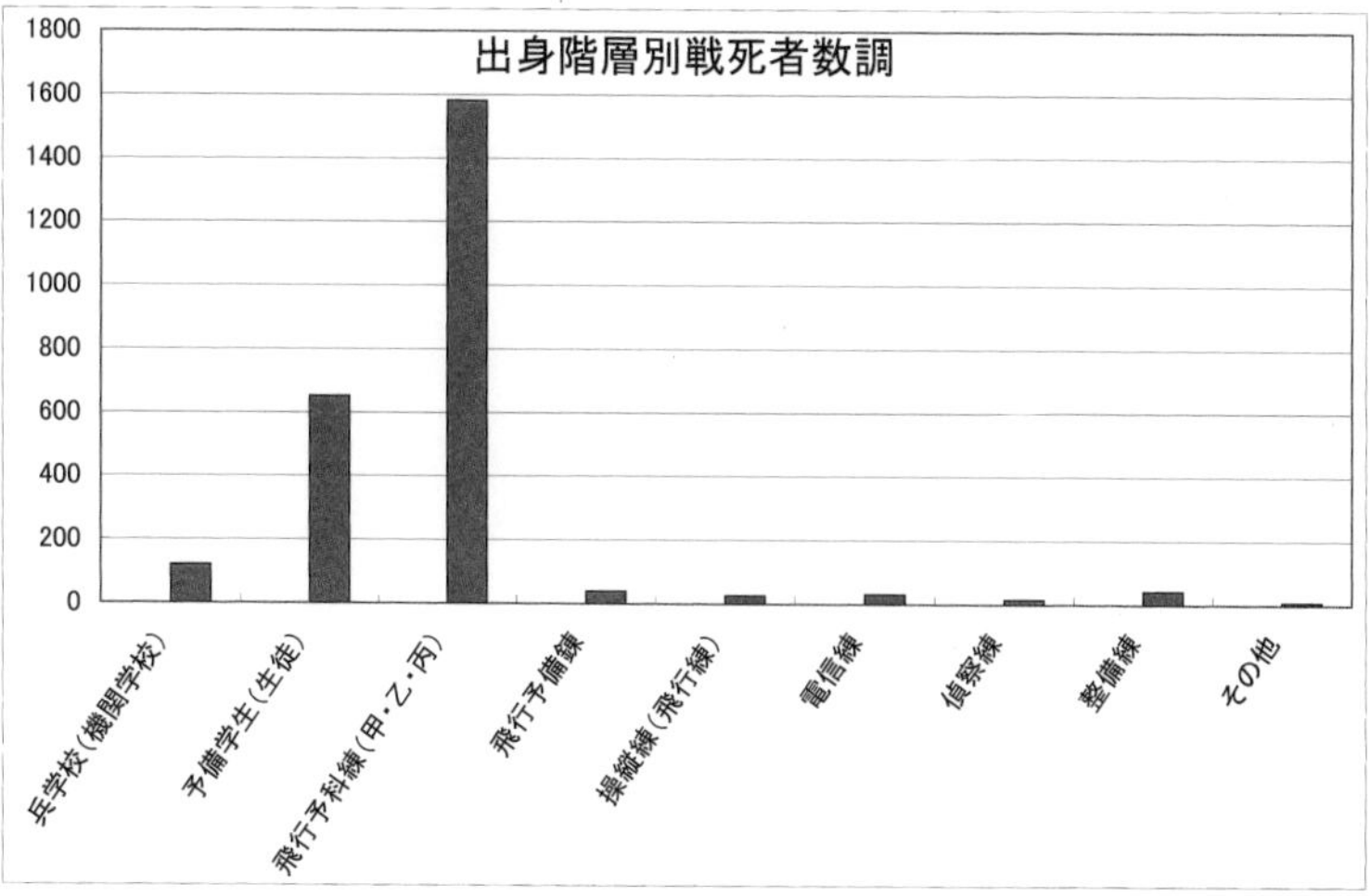

この表からもわかるように、海軍神風特攻を支えたのは予科練出身の若い人たちである。つぎは元大学生などの予備学生出身者である。

第三章――神風「特攻機」一覧

第一項 「特攻機」一覧

本章では、海軍神風特攻で運用された飛行機について述べておきたい。海軍神風特攻では、その当時の海軍実用機の殆どが特攻運用されている。言わば航空総力戦と言っていいだろう。特攻運用された各種の飛行機を逐一概括したい。一九四四年（昭一九）一〇月から翌一九四五年八月までの一一ヶ月の間に、海軍神風特攻で喪われた飛行機は全部で一、四〇七機（『特攻データベース』筆者作成）となっている。様々な飛行機が特攻運用されている。いわゆる「特攻機」というものはない。通常の戦闘機や攻撃機、爆撃機などが特攻に運用されている。

例外がある。『桜花』（後述）である。一式陸上攻撃機（後述）の胴体下に懸架され、目標近くで母機から切り放される特攻専用機である。詳細は本文に譲る。

特攻運用されなかった飛行機もあった。局地戦闘機『雷電』、同じく局地戦闘機『紫電』と局地戦闘機『紫電改』、そして艦上偵察機『彩雲』である。いずれもが最新鋭機である。練成未修者には簡単に乗りこなせるものではない。熟練搭乗員による本土決戦用に温存されたと推測する。二式水上戦闘機も特攻運用されていない。零式艦上戦闘機（後述）に水上機用のフロートをつけたものである。特攻運用としては決して難しいものではないが、そもそもこれを主力機とする部隊が日本本土には無かったことによるものと推測する。

それでは特攻機として運用された海軍機の個々の機種について解説するが、それらを性能別にA・B・Cのランクに分類したうえで論を進めていく。Aランク群はその性能から特攻の成功率が高いものとした。このことから、戦闘機をはじめとして精鋭の攻撃機や爆撃機となった。海軍は戦闘機以外でも、戦闘機と同等もしくはそれ以上の性能をもつ爆撃機や攻撃機を多く開発している。陸軍ではこれらの飛行機は大型で鈍重なのが普通であるが、海軍では少し違う。戦闘機なみの高速機が結構に多い。場合によっては戦闘機よりも性能は上かもしれない飛行機もある。これらの攻撃機や爆撃機の中にはAランクに含まれていいものがある。

Bランク群は、特攻が始まった一九四四年（昭和一九）当時では旧式化し性能的には劣性であるが、特攻隊員の力量次第では特攻成功の可能性の残るものとした。アジア太平洋戦争の初期では華々しい高性能機ではあっても、この時期（一九四四年）ではすでに旧式している。兵器開発のテンポは速い。日本陸海軍はこのテンポに一歩乗り遅れている。この一歩の乗り遅れがその後の戦局に大きく響いている。そして特攻へと繋がっている。

最後のCランク群は特攻機としては全く問題外の性能のものとした。その結果、練習機や偵察機、大型の鈍重な攻撃機などとなった。筆者は特にCランク群が気になる。この機種の特攻運用に海軍神風特攻本質の一端が表れているように感じている。

A・B・Cランク分類の根拠は、その機種の開発年により分類した、いわば新式と旧式による分類である。当然に新鋭機がAランクとなり旧式機はB・Cランクとなる。さらに、その機種の最大時速により分類した。スピードの速い機種は連合国軍の邀撃《ようげき》から逃れる確率が高くなる。当然に速い飛行

海軍神風特攻運用機種一覧

	名称	種別	時速(km/h)	生産数(機)	特攻運用数(機)
Aランク群	零式艦上戦闘機	戦闘機	553～559	10,426	661
	夜間戦闘機『月光』	戦闘機	490～535	477	2
	艦上攻撃機『天山』	攻撃機	465～482	1,268	36
	艦上爆撃機『彗星』	爆撃機	533～580	2,157	168
	陸上爆撃機『銀河』	爆撃機	546	1,002	108
	艦上攻撃機『流星』	攻撃機	542～567	111	15
Bランク群	九七式艦上攻撃機	攻撃機	351～377	1,250	73
	九九式艦上爆撃機	爆撃機	387～430	1,492	124
Cランク群	九三式中間練習機	練習機	219	5,591	7
	九四式水上偵察機	偵察機	278	471	16
	九六式艦上爆撃機	爆撃機	309	428	11
	零式水上観測機	観測機	333～370	708	16
	零式水上偵察機	偵察機	367～376	1,350	9
	機上作業練習機『白菊』	練習機	224	798	54
	一式陸上攻撃機	攻撃機	428～470	2,416	51
	特殊攻撃機『桜花』	特攻機	不明	850	55
	二式大型飛行艇	飛行艇	404～467	131	1
合計				30,926	1,407

（凡例）
性能諸元及び生産数は野沢正編『日本航空機総集Ⅰ～Ⅷ』（全８巻 出版協同社 1958～1980）よる
特攻運用数は『特攻データベース』（筆者作成）による推計
最大時速は製作年（改良等）により異なる場合があるので～を付した
海軍機の速度は「ノット」表示であるが、本表ではメートル法（km／h）に換算した
特殊攻撃機『桜花』の時速は『日本航空機総集Ⅱ 愛知・空技廠』（出版共同社 1959）では記載がないので「不明」とした。ただし、『日本海軍軍用機集』（グリーンアロー平成６）では「時速648km／h」、また『証言・桜花特攻 人間爆弾と呼ばれて』（文藝春秋社2005）では「350ノット（648km／h）」と記されている。

機はAランク群となる。鈍足機はB・Cランクとなる。もとより分類に客観的な方法がある訳ではない。あくまで筆者なりの分類であることを断っておく。

海軍神風特攻での全戦死者は二、五一一名である。ところで、海軍の場合は、例えば爆撃機や攻撃機の複座（操縦員と偵察員）や三座（操縦員、偵察員、電信員）の場合は、その定員全部が搭乗して出撃している。一機に二名もしくは三名搭乗しての出撃である。大型の双発機の場合は整備員などを含む合計七名から八名の搭乗で出撃している場合もある。故に海軍神風特攻で喪われた飛行機数は戦死者数とは一致しない。

当時、日本軍機を迎え討つ連合国戦闘機の最大時速は六〇〇㎞／hを越えていた。これを振り切るには海軍特攻機にはそれ以上の性能が求められるが、これら米軍機と同等の性能を有していた海軍特攻運用機は一機もない。ただし、特攻運用されていないが、局地戦闘機の『雷電』や『紫電改』は速度でも米軍機と同等の性能を発揮している。

ところで、軍用機にとって必要なのは速度だけではない。同時に運動性も必要とされた。この最大速度と運動性は矛盾する要素である。速度が速ければ運動性が鈍くなる。運動性を重視すれば速度を殺さなければならない。このふたつの矛盾するバランスの上で日本軍機は設計されていた。有名な零式艦上戦闘機（後述）はこのバランスを見事に解決した最高傑作といわれている。このことについては後に詳述する。しかし、このことの無理があった。日本軍機は飛行機にとって最も大切なダメージコントロールが全く無視された。このことも後に詳述する。

とにかく零式艦上戦闘機で象徴される日本海軍機は、搭乗員にとって「棺桶」同然となった。なによりも飛行機自体に搭乗員保護の処置がされていなかった。日本海軍機は一機撃墜されるごとに搭乗員が戦死した。米軍機の場合は撃墜されてもパイロットの六〇％は生還したといわれている。だから日本海軍は常に経験のない搭乗員が戦場に送り出され初陣で戦死していった。一方、米軍は経験豊なパイロットが戦場に復帰した。そして、このことが、ますます戦力差へと繋がった。この延長線上に海軍神風特攻がある。

特攻運用された海軍機の一覧を前頁に付しておく。なお、各機種の性能諸元と総生産数は野沢正編『日本航空機総集』（全八巻 出版協同社一九五八〜一九八〇）を参考とした。特攻運用数は『特攻データベース』（筆者作成）による推測である。

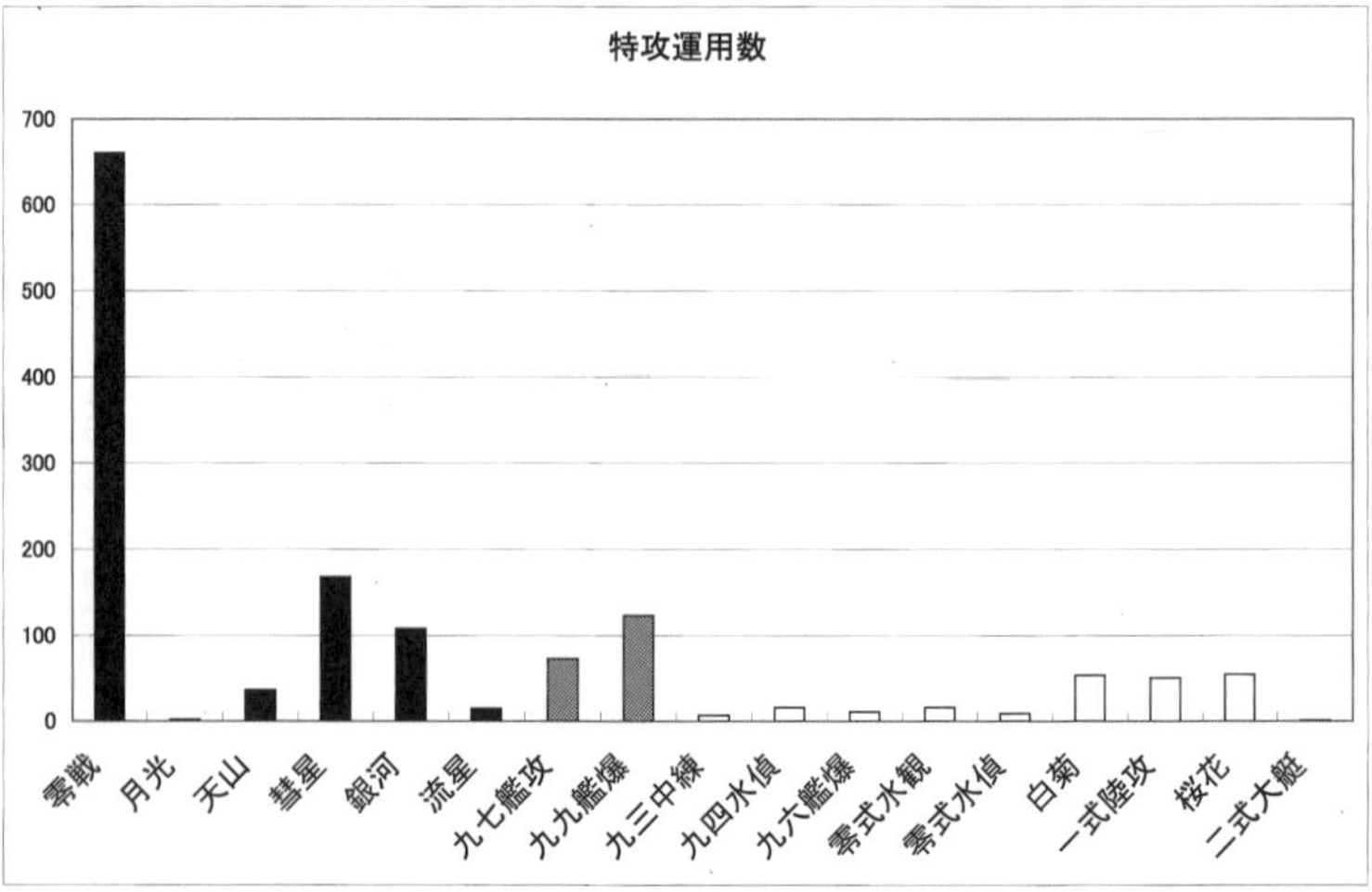

グラフにすると上図のようになる。棒グラフの黒はAランク群、灰色はBランク群、白はCランク群である。このグラフからも零式艦上戦闘機をはじめとしたAランク機種の特攻運用数が高いことが分る。

前置きが長くなった。つぎにA・B・Cランク別に、また採用年順にそれぞれの機種を概括する。

第二項　Aランク機種

Aランク機種は、一九四四～四五年（昭和一九～二〇年）当時で十分に連合国軍の各種飛行機と戦える性能を持った飛行機群とした。まず速度である。飛行機の生命はなんといっても速度である。速度が速ければ相手飛行機よりも優位な位置を占めることができる。空中戦であれ、爆撃であり、攻撃であれ、相手よりも先に優位の位置を占めることが勝利の必須である。そのためには、速度がものを言う。また、攻撃が終った後の退避も速度のある方が有利である。軍用機設計には速度がなによりも優先される所以である。

当然、Aランク機種は特攻運用でも有利となる。連合国軍戦闘機群の邀撃をその優位な速度でかわすことができる。日本海軍は零式艦上戦闘機をはじめ、Aランク群機種の多くを特攻運用している。最精鋭の優秀機でさえも惜しげもなく特攻運用している。

ところで飛行機の速度には最大速度と巡航速度があるが。本章での「速度」は各機種の最終改良型の最大速度を記していることを断っておく。

零式艦上戦闘機（以下『零戦』）

三菱重工業製。当時の日本海軍航空隊を代表する戦闘機である。敗戦後は略して「ゼロ戦」と呼称されているようだが、当時は「ゼロ戦」とは言っていない。『零戦《れいせん》』である。本稿では当時の呼称に倣《なら》い『零戦《れいせん》』とする。「艦上」とは航空母艦から発進する飛行機をいう。

一九四〇年（昭和一五）に採用、この『零戦』により、日本軍用機技術は一つの頂点に達した。『零戦』はそれまでの戦闘機の常識を打ち破った画期的な戦闘機であった。『零戦』は日本の伝統的な

軽戦闘機仕様である。すなわち、格闘性能や旋回性能を重視した設計となっている。その軽快性は当時世界一であったといわれている。その軽戦闘機に二〇ミリ機関砲を搭載した。それまでの戦闘機の最大火器は一二・七ミリであった。ところが二〇ミリ機関砲は炸裂弾である。小型の戦闘機に小型ではあるが大砲を積んだことになる。これはそれまでのどの国の戦闘機も成し得ていない。火器はまさに重戦闘機仕様である。このように軽戦闘機と重戦闘機の相矛盾する性能を見事に融合させたのである。さらに海洋上空を戦闘空域とすることから驚異的な航続力を誇っていた。行動半径は一、〇〇〇キロメートルで直線距離での航続力は二、〇〇〇キロメートルになる。さらに速度も当時の連合国軍の戦闘機よりも速い。初期の『零戦二一型』でさえ時速二八八ノット（五三三km／h）であった。この数字は当時のいかなる戦闘機も太刀打ちできなかった。これらのことから『零戦』を「芸術作品」と呼ぶ人もいる。ここで断っておきたい、海軍は飛行機の時速を「ノット」（一ノットは一・八五二km／h）で表記していた。本項でもこれに倣い「ノット」表記し、括弧内に「メートル」表記をしておく。

話を戻す。『零戦』の登場に世界は目を見張った。そして、日中戦争の折りには中国空軍をはじめ、中国を支援していた連合国空軍のパイロット達は『零戦』との格闘戦を意識的に回避したとも言われている。

『零戦』以外の日本陸海軍の軍用機も、いずれもその当時には相当の性能をもっていた。当時の連合国の軍用機群を抜いていた。日本海軍のハワイ真珠湾奇襲攻撃の成功は、これら日本軍機の高性能によるところが大きかったと言われている。

しかし、『零戦』に代表される日本軍機はアジア太平洋戦争突入直後にその欠点が露呈する。すなわち、矛盾する性能を追求した結果、搭乗員保護と火災対策は全く無視されていた。被弾すれば良く燃えたのである。良く燃えるのは『零戦』に限ったことではない。日本陸海軍機に共通する構造的欠陥である。搭乗員保護と機体保護という兵器にとって最も大切な防禦処置が無視されていた。兵器にとって最も大事なダメージコントロール対策がゼロであった。さらに、極度の軽量化を追求した結果、飛行機全体の構造があまりにも脆弱であった。このことが『零戦』の致命的な欠陥となった。この『零戦』の欠陥は、その当時の日本陸海軍の組織的欠陥や作戦上の欠陥とも共通していると筆者は考えている。すなわち『零戦』は最も日本的な欠陥を持った飛行機であった。

『零戦』が強かったのはアジア太平洋戦争の初期の段階である。一九四二年（昭一七）の中期以降は「グラマン戦闘機」に代表されるグラマンF六F『ベアキャット』に押され気味となっている。一九四四年頃からは絶望的な劣性となっていた。『零戦』のデビューが余りにも華々しすぎた。日本海軍は後続機の開発を怠っている。

米軍は『零戦』に対抗するために、当初は捕獲した『零戦』を徹底分析し、『零戦』と同等の性能をもつ戦闘機を作ろうとした。しかし、それが不可能と分かるや、開発計画中の戦闘機の設計変更をして『零戦』の脆弱性やダメージコントロールの弱点を突く全く違ったコンセプトを追求した。要するに徹底した重戦闘機主義を志向した。

さらに、『零戦』との一対一の空中戦を避け、編隊による「一撃離脱」戦法を徹底した。急降下で一気に攻撃をしかけ、そののちは一気に降下離脱する。そして、一気に急上昇しまた攻撃をしかける、この攻撃を二機以上のペアで反復するのである。『零戦』は米軍の重戦闘機による一撃離脱戦法には無力であった。

また、米軍は不幸にして『零戦』に追尾された時は「シーザー回避」を徹底させている。すなわち、一機が『零戦』に追尾されたら、その機は大きくジグザグの旋回回避行動をとる。当然に『零戦』もジグザグで追尾してくる。そこで、他のもう一機の米軍機がこれに呼応した左右対称の大きなジグザグ行動をとる。すなわち二機がお互いに対称的なジグザク行動をとるのである。二機の戦闘機は左右対称のジグザグ行動をとることから、ある時は大きく弧を描いて離れ、つぎの瞬間には二機はクロスし反対側の方向に回避する、そして、また大きく弧を描いて旋回し、またクロスをするのである。こうすれば、お互いがクロスする瞬間に、もう一機は『零戦』と出会い頭の鉢合わせになる状況が生まれる。その時に『零戦』を正面から攻撃できるチャンスが生まれる。シーザーすなわちハサミのチョキチョキ行動に似ていることからこの名がある。また、この戦法を編み出した人物名から「サッチ・ウエイブ」戦法ともいう。この回避戦法で、強いはずの『零戦』が性能的には劣性なグラマンF四F『ワイルドキャット』戦闘機（F六F『ベアキャット』は後継機）に撃墜されている。

このこの「シーザー回避」は有効であった。米軍は終戦直前の、『零戦』が劣性となってきて、すでにこのような回避行動が必要でなくなった時でさえ、シーザー回避戦法をとっている。徹底したマニュアル化を図っていたようだ。見事である。日本軍は、このような米軍の戦法を目の当たりにしながらも、有効な対抗処置をとってはいない。戦闘機同士による空中戦という、ごく限られた領域でさえも、日本の戦争指導は何の対応もしていない。ありていにいえば「無能」としか言いようがない。とにかく、日本機の脆弱性と、それとは裏腹の連合国軍機、とくに米軍機の性能の向上、さらに新手の戦法の開発で、一九四二（昭和一七）年の中頃からは、すでに『零戦』をはじめとした日本陸海軍機の性能は絶望的な劣性となっている。

採用から五年間、『零戦』は性能向上と出来る限りの防御対策を施して合計六回の改良が積み重ねられ敗戦直前まで生産が続けられた。特攻運用数は六六一機、全特攻運用機数一、四〇七機の四七％に当る（以下、これを特攻運用率という）。『零戦』の全生産数は一〇、四二六機、これは日本軍用機のなかでも最も生産数が多い。これを母数にした対生産数特攻運用率は六・三％となる（以下、これを対生産数特攻運用率という）。

『零戦』はアジア太平洋戦争の全期間を通じて、日本海軍の唯一の主力戦闘機であった。また、いかに劣性になってはいても、『零戦』はそれでも有能であった。海軍神風特攻においても『零戦』は中心的な存在となった。

夜間戦闘機『月光』（以下夜戦『月光』）

中島飛行機製。双発複座の戦闘機として開発されたが、その性能はいまひとつといったところであったらしい。そこで、戦闘機としてではなく陸上偵察機（陸上基地から発進するの意）として転用された。これを『二式陸上偵察機』という。しかし、重武装と双発機としては高速（二八九ノット、時速五三五km）であったことから、つぎに夜間戦闘機として使用され『月光』と命名された。双発複座の夜間戦闘機としては無難な存在であったようだ。特攻運用数は二機と少数である。特攻運用率は〇・一%。全生産数は四七七機と少数である。対生産数特攻運用率は〇・四%となっている。特攻としては例外的な運用である。

艦上攻撃機『天山』（以下艦攻『天山』）

中島飛行機製。「攻撃機」とは主として雷撃、すなわち魚雷攻撃をする機種を言う。海軍では九七式艦上攻撃機（後述）が有名であるが、『天山』はその後継機である。三座（操縦、偵察、電信）である。大馬力エンジン搭載の単発機としてはかなりの大型機である。二六〇ノット（四八二km／h）はこの種としては並のスピードであるが、その他の性能は同機種の米海軍機を凌いでいたという。採用は一九四三年（昭一八）、飛行機としては高性能であったが、これに搭乗する海軍の搭乗員の練度はかなり低下していた。故に精鋭攻撃機としての十分な性能が発揮できなかったといわれている。

不運の名機である。

特攻運用数は三六機でそんなに高くはない。特攻運用率は二・六％となる。総生産数は一、二六八機である。対生産数特攻運用率は二・六％となる。

艦上爆撃機『彗星』（以下艦爆『彗星』）

海軍航空技術廠の設計で量産は愛知航空機が請け負っている。採用は一九四三年（昭和一八）である。当時の新鋭機である。「艦上」の意味はすでに述べた。爆撃機とは急降下で爆弾を投下する機種を言う。日本海軍は艦船攻撃には、前述の雷撃（魚雷）専用の攻撃機と、爆撃専用の爆撃機と二つの機種を使い分けていた。『彗星』は爆撃機である。

艦爆『彗星』は悲劇の塊であった。もともとは実験機として開発された。しかし、その実験機が高性能を発揮した。理想的な小型機である。三一三ノット（五八〇km／h）は前述の『零戦』よりも早い。海軍はこの高性能に目が眩んだ。『彗星』は実験機であることから量産を前提としない設計であったようだ。それを実用機として採用したのだから生産現場と実戦現場の双方に相当な混乱をもたらしたようだ。とくにエンジンの不調（『誉二一』エンジン）に悩まされている。また機体電気系統が複雑で整備泣かせであったようだ。しかし、高性能である。エンジンの儀装転換など幾つかの改良をかさね実戦配備された。そして、敗戦間際の日本海軍傑作機の一つとなった。

特攻運用数は一六八機で特攻運用率は一一・九％となっている。全生産数は二、一五七機でこの種の飛行機としては高い生産数である。対生産数特攻運用率も七・八％でかなり高い。高性能であったが、通常の攻撃でその性能を発揮できる機会がすでに無くなっていた。高性能であるが故に特攻に積極的に使用されたようだ。言い換えれば特攻にしか使う機会が無くなっていた。

陸上爆撃機『銀河』（以下陸爆『銀河』）

設計と試作は海軍航空技術廠が行った。一九四四年の採用である。量産は中島飛行機が請け負っている。「陸上」とは陸上基地から発進する飛行機を意味する。陸爆『銀河』は戦闘機なみの高速性二九五ノット（五四六km／h）と重爆撃機並の兵装（爆装一屯）の二律相反する欲張った設計要求であった。日本の海軍機は全てこうであった。要するに無理な設計であった。余裕がない。しかし、技術陣はこの無理を解決した。その傑作の一つがこの陸爆『銀河』である。機体全体は実にスマートである。連合国軍においても同等の機種で陸爆『銀河』に勝る飛行機はない。戦闘機よりは少し遅いものの、双発大型機としてはかなりの高速である。しかも一屯の爆装は申し分がない。しかし、設計の無理が祟った。整備が難しかったといわれている。とくに電気系統の整備は困難を極めたという。もともと大量生産を想定していなかったようだ。そうであることから実用の設計変更に相当な時間を要したとも言われている。生産現場や整備現場では厄介な飛行機であったようだ。また、搭乗員の練度低下が本機の高性能についていけなかったとも言われている。

さらに、いかに高性能であっても、本機が実戦配備される頃（一九四四年後半）には、日本本土の制空権さえ連合国軍に支配されており、陸爆『銀河』が白昼堂々と爆弾を抱いて艦船攻撃に出撃できる状況でなくなっていた。残された使用方法は、その高性能ゆえに特攻運用でしかなかったのである。悲劇の飛行機である。

陸爆『銀河』の特攻運用数は一〇八機で運用率は七・七％となる。また、総生産数は一、〇〇二機であることから、対生産数特攻運用率は一〇・七％と相当に高い。このような高価な優秀機が特攻に多用されている。海軍神風特攻のひとつの特徴である。陸爆『銀河』については第五章で詳述したい。

艦上攻撃機『流星』（以下艦攻『流星』）

愛知航空機製である。艦上攻撃と艦上爆撃機の違いはすでに述べた。前者は海面すれすれの雷撃（魚雷攻撃）を専門とする。後者は高空からの急降下爆撃（爆撃攻撃）が専門である。もともと設計思想が異なる。艦攻『流星』はこの二つの異なる性能を併せ持つ攻撃と爆撃の両方が可能な「攻撃機」として海軍が愛知飛行機に試作を命じている。攻撃と爆撃を併せ持つ設計思想は日本海軍固有のものではなく、アジア太平洋戦争の後半期には連合国軍においても採用されている。しかし、この時期の『流星』は連合国軍に先んじての発想であり、また、性能はその後の同等の米軍機を凌いでいたともいわれている。三〇六ノット（五六七km／h）は戦闘機なみである。採用は一九四四年である。最新鋭機である。単発であるが、機体はかなりの大型であり、形状は精悍そのものである。愛知飛行機は海軍の要求諸元を全て解決し、一九四五年（昭和二〇）に量産を開始している。しかし、時すでに遅しの感である。日本海軍機は全体としてスマートである。また小振りである。見方によっては華奢である。この艦攻『流星』はちがう。精悍そのもので重量感がある。かなりの大型である。日本軍機というよりは、その後に開発される米軍機に似たところがある。日本の航空技術はそこまで発達を遂げたということだ。要するに最精鋭の最優秀機であった。しかし、開発は遅きに逸している。相次ぐ空襲と熟練工の不足で合計一一一機が量産されたにすぎない。

また、本機を実戦に使える戦況はすでに過ぎ去っていた。最精鋭であるが、残された運用は本機においても特攻であった。特攻運用数は一五機で特攻運用率は一・一%と低いが、対生産数特攻運用率は一三・五%で相当に高い。

特攻運用されたAランク機種を述べてきた。そこでAランク機種全体の印象を述べておきたい。『零戦』は名実ともに日本海軍の主力機であった。四年間のアジア太平洋戦争の全期間を、日本海軍はこの『零戦』だけで戦ったことになる。デビューが余りにも華々しかった。この戦闘機の高性能に酔いすぎた。日本海軍は後継機の開発を怠っている。気が付いた時はすでに遅かった。後継機の艦上戦闘機『烈風』開発の着手は決して遅くは無かった。しかし、その後の開発が遅々としている。戦局はそんなに悠長なのもではなかった。後継機開発の遅れは日本海軍奢りの一つの象徴であると言われている。

これに引き換え、爆撃機や攻撃機は次々と更新されている。そしてそのつど優秀機の開発に成功している。一九四三年(昭一八)から一九四五年(昭一九・二〇)は、日本の航空技術がもっとも華やいだ時期でもある。敗戦直前には皮肉なことであるが、日本航空技術は一つの頂点に達した時期でもあった。その極めつけが艦攻『流星』である。

しかし、つぎつぎに開発された新鋭機は、結局はつぎつぎと特攻に運用されていった。それも惜しげもなく特攻運用された感がある。艦攻『流星』もその一つであった。通常攻撃でも十分にその力は発揮できたはずだが、しかし、日本の国力が十分ではなかった。搭乗員の力量が十分でなかった。なによりもこれを迎え討つ連合国軍機の性能が優勢であった。

第三項　Bランク機種

Bランク機種は、一九四四~四五年(昭一九~二〇)においては、通常の攻撃ではすでに使い物にならなくなって来た飛行機群とした。デビュー当時は優秀であっても兵器開発のテンポは速い。わけても米軍の開発能力は日本をはるかに凌いでいた。飛行機の性能には絶対値がない。つねに相対的なものである。相手よりも速度その他で少しでも優位に立てればよいのである。アジア太平洋戦争の初戦においては、日本軍機のほうが各種性能は優位であった。しかしながら、米軍の対応は柔軟性と底力があった。次々と開発される新鋭機は、つぎつぎと日本軍機の性能を追い越していった。しかも、飛行機の性能だけでなく、戦闘方法も次々と開発され、とくに「一撃離脱戦法」や「サッチウェイブ戦法」という新手の空中戦技術には、日本軍機は全く対応できなかった。さらには、日本軍機の優秀性の影には搭乗員防禦の無視や火災消化装置の脆弱、さらに機体設計そのものの脆弱という大きな欠点があった。ダメージコントロールの欠如である。この欠点が日本軍用機の命取りとなっている。その結果、日本軍機は実に良く燃えたのである。

九七式艦上攻撃機（以下『九七艦攻』）

中島飛行機製。一九三七年（昭和一二）の採用である。日本海軍を代表する艦上攻撃機である。ハワイ真珠湾攻撃の水平爆撃と雷撃（魚雷攻撃）の主力機である。今日に残る当時のニュース映画にも必ずといって本機が映し出されている。アジア太平洋戦争の初戦では大活躍の花形機であった。

しかし、先述したように米軍の対応は早い。一九四二年の後半からはすでに米軍機の邀撃に対応しきれていない。二〇四ノット（三七七km／h）は余りにも劣勢である。後継機は前述の艦攻『天山』であるが、その採用までの間で本機はまだ主力機と使われており、その結果、通常攻撃においても、海軍機の中でも最も消耗率の高い飛行機となった。

戦争末期には特攻機として七三機が運用されている。決して多くはない。特攻運用率（特攻運用全体一、四〇七機）は五・二％となる。総生産数は一、二五〇機で対生産数特攻運用率は五・九％となる。

九九式艦上爆撃機（以下『九九艦爆』）

愛知飛行機製、一九三九年（昭和一四）採用である。日本海軍を代表する艦上爆撃である。急降下爆撃専用機である。本機もハワイ真珠湾攻撃の主力機となっている。『零戦』、『九七艦攻』、そしてこの『九九艦爆』はアジア太平洋戦争初戦のトリオで、連合国軍を震撼させた。しかしながら戦争も中期以降となると、時代遅れの感が否めない。この時期の海軍機は概《おおむ》ね引き込み脚式であったが、本機はまだ固定脚であった。二三二ノット（四三〇km／h）。往年の名機も搭乗員からは「九九棺桶」と言われ出したという。それほどに消耗が激しかったということだ。この『九九艦爆』の後継機が前述Aランクの艦爆『彗星』である。

　戦争末期には特攻機として一二四機が運用されている。結構に多い。『零戦』（六六一機）、『彗星』（一六八機）についで三番に多い運用である。特攻運用率は八・八％である。総生産数は一、四九二機で対生産数特攻運用率は八・三％と高くなっている。

　Bランクはこの二機種である。往年の名機もアッという間に旧式機となっている。日本海軍は後継機の開発を怠った訳では決してない。しかし、対応が遅すぎる。つぎの後継機の開発までの間を無理に使用しており、その結果多くの犠牲者を出している。Bランク機種のこれらが「棺桶」と自嘲された所以である。そして、ついには文字どおりの棺桶となった。特攻機としての運用である。

　しかし、このBランク機種の運用が神風特攻の特徴となっている訳ではない。やはりAランク群の多用が特徴的である。ところで、つぎのCランク機種の運用にも海軍神風特攻のもうひとつの大きな特徴があるように考えられる。

第四項　Cランク機種

Cランク機種は、練習機や小型の偵察機と観測機、そして旧式の複葉機とした。練習機や偵察機、観測機などはもともと戦闘力を必要とされていない。いずれもが低速であることが特徴である。海軍神風特攻のひとつの特徴として、Aランク群の戦闘機や精鋭機が多用されてきたと述べたが、それとは裏腹に、これらCランク群の低速機も意図的に運用されたと考えている。さらに、旧式の複葉爆撃機や水上偵察機までもが特攻運用されている。運用数は決して多くはないが、なぜ、そこまでしなければならなかったのか、その意図が不可解である。

九三式中間練習機（以下『九三中錬』）

航空技術廠設計、一九三四年（昭和九）の採用である。量産は多くのメーカが請け負っている。練習機として傑作中の傑作といわれている。敗戦までに五、五九一機が量産されている。かなりの数である。複葉布張り、そして固定脚である。外観はいかにも旧式である。一一八ノット（二一九km／h）しかし、中間練習機だからこれでいい。むしろ複葉の方がいい。安定がよくなる。全金属製の必要もない、布張りで十分である。固定脚は構造が頑丈となり安全である。連合国軍の中間練習機も概ねこの形式を踏襲している。海軍搭乗員の全員がこの練習機で中間練習教程を終えている。勿論特攻隊員もこれの世話になっている。懐かしい飛行機である。これを終えて実用機教程にはいる。複葉羽布張りで機体はオレンジ色に塗られている。色とその形状から「赤トンボ」と愛称されていた。この「赤

トンボ」が特攻に運用された。

　ところが、特攻機として、これほど不向きな機種はない。速度や運動性また積載能力など皆無である。一九四五年七月二九日と三〇日の両日に合計七機の「九三中錬」が特攻出撃している。七月二九日の特攻攻撃では米海軍駆逐艦『キャラガン』が沈没している。皮肉なことであるが、日本軍特攻機による連合国艦船の最後の沈没はこの「赤トンボ」によるものである。

　この七機の「九三中練」の搭乗員は、何らかの理由でこれまでの特攻からの生還者であったようだ。角田和男『修羅の翼』（今日の話題社）によると、この人たちに対して上官は「臆病者」「卑怯者」の理不尽な叱責を行ったとしている。出撃前夜も監禁同様の監視があったと角田和男は証言する。角田和男は彼らを連れ出し最後のささやかな宴を行っている。隊員はその心配りを涙して感謝したという。そして翌日に出撃していった。複葉布張練習機での体当たり成功は奇跡である。その奇跡が起こった。米海軍駆逐艦『キャラガン』の沈没である。日本海軍は一旦戦死公報した生還搭乗員には、どうしても死なねばならない扱いをしたようだ。敗戦時の特攻に限らず、アジア太平洋戦争の緒戦においてもそうした事例があったようだ。このように有能な搭乗員でさえ海軍は強制的に死地に追いやった。一方、この人たちは、このような海軍の仕打ちに抗することなく従容として死地に赴いた。この「九三中練」の特攻運用は、その象徴的なものであるように感じる。

『九三式中練』による特攻は例外に近い。特攻運用率は〇・五％、対生産数運用率は〇・一％であり数値としては低い。

九四式水上偵察機（以下『九四水偵』）

川西航空機製、一九三四年（昭和九）の採用である。胴体下に二本の太いフロートが付いている。海面から発進する複葉布張り機である。旧式に属するが、外観の印象はかなりしっかりした機体である。事実本機は水上偵察機の傑作機であったといわれている。一五〇ノット（二七八km／h）。日本の航空史において設計と生産の自立を象徴する飛行機である。その当時の技術の優秀性を証明する機体である。一九三四年（昭九）に採用されたが、アジア太平洋戦争突入時にはすでに現役から退いている。後継機は後に記す零式水上偵察機である。

　この『九四水偵』での特攻も、どのように考えても不可能である。無理であり無茶である。しかし、海軍は五月四日と一一日の両日に亘って合計一六機の『九四水偵』を特攻運用している。特攻運用率は一・一%である。対生産数運用率（総生産数四七一機）は三・五%で両者ともそんない高い訳ではない。だからこそ、その運用意図が一体何であったのか、筆者には不可解である。この『九四水偵』特攻の『戦闘詳報』が今日に伝わっている。次章に触れる。

九六式艦上爆撃機（以下『九六艦爆』）

愛知航空機製、一九三六年（昭一一）の採用である。複葉布張り機である。当然に固定脚式である。その当時でも特に優れた機体ではなかったようだ。無難な性能であったようだ。アジア太平洋戦争突入時には、後継機である『九九艦爆』に完全に入れ替わっている。一九四五年（昭二〇）当時、この飛行機がどのように使われていたのかは詳《つまび》らかではないが、とにかく、こんな旧式機までを引きずり出しての海軍神風特攻はまさに異常としか言いようがない。一六七ノット（三〇九km／h）。

一九四五年（昭二〇）五月九日、一三日、一五日、一七日の四日間に亘って合計一一機の『九六艦爆』が特攻出撃している。特攻運用率は〇・八％、対生産数運用率（総生産数四二八機）は二・六％となっている。このような出撃にどんな意味があったのであろうか。

零式水上観測機（以下『零式水観』）

三菱重工業製、一九四〇年（昭和一五）の採用である。複葉のフロート付き観測機である。偵察機ではない。艦隊砲撃戦での着弾を観測し、その情報を味方艦隊に送るのを目的としている。だから、戦艦や巡洋艦などの大型艦のカタパルトから発進し、帰還は自分のフロートで着水する。複葉機であるが旧式機ではない。機体も布張りではなく全金属製である。明確な設計意図から複葉機としている。すなわち安定性と優れた運動旋回能力の確保である。当然に速度は劣速ではあるが卓抜した空戦能力で撃墜記録が残っている。低速でしかも卓抜した旋回能力、それが本機の設計コンセプトとなっている。二〇〇ノット（三七〇km／h）。機体外観はしっかりした印象であり洗練された形状をしている。事実この種の飛行機として世界でも最高傑作の一つであったようだ。

しかし、その性能は水上観測機としてのものであり、特攻運用は無理である。その無理をおして一六機の『零式水観』が出撃している。特攻運用率は一・一％、対生産数運用率（総生産数七〇八機）は二・三％である。

零式水上偵察機（以下『零式水偵』）

愛知航空機製、一九四〇年（昭一五）の採用である。胴体下に二本のフロートが突き出ている。戦

艦や巡洋艦の大型艦からカタパルトで発進し、帰還は二本のフロートで着水する。水上偵察機としては傑作機であったようだ。二〇三ノット（三七六km／h）。アジア太平洋戦争の全期間を通じて水上偵察の主力機として使用されているが、敗戦直前には旧式化しているが、卓越した性能と安定性は海軍にとっては得がたいものであったようだ。しかし、これも水上偵察機としてのものであって、特攻攻撃には二本の無骨なフロートは余りにもお荷物であり、特攻に必要な急降下や急上昇などは殆ど不可能である。本機での特攻は無理である。合計九機の『零式水偵』が特攻出撃している。特攻運用率は〇・六%、対生産数特攻運用率（総生産数一、三五〇機）は〇・七%と低い。

ここで余談、「零式」の意味について触れておきたい。海軍機にはすでに述べてきたように零式艦上戦闘機、零式水上観測機、零式水上偵察機などのように「零式」と命名された飛行機が多い。この「零」の意味であるが、一九四〇年（昭一五）は「神武天皇」の「即位」から「二六〇〇年目」にあたると当時では信じられていた。所謂《いわゆる》「皇紀二六〇〇年」である。この最後の数字が「〇」、すなわち「零」であることから、この年に採用された海軍機には全て「零式」が冠せられている。上記以外には零式輸送機、零式小型水上機などがある。因みに前年の「皇紀二五九九年」の採用は「九九式」が冠せられている。前述の九九式艦上爆撃機がそれである。「皇紀二六〇一年」採用の場合は「一式」が冠せられている。後述する一式陸上攻撃機がそれである。また「二式」以降の飛行機には「式」そのものが省かれて、愛称だけが付されるようになった。例えば前述の艦爆『彗星』、陸爆『銀河』等がそうである。

機上作業練習機『白菊』（以下『白菊』）

九州飛行機製、採用は一九四四年（昭一九）である。練習機であるが操縦員の練習機ではない。攻撃機や爆撃機には偵察員、電信員、機上射手などが搭乗するがそれらの人たちの練習機である。主翼は胴体中間から突き出た単葉である。胴体は金属製であるが、主翼は木製布張である。単発機であるが多数の練習生が乗り込むことから、大型のズングリした形状が特徴である。練習機ではあるが新鋭機に属する。その汎用性と利便性が買われて、本来の機上作業以外にも軽輸送、連絡、対潜哨戒など幅広く使われている。敗戦後は「緑十字」を入れて本機が通信連絡に活躍している。とにかく機上作業練習機としては無難にまとめられた飛行機であったようだ。

機上作業練習機であることから、速度や運動性、旋回性能、爆装などの性能は無視されている。

一二一ノット（二二四km／h）。安定性と利便性、稼働率がよければそれでよい。戦闘能力は端から要求されていない。この『白菊』での特攻出撃は悲劇としか言いようがない。合計五四機が特攻出撃している。この『白菊』特攻の『戦闘詳報』が今日に伝わっている。本章五項で触れたい。この『白菊』の特攻運用率は三・八％、対生産数特攻運用率（総生産数七九八機）は六・八％で結構高い数値となっている。

一式陸上攻撃機（以下『一式陸攻』）

三菱重工業製、一九四一年（昭和一六）の採用である。双発の大型攻撃である。陸上から発進する。ズングリした葉巻型の形状が本機の特徴となっている。海軍の陸上攻撃機の主力機である。

この『一式陸攻』が単独で特攻使用された事実はない。後述する『桜花』の母機として使用されている。『桜花』を発射すれば役割が終ることになる。だから生還するのが前提であった。しかし、多くの『一式陸攻』は『桜花』を胴体下に抱いたまま連合国軍の邀撃戦闘機に撃墜されていったようである。また『桜花』を切り放しても、鈍足であったが故に連合国軍機の餌食となったケースが多いと

聞く。二五四ノット（四七〇km／h）。

陸上から発進する双発大型の攻撃機として敵艦隊への水平爆撃と雷撃を主任務としていた。本機の開発に当って、海軍からかなり無理な要求をされている。双発でありながら四発大型爆撃機の要求がされたのである。このような「虫のいい」過酷な要求は日本海軍の一貫した態度であった。その要求に対して当時の航空機メーカーは忠実にその要求を充たした。そして、メーカーの技術陣はひとつひとつの過酷な要求を神業的な能力で解決したのである。しかし、当然に無理が出る。その無理の一つが燃料タンクである。

米軍機は燃料タンクに生ゴムを使っていたようだ。被弾してもゴムのもつ伸縮性と溶解性（穴を塞ぐ）、そして適度な肉厚が弾の貫通を防いだ。さらに火災が発生しても消火器が完備されており墜落を防いだ。日本海軍の『零戦』は燃料タンクに銅を使っていたようだ。肉厚は薄くてすむので燃料搭載が多くなる。しかし、ゴムのような伸縮性や溶解性はない。だから被弾すればすぐに火災が発生した。

ところで、『一式陸攻』の場合は銅製タンクさえ装備していない。「インテグラル・タンク」が採用されている。簡単に言えば、翼の構造そのものが燃料タンクとなった構造である。主翼外皮のジュラルミンの内側はすぐにガソリンの海となっている。タンクがそもそも無いのである。こうすることよって燃料の搭載量が多くなる、航続力が延びる。今日の大型ジャンボ旅客機はこのインテグラル・タンクを採用している。平和時の民間機だからそれでよい。このタンクは高い製造技術が要求される。しかし、軍用機となると悲劇である。被弾しても防ぐものがない。だからよく燃えた。このことから『一式陸攻』は連合国軍から〝One Shot Lighter〟と揶揄された。一発で火のつくライターの意である。屈辱的表現だが事実だから仕方がない。このインテグラル・タンクは『一式陸攻』だけに採用されたのではない。戦闘機以外の多くの日本海軍機はこの燃料タンクを採用している。だから、日本海軍機は実によく燃えた。

しかしながら、〝One Shot Lighter〟と揶揄されながらも『一式陸攻』はアジア太平洋戦争の後半全期間で活躍している。よく燃えたが優秀であったことには変りはない。そもそも本機に変る飛行機がその当時にはなかった。先述の陸爆『銀河』開発までには時間がかかった。

『桜花』を抱いた『一式陸攻』の特攻運用は五一機となっている。特攻運用率は三・六％、対生産数特攻運用率（総生産数二、四一六機）は二・一％である。

特殊攻撃機『桜花』（以下『桜花』）

航空技術廠製、一九四五年（昭和二〇）採用である。体当たり専用機である。日本海軍は前代未聞、世界の航空史にも類例のない飛行機を量産し、現実にこれを特攻運用している。日本陸軍でも特攻専用の特殊攻撃機『剣』が開発されたが未使用で終っている。せめてもの不幸中の幸いである。しかし、海軍神風特攻はこの『桜花』を合計五五機運用している。

小型の滑空ロケット推進機である。機体の前部は一、二〇〇kgの炸薬が装塡されている。後部には火薬ロケットが三本装備されており、必要に応じて電気装置で点火し補助推進とした。それに挟まれるように粗末な操縦席がある。小さな主翼がついている。金属製の低翼単葉で形式として新しいが、これは飛行機ではない。まさに人間爆弾である。

日本陸海軍は敗戦直前の灰神楽の状況下でも性能の向上を狙った多くの飛行機を開発している。その幾つかは実用に供され、例えば局地戦闘機『紫電改』などのように相当な成果を残したものもある。あるいは開発途上で実用に間に合わなかったものの今日に残る写真からも、当時の日本技術の高さを彷彿とさせるものが結構に多い。これは日本航空技術の誇りであると考えている。実用されていれば、

『一式陸攻』胴体下の白く見えるのが『桜花』

米軍機を陵駕するはずであった。

そんな中での『桜花』である。筆者の率直な感想を敢えて差し挟めば、この『桜花』ひとつで、それまでの営々として築き上げて来た日本航空技術の発展は全て帳消しになったと考えている。計画だけならともかく、製造され実戦使用している。『桜花』使用は日本航空史の汚点である。そして、それまで営々と築かれてきた航空技術の明らかな後退である。それ程までに劣悪な飛行機であると筆者は考える。連合国軍は『桜花』のコードネームを〝Baka〟としている。例えば『零戦』のコードネームは〝Zeke〟である。〝One-Shot Lighter〟と揶揄された一式陸上攻撃機は〝Betty〟である。日本機へのコードネームは通常は人の名前がつけられている。戦争中ではあるが米軍の「敬意」のようなものを感じる。しかし『桜花』は違う。〝Baka〟(「馬鹿」の意)である。連合国軍の『桜花』への驚愕がコードネームに反映されている。飛行機としての認識ではない。ところで『桜花』の時速は出典の『日本航空機総集 愛知・航技廠編』(出版共同社)には記されていない。公式のデータがないのであろうか。別の資料では『桜花』の時速を三五〇ノット(六四八km/h)としている。

『桜花』の総重量は二トンである。相当に重い。母機である『一式陸攻』の積載量は一トンである。母機にとっては倍の積載重量となる。『一式陸攻』はもともと鈍足である。そこへ二屯の過荷重である。ますます鈍足となる。『一式陸攻』と『桜花』の組みあわせにも無理があった。神雷部隊(『桜花』の部隊名)は完全に失敗に終っている。五五機出撃のうち命中はわずかに二機だけである。この中には第二章三項で紹介した土肥三郎(予備学生出身)が含まれている。命中は奇跡であった。殆どの神雷部隊は『桜花』を抱いたまま撃墜されたと言われている。『桜花』特攻運用率は三・九%、対生産数特攻運用率(総生産数八五〇機)は六・五%となっており高い数値となっている。

筆者は『桜花』は日本航空機史上の汚点であり、航空技術後退の象徴であると述べた。ところで、『桜花』特攻から生還した人たちの証言によると、この『桜花』は舵がよく利く乗り易い「飛行機」であったという。その飛行は快適であったとの証言がある（文藝春秋編『人間爆弾と呼ばれて—証言・桜花特攻』）。短期間のうちに省略の限りをつくした設計製造である。それまでの航空技術の全てが投入されたものと考えられる。だから、「飛行機」として優秀であったことは事実のようだ。しかし、『桜花』は技術の「結晶」ではあっても、新たな技術開発によるものではない。言わば日本航空技術の終着点であり、後は技術の限りない後退があるだけだ。この『桜花』をどのランクに入れるのかは迷うところであるが、生還を期し得ないことから、また熟練搭乗員でしか扱いが困難であったらしいことから、さらには『一式陸攻』との組み合わせは鈍足そのものであったことからCランクとしておく。『桜花』については後に触れることにする。

二式大型飛行艇（以下『二式大艇』）

川西航空機製、一九四二年（昭一七）の採用である。四発の大型飛行艇である。偵察、哨戒、輸送、連絡など地味な使用である。しかし、地味であるが本機は縁の下の力持ちである。連合国軍も大型飛行艇の開発には力を入れているが、この『二式大艇』には及ばなかったようだ。二五二ノット（四六七km／h）。この分野では日本固有の技術であった。日本でしか開発できなかった機種である。本機が特攻機として出撃した記録はない。次章で詳述する梓特別攻撃隊の航法誘導機として出撃している。だから特攻運用ではない。二機出撃のうち、一番機が離水に失敗し出発が遅れた。これが仇となり、梓特別攻撃隊の本隊に合同する前に米軍のB二六爆撃機との空中戦で撃墜されている。搭乗員一二名は今日では特攻戦死として記録されていることから、本稿でもこの『二式大艇』一機を特攻運用として記録しておきたい。総生産数一三一機のうちの一機である。

以上、Cランク機種について縷々述べてきた。観測機、偵察機などの周辺機である。また形式では水上機が多い。連合国軍の同等の機種と比較しても、それぞれは決して遜色はない。むしろ優れていたと考えられる。とくに水上機の実用は日本軍と米軍だけであり、他の連合国軍機には類例機は少ない。また。米軍機との比較でも日本軍機の方があらゆる面で優っていたといってよいだろう。とくに水上偵察機の分野は日本海軍が最も得意とした分野である。いずれも優秀機であった。しかし、それは偵察機や観測機、練習機としてのそれである。特攻攻撃には邀撃戦闘機を振り切る速度が必要である。また、突入時には急降下能力も要求される。Cランク機種にはそれらの能力は皆無である。『桜花』は俊足ではあった。しかし、母機である『一式陸攻』との組み合わせは鈍足そのものであった。これらの飛行機での特攻攻撃は無理であり無茶である。

海軍神風特攻では、『零戦』などのAランク機種が多用されたことはすでに述べた。当時の最精鋭であった艦爆『彗星』、陸爆『銀河』さらに艦攻『流星』なども結構多く使われている。筆者は特攻隊員が命を預け最後に乗る飛行機が、これら最精鋭機であったことに万分の一の救いを感じている。

しかし、一方ではCランク機種の運用もあった。絶対数では決して多くはない。しかし、例えば機上作業練習機『白菊』の場合、総生産数七九八機に対して特攻運用数は五四機となっており、対生産数の特攻運用率は六・八%となっている。『桜花』の場合は、総生産数八五〇機に対して特攻運用数は五五機となっており、対生産数の特攻運用率は六・五%となっており、『白菊』の対生産数の特攻運用率は『桜花』とほぼ同率となっている。『桜花』は特攻専用機である。その『桜花』と対生産数運用率が同等であるということは、機上作業練習機『白菊』も結局は「特攻専用機」であったということ

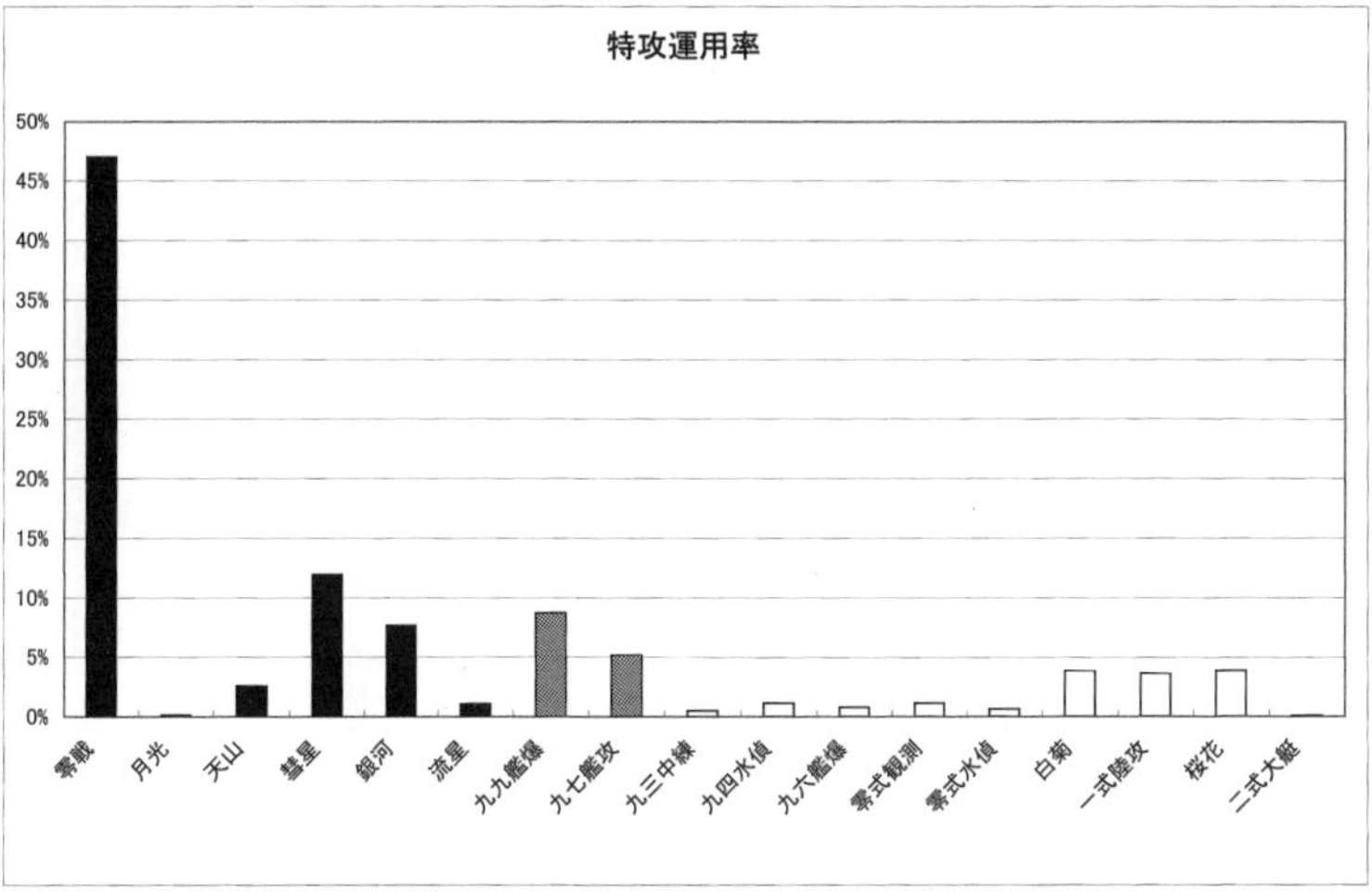
特攻運用率
50%
45%
40%
35%
30%
25%
20%
15%
10%
5%
0%
零戦
月光
天山
彗星
銀河
流星
九九艦爆
九七艦攻
九三中練
九四水偵
九六艦爆
零式観測
零式水偵
白菊
一式陸攻
桜花
二式大艇

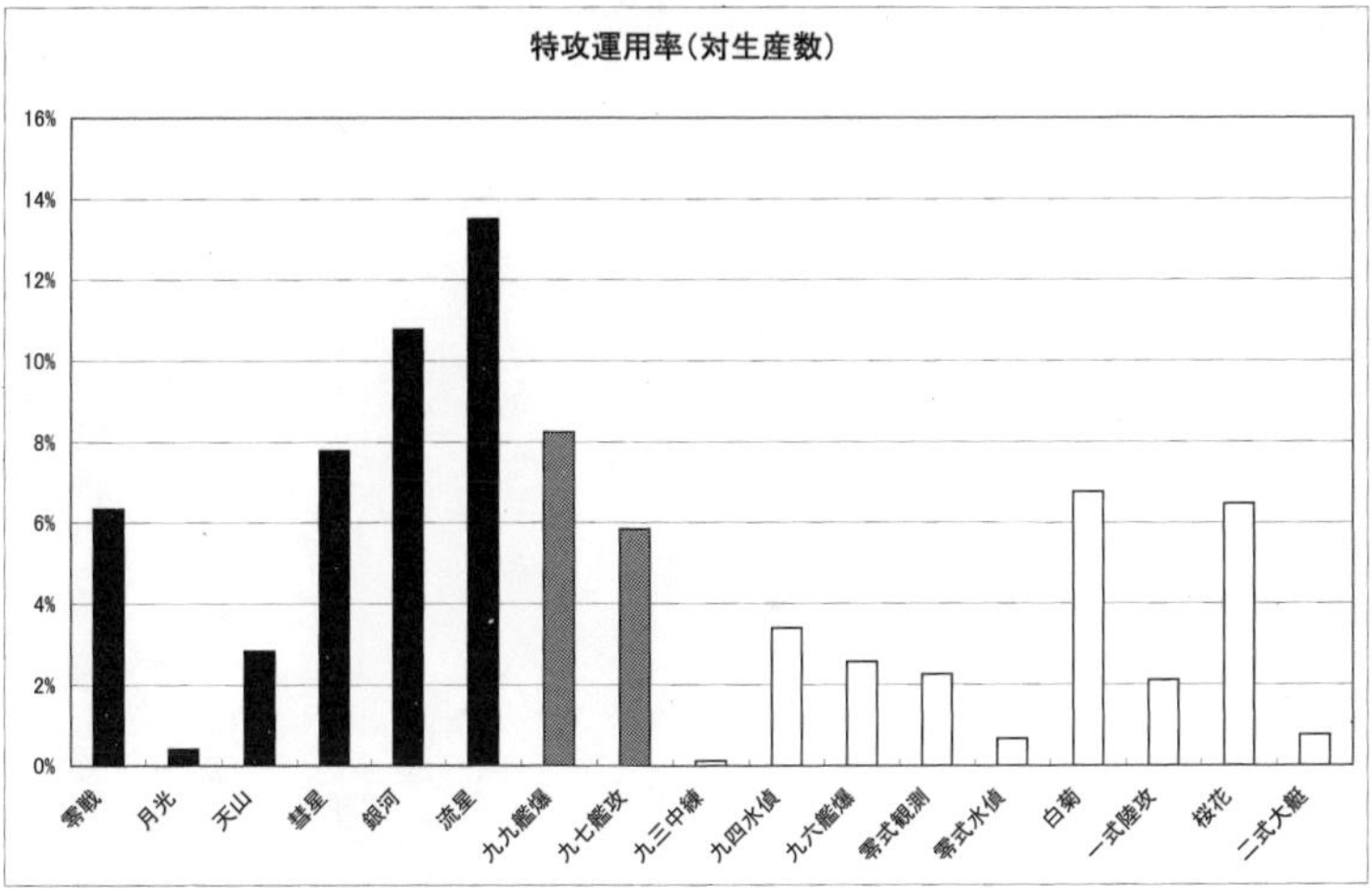
特攻運用率(対生産数)
16%
14%
12%
10%
8%
6%
4%
2%
0%
零戦
月光
天山
彗星
銀河
流星
九九艦爆
九七艦攻
九三中練
九四水偵
九六艦爆
零式観測
零式水偵
白菊
一式陸攻
桜花
二式大艇

になる。これらCランク機種の飛行機で出撃していった人たちの心境はいかばかりであっただろうか。

今まで述べた機種の特攻運用率を前頁（上段）にグラフにしておく。海軍神風特攻の全運用機数は一、四〇七機である。これを母数にした各機種の運用率である。黒の棒グラフはAランク群、灰色はBランク群、白はCランク群である。当然であるが『零戦』運用率は大変に高い。『零戦』は海軍神風特攻の主力である。

対生産数特攻運用率も前頁（下段）にグラフにしておく。各機種の総生産の内どれ程が特攻に運用されたかの率である。生産数から見た特攻運用率は、また違った姿になる。艦爆『彗星』、陸爆『銀河』、艦攻『流星』などの最精鋭が惜しげも無く特攻につぎ込まれているのが分る。『白菊』や『桜花』も高い率となっている。

第五項　映し出された特攻機

特攻に運用された海軍の各機種をA・B・Cランク別に述べてきた。当然にAランク機種の特攻成功率が高く、B・Cランクの成功率は低いものと考えられる。そこでこのことを今日に伝わる映像資料から実証を試みたい。

分析方法は、現在残されている連合国軍側の映像資料により、そこに映し出されている日本軍特攻機の機種を識別することにより、一定の傾向を推測することにする。連合国軍の映像に映し出されるということは、その特攻機がとにもかくにも連合国軍艦船の上空に到達できたという何よりもの証拠となる。分析の出典は、カミカゼ刊行委員会編『写真集カミカゼ　陸・海軍特別攻撃隊　上・下巻』（KKベストセラーズ　一九九七）とした。この写真集には一九四四年一〇月から一九四五年八月までの日本陸海軍の航空特攻写真約九〇〇点（日本側映像資料は除く）が収録されている。米軍と英軍による撮影である。写真資料の所蔵は米国立公文書館、米海軍歴史センター、英国王室戦争博物館とされている。この映像資料から日本陸海軍のどの機種が連合国艦船上空に到達できたかを探ってみたい。

約九〇〇点の写真は、特攻の戦闘シーンと戦闘終了後の被害状況を映し出している。生々しい映像が延々と収録されている。この約九〇〇点の写真のうち、日本軍特攻機が映し出されている映像は一三八点、すなわち一三八機の日本軍特攻機が映し出されている（ただし連続写真の場合は一機とカウントしたことを断っておく）。この映し出された一三八機のうち機種が明確に識別できるものが六一機、豆粒ほどのものやブレなどで識別不明は七七機となった。なお、機種の識別は出典資料のキャプションを尊重したが、それ以外は野沢正編著『日本航空機総集Ⅰ～Ⅷ』（出版共同社）と佐貫亦男監修『日本軍機写真総集』（光人社）の写真や三面図を参考として筆者が識別した。

識別できる六一機の内訳は、陸軍航空特攻ではAランク機種の三式戦闘機『飛燕』が一機、四式戦闘機『疾風《はやて》』が一機、そしてBランク機種の九九式襲撃機が一機となった。陸軍特攻機の映像出現は合計三機である。それでは本稿のテーマである海軍神風特攻はどうであろうか。Aランク機種の『零戦』が四〇機、艦爆『彗星』が七機、陸爆『銀河』が七機、夜戦『月光』が一機、艦攻『流星』が一機。Bランク機種では『九九艦爆』が一機となっている。海軍神風特攻機の出現は合計五八機となった。ちなみにCランク機種の映像出現はゼロである。このことから、連合国艦船の上空に到達でき、また突入の体制がとれたのは、圧倒的に海軍のAランク機種、わけても『零戦』に集中しているのが分る。

日本陸海軍の特攻出撃機数は、陸軍一、一八二機、海軍一、四〇七機（いずれも「特攻データベース」筆者作成より）である。このことからも写真映像への出現は陸軍航空特攻にも当然にあっていいはずである。しかし、この分析では海軍神風に出現が偏っている。さらに海軍神風の中でも『零戦』の出現が非常に高い。『零戦』の出撃機数は六六一機で特攻出撃の中でも一番に多い。当然に出現も高くなる。しかし出撃数では陸軍航空特攻のAランク機種である一式戦闘機『隼《はやぶさ》』も二五七機で結構に多い。当然に一式戦闘機『隼』の出現もあっていいはずである。しかし、一式戦闘機『隼』の出現は、この『写真集 カミカゼ 陸・海軍特別攻撃隊 上・下巻』では皆無である。むしろ、一式戦闘機『隼』よりも出撃数の少ない海軍の艦爆『彗星』や陸爆『銀河』の出現率が高い。しかし、だからと言って陸軍航空特攻の成功が全く無かった訳ではない。多くの資料は陸軍航空特攻の成功を記している。たまたま出典がこうであったからに外ならないが、それ以外に海軍神風特攻は米軍機動部隊を主目標としていたのに対して、陸軍航空特攻は主として輸送船団を攻撃目標としていたと伝えられている。こんなことが陸軍航空特攻の映像出現に影響しているとも言える。とにかく連合国軍の防御網を突破し、何とか突入までに到達できたのは海軍神風特攻隊で、Aランク機種である『零戦』や最精鋭の艦爆『彗星』、陸爆『銀河』といった連合国戦闘機の邀撃に対応できたこれら高速・高性能の精鋭機であったと推測せざるを得ない。Bランク機種にいたって僅かに『九九艦爆』が一機のみの出現となっている。いわんやCランク機種にいたっては成功率は極めて低かったであろうと推測される。だからと言ってB・Cランク機種の特攻成功が全く無かった訳ではない。先述したように九三式中間練習機の成功記録もある。しかしながら、本項での分析から明らかなようにB・Cランク機種の特攻成功率は限りなく低かったことは十分に推測できる。

第六項 『白菊』特攻

同じ海軍神風特攻であっても、『零戦』などの高性能機を与えられた人たちは、まだしも幸せであった。一方、B・Cランク機種で出撃した人たちの心境はいかばかりであったであろうか。その無念は察して余りある。そこで、特攻成功が限りなくゼロに近いCランク機種のひとつである機上作業練習機『白菊』の特攻出撃の様子を記しておきたい。『白菊』特攻はまさに悲劇という より外にない。

機上作業練習機『白菊』（次頁写真）は、先述したようにCランク機種ではあるが旧式機ではない。採用は一九四四年（昭一九）で新しい。操縦の練習機ではない。攻撃機や雷撃機の偵察員、電信員、そして機上射手を養成する練習機である。大勢が乗り込むことから（三～四名）単発ではあるがかなりの大型機である。スタイルはスマートとは言い難い。むしろ無骨である。大型の割にエンジンは五〇〇馬力の低出力である。もちろん低速である。そもそも高速である必要がない。むしろ低速でなければ練習機としての用をなさない。胴体はジュラルミンであるが主翼は木製骨格で外皮は合板と布張りである。これで十分であった。急激な運動性能は端から要求されていない。だから主翼に強度が必要であった訳ではない、とにかく普通の飛行に耐えればそれでよい。その主翼から固定の脚が無骨に突き出ている。戦闘能力は必要ない。こんな『白菊』が二五〇kg爆弾を抱かされて特攻運用された。悲劇である。悲劇であることを一番に良く知っていたのは『白菊』特攻を統帥した人たちである。宇垣纏（第五航空艦隊司令長官 中将）の日記『戦藻録』（復刻 原書房）は一九四五年（昭二〇）五月二五日を次のように記す。

沖縄周辺艦船攻撃機亦出発せるが中には練習機白菊を混用す。敵は八五節—九〇節（時速一五七km～一六六km—引用者注）の日本機駆逐艦を追ふと電話す。幕僚の中には駆逐艦が八、九十節（ノット—引用者注）の日本機を追ひかけたりと笑ふものあり。特攻隊として機材次第に欠乏し練習機を充当せざるべからざるに至る。夜間は兎も角昼間敵戦闘機にして一たまりもなき情なき事なり。従つて之が使用には余程制空を完うせざるべからず、数はあれ共之に大なる期待はかけ難し。

アメリカの駆逐艦が『白菊』を追いかけたとしている。しかし、これはありえない。例えば、当時の日本海軍の最速駆逐艦『島風』は（三、〇四八トン 七、五〇〇馬力 一九四三年製）三九ノットであった。アメリカの駆逐艦でも最大で四〇ノット前後であろう。駆逐艦とはそういうものだ。最大一二一ノット（時速二二四km／h）の『白菊』に追いつくはずがない。しかし、これはそれ程までに『白菊』が鈍足であったということだ。このアメリカの「電話」を傍受して、日本の幕僚が「笑った」と日記にある。何を笑ったのであろうか。アメリカの電信が余りにも荒唐無稽だから笑ったのか、それとも、そのように言われても仕方がないとの自嘲なのか。いずれにしても、笑われた『白菊』の特攻隊員はまさに悲劇である。味方に笑われているのである。こんな無礼はない。日本海軍はこれ程までに馬鹿集団であったのか。さすがに宇垣纒は「期待はかけ難し」と嘆息している。だから「笑う」前に止めればいい。しかし、この日記の書かれた一〇月二五日以降も陸続として『白菊』は出撃している。その結果はどうであっただろうか。さらに、つぎは戦慄の走る証言である。

読売新聞社大阪社会部編『特攻』（読売新聞社 昭和五七年）に「海の墓標」と題するくだりである。大阪読売新聞連絡部の清水正邦記者は、戦争中は海軍一等飛行兵曹として艦上攻撃機『天山』（前述）の偵察員であった。その清水正邦は一九四五年六月末に「攻撃二五六飛行隊」の一員として、鹿児島県串良基地より沖縄に向けて出撃した。特攻出撃ではない。この時期は特攻と並行して通常の攻撃部隊も多く出撃している。しかし、通常攻撃であっても、その頃の生還率は二割程度であったようだ。清水正邦は生還を前提とした通常の攻撃部隊として、その日（六月の末頃）の二〇時に串良を離陸した。そして沖縄本島中城湾《なかぐすく》に到達した。その時に息を呑む情景を清水正邦らは目撃したと記している。

昭和二十年六月末のある日、串良（鹿児島県）を基地にしていた攻撃第二五六飛行隊所属の清水一等飛行兵曹らの艦上攻撃機「天山」隊は、沖縄・中城湾周辺の敵艦船雷撃命令を受けた。沖縄はすでに、この月二十二日の第三十二軍壊滅で米軍の手中に落ちていた。しかし、本土決戦前に少しでも敵を叩いておこう、とのねらいから、特攻攻撃をまじえた夜間を主とする航空作戦は続いていた。

攻撃時間は午前零時と決められた。この頃の作戦は、特攻機の敵艦突入に合わせて雷撃する二段構え戦法で、隣接基地から特攻隊が出撃することが予想された。清水らの「天山」は、八百キロの魚雷を抱いて、午後十時前出撃した。中城湾は、月明かりの中に広がっていた。雷撃の鉄則は「太陽を背に、月に向かって行動せよ」。昼間なら眩しくないし、夜間は艦影がシルエットになる、というわけだ。湾の北側、勝連崎を回ったところで、清水はたむろする艦船を月明の中に入れるべく、高度を三、四十メールに下げた。

その時である。清水は暗い海面に、鈍色《にびいろ》に林立する十字架を見た。ペアの平野正夫、鈴木勝両一飛曹も、息をのんだ。右に、左に傾《かし》いで六つ。海面に突っ込んだ特攻機「白菊」の尾翼だった。「白菊」は本来、機上作業練習機だったが、海軍の特攻用実用機が五月上旬に底をつくとともに、特攻機として使われた。ただでさえ劣る性能が、特攻用の二百五十キロ爆弾を抱くと一層落ちた。だから合同作戦の場合は、雷撃機より一時間以上も早く飛び立ったものだが、敵夜間戦闘機の邀撃の前にひとたまりもなかったのだろう。

あの下に戦友が眠ると思うと、清水の身はふるえた。それは、鬼気迫る海の墓標だった。

『白菊』に関する記事はこれだけである。こんな短い記述の中にも『白菊』特攻の悲劇が凝縮されている。『白菊』は機首と操縦席を真下に海没させて、海面に突き出た尾翼があたかも十字架の墓標の如く見えたと清水は言う。月光に鈍く光る『白菊』の尾翼は、その海の下で無念の戦死をとげた人たちのまさに墓標そのものである。

『白菊』の出撃を日付順に記しておく

一九四五年（昭和二〇年）
五月二四日　神風菊水部隊白菊隊　一六名（八機）
　神風徳島第一白菊隊　一八名（九機）
五月二五日　神風菊水部隊白菊隊　二名（一機）
五月二六日　神風菊水部隊第三白菊隊　二名（一機）

五月二七日　神風菊水部隊白菊隊　一八名（九機）
五月二八日　神風徳島第二白菊隊　一四名（七機）
六月二一日　神風徳島第三白菊隊　七名（四機）
六月二五日　神風徳島第四白菊隊　六名（三機）
　　　　　　神風菊水部隊第二白菊隊　一〇名（五機）
　　　　　　神風徳島第五白菊隊　一四名（七機）
　　　　　　合　計　一〇七名（五四機）

『白菊』は一九四五年五月と六月の七日間に亘り、合計一〇七名が特攻戦死し五四機が出撃している。ところで、清水正邦の記す『白菊』の「十字架」であるが、記事では「昭和二十年六月末のある日」としていることから、また「沖縄はすでに、この月二十二日の第三十二軍壊滅で米軍の手中に断ちていた」としていることから、六月二二日以降のこととなる。すなわち、中城湾に浮ぶ十字架は一九四五年六月二五日の神風徳島第五白菊隊七機（機数は『特攻データベース』（筆者作成）による）のうちの六機であった可能性が高い。

この部隊の『戦闘詳報』が今日に伝わっている、「徳島海軍航空隊第五次白菊特別攻撃隊戦闘詳報昭和二十年六月二十五日」（『海軍特別攻撃隊戦闘記録』アテネ書房、以下『戦闘詳報』）である。表紙を除いてわずか四ページの記事は他の『戦闘詳報』に比べて実に簡素な内容となっている。この『戦闘詳報』から、この部隊の出撃の様子を追ってみたい。表題はつぎのように記されている。

昭和二十年六月二十六日

於　串良航空基地

徳島海軍航空隊司令職務続行者
海軍大佐　川元徳次郎

徳島海軍航空隊第五次白菊特別攻撃隊戦闘詳報

串良基地（鹿児島）からの出撃である。この『戦闘詳報』は出撃の翌日に作成されたらしい。

第一、形成
　省略（菊水十号作戦ニ於ケル通）
第二、計画
一、TFB、信電令作一九四号（二二日〇六五五）
　各隊指揮官所定ニ依リ沖縄周辺夜間攻撃ヲ強行続行スベシ
二、作戦計画
（イ）攻撃目標　　輸送船若ハ駆逐艦
（ロ）発進時刻　　二〇〇〇～二〇三〇
（ハ）戦場到達時刻　〇〇三〇～〇一三〇
（ニ）予想航路　　沖縄列島西側（六機）東側（二機）
（ホ）進撃高度　　五〇〇　北緯二一一統計一一一ヨリ一〇〇以下
（ヘ）行動　　　　単機

菊水十号作戦の一環として実施されている。「TFB」の意は筆者には詳らかではない。「FB」は航空部隊の意である。「T」は徳島の意であろうか。攻撃目標は沖縄列島に遊弋する輸送船あるいは駆逐艦であったとしている。離陸は二〇時〇〇分から二〇時三〇分、そして到達は翌日の零時三〇分から午前一時三〇分であったとしている。この時刻は清水正邦の記す目撃状況と符合する。真夜中の出撃である。高度は五〇〇メートルから一〇〇メートルの低空である。編隊を組んでの出撃ではない。時間をおいての単機の出撃であったようだ。一本の線のようにして、一定の間隔をおいて離陸してい

第三、戦闘経過竝ニ戦果

月日	機番号	発進時刻	戦闘経過竝ニ戦果
六月二十五日	四二九	二〇〇三	天候不良ノ為鳥島附近ヨリ反転二六日〇二〇〇鹿屋不時着一四一五串良基地帰投
〃	四一六	二〇〇五	電信機搭載ナキタメ発進後ノ経過竝ニ成果不明
〃	四二七	二〇〇八	通信連絡良好我今ヨリ高度落ル(〇〇五七)ユタ連送(〇一三七)ヲ発信感度消滅突入ニ成功シタルト認ム
〃	六〇九	二〇一二	通信連絡良好我変針ス(二三二五)我意気天ヲ衝ク(二三四七)テ連送(〇〇三六)我沖縄ニ来ル(〇〇三九)我突入セントス(〇〇四二)天皇陛下万歳(〇〇四四)ユタ連送喜ブ(〇〇四五)〇一一三長符〇一二三感度消滅突入成功シタルモノト認ム
〃	六〇七	二〇一七	通信連絡良好テツ連送(二二一七)ユタ連送(〇〇三四)長符〇〇三五感度消滅セル所後刻〇一三〇宝島不時着大破操戦死偵軽傷ノ電アリ行動ニ疑問アリ
〃	六一〇	二〇一九	通信連絡良好〇〇〇五以後感度消滅突入確実ト認ム
〃	四〇三	二〇二三	電信機搭載ナイキタメ発進後経過竝ニ成果不明
〃	四一五	二〇二五	天候不良ノ為黒島ヨリ反転二六日〇一四〇串良基地帰投通信連絡ナシ

ったようだ。『戦闘詳報』より、この部隊の最後の様子を前頁に引用しておく。

これを読む限り、『白菊』八機は二分から五分間隔で離陸したことになる。お互いの間隔は三キロメートルから八キロメートルの距離になると推測する。機影の視認は昼間であってもかなり困難であろう。ましてや夜二〇時の出撃である。相互の視認は不可能であったと推測する。

「四二九」号機は反転帰投している。その理由は「天候不良」としている。「四一六」号機は電信機を搭載しておらず消息は不明としている。「四二七」号機は「ユタ連送」の後突入に成功としている。「ユタ連送」の意は筆者には不明である。恐らく何等かの決別電の略符と考えられる。「六〇九」号機「テ連送」を発進している。「テ連送」とは「敵機発見」の略符である。その邀撃を振り切ったようだ。その六分後に「天皇陛下万歳」を打電し、「ユタ連送」を打電し、長符、すなわち突入の連続信号を発進しつつ二六日午前一時二三分に電信が途切れている。「六〇七」号機は「テッ連送」を打電している。この「テッ連送」も筆者には詳らかではない、推測ではあるが「敵機ノ追蹤ヲ受ク」の意ではないだろうか。さらに「ユタ連送」を発信したとある。これも筆者の推測ではあるが「ユタ」とは「悠久ノ大義ニ生ントス」の決別電ではなかったかと考えている。しかし、『戦闘詳報』はこの「六〇七」号機の行動に疑問があるとしている。特攻忌避を暗示しているのであろうか。「特攻忌避」については第六章二項で詳述したい。「六一〇」号機は突入に成功したとしている。「四〇三」号機は電信機を搭載していないことから消息は不明としている。「四一五」号機は反転帰投している。ここでも反転帰投の理由は天候不良としている。以上のことから八機のうち三機が反転帰投している。残る五機のうち三機は突入に成功し二機は消息不明としている。三機は突入したが、体当たりに成功したとは言っていない。森本忠夫『特攻』（文藝春秋）もこの日の『白菊』特攻の成功を記していない。

『戦闘詳報』はこのつぎに「第四、損耗」として、この作戦で『白菊』五機（後述）が喪失したことを記している。「第五、飛行機隊編成表」として、出撃した全ての隊員名（生還者も含む）を記している。そしてここで終っている。通常では、このつぎに「功績」あるいは「戦訓」を掲げて戦闘の総括を記すはずであるが、『戦闘詳報』にはそれに類するものはない。

清水正邦が見た『白菊』は、六月二五日出撃の徳島第五白菊隊の可能性がある。しかし、問題もある。清水は『白菊』の「十字架」は「六機」としている。しかしながら各種資料は、この日の出撃機数をいずれも「五機」としている。だから「十字架」は最大でも五機でなければならない。一機分の員数が合わない。ところで、筆者が参考とした各資料間では「五機」は一致するが、その内容（内訳）は各資料間では一致していない。『戦闘詳報』と特攻慰霊顕彰会編『特別攻撃』では一〇名（五機）の特攻隊員氏名は全て一致するが、モデルアート『神風特別攻撃隊』と押尾一彦『特別攻撃隊の記録―海軍編』とは、特攻隊員四名（二機）が一致しない。さらに、後著二冊では、この四名（二機）は五月二四日の徳島第一白菊隊に記載されている。要するに一致しない四名（二機）は五月二四日出撃の徳島第一白菊隊と混同されているようである。そこで、五月二四日出撃の情況を調べたところ、この場合、資料間で機数は一致する部分があるが、内容（内訳）では全ての資料で一致していない。要する資料間に整合性がない。この場合は、原資料の『戦闘詳報』を基幹資料とすべきであるが、その『戦闘詳報』自身も十分ではないように思われる。と言うのは、この『戦闘詳報』は出撃の翌日に作成されていることから、それ以降に分かった消息は記載されていない恐れがある。むしろ敗戦後の記録の方が正確であるというケースも考えられる。未曾有な戦中にあって、特攻戦死者のかなり正確な記録が今日に伝わっていることはひとつの感動である。しかしながら、それでも、一部には不十分な箇所もあるようだ。徳島第五白菊隊の出撃には相当な混乱があったのではないかと推測する。

ところで、『特攻データベース』（筆者作成）は全ての資料の「足し込み」で作成していることから、この日の神風徳島第五白菊隊の戦死者は「一四名」、出撃機数は「七機」となる。だから清水正邦の見た「六機」とは一応の辻褄は合う。

いずれにしても、『白菊』での特攻は無理であり無茶である。およそ作戦と言えるものではない。何の意味もない。そんな『白菊』特攻で一〇七名もの人たちが還らぬとなっている。海軍神風特攻のひとつの悲劇である。

第四章──儀式としての特攻

第一項　梓特別攻撃隊

『白菊』特攻は戦略的にも戦術的にも何の意味もない、まさに無駄な用兵であった。実は筆者は特攻そのものが、全て無駄な作戦であったと考えている。その無駄な作戦を何故海軍は実行したのか、本章ではその謎に迫っていきたいと考える。筆者なりの海軍神風特攻の本質への追求である。テーマとしては特別に重くて難しい。故に本質の全容が語れるとは考えていない。その一部だけでも記しておきたい。筆者の記すものは一部ではあるが、そこには海軍神風特攻の本質が象徴的に表れているのかもしれない。その確信をもって稿を進めたい。

戦《いくさ》とは勝つことと負けることの損得勘定である。勝つためには、当然にその代価が必要である。すなわちそれ相当の損傷も覚悟しなければならない。すなわち「負け」である。この勝つから負けの「損」を引いた損得勘定の「得」が戦であり、そのためには戦略と戦術の合理的な計算が張り巡らされる。これが作戦である。勝つことを前提として作戦が実施される。しかし、戦はその時々の天候や運不運に左右される。また、説明のつかない魔性のようなものが絡みつき、それに翻弄される場合もある。結果はかならずしも期待どおりにならないのが常である。問題は結果もさることながら、作戦の組み立てにある。勝利という計算があったかどうかである。当然に特攻も戦《いくさ》の一つであることから、勝つことを前提とした冷徹な計算がなされていたと誰もが考える。

しかしながら、日本の航空特攻史を紐解く度に、いつも暗澹たる気分に打ちのめされる。日本の航空特攻には、勝つことを前提とした計算がない。そのうち何とかなるだろうといった楽観主義がはびこり、有りもしない空をつかむような奇跡を夢見つつ、それが夢であることに気付かぬままに、総身を麻痺させながら、何もしないよりも、せめて特攻でも出しながら戦争の格好付けをしていたように思えてならない。

そこで、話が前後するが、前章の『白菊』特攻よりも三ヶ月ほど前に実施された梓特別攻撃隊にひとつの事例を観てみたい。この梓特別攻撃隊はAランク機種の陸爆『銀河』による特攻である。しかし、Aランク機種による特攻でさえも、海軍神風特攻は何の勝算もない夢幻の神懸りともいうべき無責任のもとで実施されていたことを見ておきたい。

梓特別攻撃隊は、九州鹿児島県の鹿屋基地から、南方遥か「一、四〇〇浬」にあるウルシー環礁に停泊する連合国軍艦船に、陸爆『銀河』をもって体当たり攻撃しようとするものであった。まず「一、四〇〇浬（二、五九三㎞）」について断っておきたい。この数値の典拠は後述する『戦闘詳報』に依拠しているが、市販の世界地図による筆者の計測では一、四七七浬となった。しかし、以下は『戦闘詳報』に則して「一、四〇〇浬」と表記する。

ウルシー環礁は、南太平洋に浮ぶ点でしかない。また、「一、四〇〇浬」という距離は、陸爆『銀河』の巡航速度で七時間。また、陸爆『銀河』を誘導した二式大型飛行艇（後述）の巡航速度（後述）では九時間の飛行距離となる。

梓特別攻撃隊の出撃は一九四五年（昭二〇）三月一〇日、午前八時一五分と決められた。その日、その時刻、二四機の陸爆『銀河』が九州鹿児島県の鹿屋基地を、まさに飛びたとうとしたその直前に出撃中止命令が出された。陸爆『銀河』の一部はすでに離陸し、一部は滑走路端で離陸態勢に入っていた。他の多くも誘導路で離陸待機に入っていたという。中止の理由は目標であるウルシー環礁の偵察電報の解釈に錯誤があって、連合国軍艦船停泊の状況把握が不十分であったことによる。神野正美『梓特別攻撃隊』（光人社）によると、三部に分けて打電された電文（暗号）の解読を、順序を間違えて翻訳したことによる錯誤があったらしい。要するに、こんな基本的なミスから大部隊の出撃が一日遅れとなった。梓特別攻撃隊は初手から「水」が入った。再度の出撃は翌一一日と決定された。

梓特別攻撃隊を統帥するのは第五航空艦隊司令長官宇垣纏（中将）である。宇垣は日記を残している。『戦藻録』（復刻 原書房一九九四）という。その三月一〇日の日付に、翌一一日に再度出撃する梓特別攻撃隊員への訓示が記されている。引用する。

梓特別攻撃隊出発に際し訓示

連合艦隊司令長官の命令に基き本職は梓特別攻撃隊に対し本日其の決行を命ずる。一同既に承知の如く戦局は益々急迫し敵B―二九は連日内地を空襲し、敵の機動部隊は二度迄も関東地域に来攻したるのみならず、硫黄島に於ては我戦友の奮戦努力に拘らず其の運命は旦夕に迫つて居る状況で皇国の浮沈正に此の時に繫る。

而して此の際に当たり実力を以て戦ひ得るものは第五航空艦隊にして敵機動部隊を殲滅するを以て其の主任務とする。従つて其の目的達成の為艦隊総員は特攻隊である。諸子は其の第一先陣としてはるばる遠征目的を達せんとす。選ばれたる諸子の光栄大なると共に誠に御苦労であり、本職は最大の感激と感謝を以て諸子を見送る次第である。

敵の機動部隊は約一ヶ月作戦の後昨日諸子の向はんとする地に帰港し、特空母を含み其の十九隻の在泊確実で正に絶好の機会と謂ふべきである。而して成功の要訣は隠密に目的地に辿り着くに在つて決行手段に就きては出来る丈の手だては講じてあるが、万一天候其の他の障害の為指揮官に於て成功覚束無しと認めたる場合は機を失せず善処して再挙を計れ。決して事を急ぐ必要はない。

既に期する事日あり、神の心である諸子に射し其の他多くを云ふ必要を認めぬ。諸子の純忠至誠と多日錬磨の技倆とは必ずや神霊の加護を受け成功疑いなしと確信する。安じて行けよ。終（傍線引用者）

宇垣纏『戦藻録』は、この特攻を「神霊の加護」があると言っている。この「神霊の加護」は後に触れる。先を進める。

翌三月一一日、梓特別攻撃隊は前日よりも一時間遅れの、午前九時一〇分に鹿屋基地を飛びたった。トラブルがあって遅れたのではない、命令により一時間遅らせたのである。実はこの一時間の誤差がその後の梓特別攻撃隊を苦しめることになる。このことも後に述べる。梓特別攻撃隊の陸爆『銀河』二四機は、その胴体に八〇〇kg爆弾を収納し、南太平洋に浮ぶウルシー環礁を目指した。そこを根拠地とする米海軍の航空母艦への体当たり攻撃が目的である。航程は、鹿屋基地から佐多岬上空を経て、南大東島上空、沖ノ鳥島上空へと島伝いに南下する。そしてヤップ島上空で東に変針しウルシー環礁に到達する計画である。世界地図で見てみると、いかに長距離であるかが分る。誘導装置のない海上の飛行である。大海原の点でしかないウルシー環礁に、確実に到着するためには周到確実な航法が必要となる。この航法が厄介である。このことも後に記す。

鹿屋を九時一〇分に離陸した陸爆『銀河』二四機のうち、一四機が一九時（ただし日本時間、現地時間二〇時）前後の日没後のウルシー環礁に到着した。残り十機はエンジントラブルなどで最寄りの島に不時着している。ウルシー環礁に到達した一四機の一機が航空母艦『ランドルフ』の後部飛行甲板に体当たりし損害を与えた。しかし『ランドルフ』にとって致命的な損害ではなかった。日没後の米軍の灯火管制下での攻撃である。真っ暗闇での突入である。合計で八本ほどの火柱が上がったようであるが、その火勢は一瞬であったと言われている。多くの陸爆『銀河』は目標に照準をあわせることなく、地上や山に空しく突入していったようである。出撃時間の一時間の遅れが影響している。陸爆『銀河』がウルシーに到着した時は、陽も落ちて、地上は暗黒の世界であったという。要するに視認による目標照準は不可能な状態であったという。まさに、手探りの攻撃であったようだ。生還した搭乗員の証言によると、『銀河』は高度を二五メートルにして闇雲に飛び回ったという。航空母艦は喫水から二五メートルくらいに飛行甲板がある。だからこの高度で飛んでいれば、その内どれかに当るだろう、というものであったらしい（神野正美『梓特別攻撃隊』光人社）。しかし、そう旨くいかなかった。多くの陸爆『銀河』は目標をとらえることなく空しく自爆していったものと考えられる。大規模な作戦の割には、空母一隻の飛行甲板中破という、日本軍には不本意な結果となった。作戦としては失敗に終ったと言わざるを得ない。そんな中で、空母『ランドルフ』への体当たりは、梓特別攻撃隊員による必死の努力の結果であり、その時の状況を考慮すれば、むしろ大戦果であったと考えられる。

梓特別攻撃隊に使用された陸爆『銀河』（次頁写真）について再度述べておく。一九四四年（昭和一九）一〇月に採用の陸上基地から発進する双発の爆撃機である。「爆撃機」ではあるが、この陸爆『銀河』に要求された性能は、速度は戦闘機並み、爆弾搭載（一屯）と航続距離は今までの攻撃機や

爆撃以上という、欲張った設計となっている。日本軍機はこのように欲張った設計の飛行機が多い。この無理な設計が結局は命とりとなっている。とにかく、海軍航空技術廠はこの無理難題を見事に克服し、実にスマートな「十五試陸上爆撃機」の試作が完成した。量産を中島飛行機に命じた。これが陸爆『銀河』である。

全長一五メートル、全幅二〇メートル、一屯爆弾懸架、二九五ノット（五四六km／h）、航続距離五・三七〇km、搭乗員は操縦一名、偵察一名、電信一名の三名である。

今日に残る写真や三面図と、上記の性能緒元からの筆者なりの印象であるが、双発の複座戦闘機と、双発の中型攻撃機を足して二で割ったような飛行機である。とにかく、当時の技術の結晶である。連合国軍でも同等の機種で陸爆『銀河』に勝る爆撃機はなかったと思われる。

しかし、一方では「銀河国を滅ぼす」と言われたという。いかに高性能とはいえ陸爆『銀河』が採用された頃には白昼堂々と飛ばせる戦況ではなかった。それほどまでに戦況が悪化していた。しかし、海軍はこの陸爆『銀河』開発と採用に固執した。陸爆『銀河』は不運な星のもとに生れたといえる。

陸爆『銀河』に搭載されたエンジンは『誉二一』という（陸軍名は「ハ―四五」）。このエンジンがよくなかった。小型軽量の二、〇〇〇馬力エンジンとして、海軍が期待を込めて中島飛行機に開発を命じた。「小型軽量」のコンセプトは海軍が一貫して固持した設計思想である。ここに無理があった。設計上では二、〇〇〇馬力は確保できたようであるが、現実は一、九〇〇馬力程度であったようだ。しかも「小型軽量」による無理があり、トラブルが多かったようである。整備がむつかしく稼働率は頗《すこぶ》る悪かったようだ。このエンジンを搭載した梓特別攻撃隊の陸爆『銀河』は、二四機のうち十機が途中で引き返している。その多くはエンジントラブルである。肝心なときに故障をしている。

陸爆『銀河』は、日本の戦争指導層の頑迷と非科学性と官僚主義と時代錯誤の塊のような飛行機である。採用された一九四四年一〇月以降は、この飛行機の性能を発揮できるような戦況ではなくなっていた。当時の戦況からは、この高性能を引き出すためには、結局は特攻運用しかなかったということである。皮肉なことである。

無理の塊のような陸爆『銀河』ではあるが、高性能であることに変りはない。『誉二一』エンジンも整備さえよければ、かなりの高性能を発揮している。その陸爆『銀河』二四機がウルシー環礁を目指して鹿屋基地から発進した。

第二項　洋上の特攻路

二四機の陸爆『銀河』編隊を想像してみたい。今日の我々にとって、軍用機二四機の編隊飛行を見る機会はまずないであろう。せいぜい、小型の商用機がのんびりと宣伝飛行しているか、それとも大型のジャンボ機が飛行雲を曳きながら悠々と飛行しているのを見る程度であろう。翼の幅が二〇メートルもある陸爆『銀河』二四機の編隊は、恐らく大空を圧するものであったと想像する。エンジン音は天地を揺るがしたであろう。

この情景を長峯五郎『二式大艇空戦記』（光人社）はつぎのように記す。著者の長峯五郎は梓特別攻撃隊の航法誘導機である二式大型飛行艇（以下、『二式大艇』）の操縦員である。海軍飛行予科練習生乙種出身、一九二三年生、当時二二歳。（この航法誘導機については後に記す）。

銀河二十四機は、わが機を先頭機として、左右後上方につく、オーソドックスの編隊である。天候晴れ、雲量二〜一、ところどころ横に細長く点在する雲が浮かんでいる。淼々《びょうびょう》と広がる青い空、鵬翼の下、淼々と広がる青い海。今まさに、一死以て祖国日本の危急を救わんとして、梓弓の弦を離れた堂々の大編隊である。銀河は、増槽タンクを両翼下に吊るし、八百キロ爆弾を抱えて重そうに、訓練時の姿勢より心なしか機首を上げている。そして、左右後方にうち続く機が、上下に、また、ほんの少し左右にと、波打って動く。彼らのペラ（プロペラ—引用者注）が時折、朝日に反射してキラッ、キラッと輝く。皇国の興廃を双翼に担い、まさに全機が一つになった生命のいぶきを、そこに感じさせる。

翼下には、離れゆく佐多岬と、そこから上に連なる大隅半島が、美しく右後方に描きだされて、弓状の日向灘が綺麗に右上方に延びる。その延びてゆくところが空に連なり、接するところ春霞のごとく白く横にたなびいて、それははけでぼかしたようで、あたかも巨匠の墨絵を見る思いである。その墨絵を背にして飛ぶ、梓隊銀河二十四機の大編隊は、今、名をも惜しまず、何のためらいもなく、ただ救国の一念に燃え、国難に殉じてゆく翼であり、それは、まさに一幅の絵である。大空を翔るその荘厳の美は、いかなる画伯を以てしても、描くことは不可能ではなかろうか

厳かな光景である。各機が八〇〇kg爆弾を積んでいる。その威力は、小型の駆逐艦なら一瞬にして轟沈であろう。中型の巡洋艦でさえ、打ち所が悪ければ沈没するかもしれない。大型の航空母艦の場合、飛行甲板の中央にでも当れば大打撃となるであろう。攻撃を受ける側にすれば、二四機の陸爆『銀河』はまさに悪魔の使者である。

しかし、この「厳かな光景」もその瞬間の感激であったようだ。目標到達までの一〇時間（結果として一〇時間かかっている）、この人たちは塗炭の苦しみを味わうことになる。

陸爆『銀河』の航続距離は五、三七〇キロメートルである。この種の爆撃機としては驚異的な性能である。ところで、鹿屋からウルシーまでは「一、四〇〇浬」（二、六〇〇㎞）である。十分に性能の範囲内である。実はこの高性能が仇となった。飛行機は高性能でも、これを操るのは人間である。実は人間の力量が飛行機の高性能についていけなくなっている現実があった。要するに、人が飛行機の性能についていけないのである。陸爆『銀河』の操縦席は極端に狭い。梓特攻隊員にとって、この狭い操縦席での一〇時間の飛行は残酷である。操縦員席と電信員席は戦闘機並みで、足を伸ばすことも、手を伸ばすことも出来なかったであろう。機首の偵察員席は少し広い。しかし、これとても、手か足かのどちらかを伸ばす程度である。それまでの、この種の爆撃機は、機内は筒状になっており、狭いながらも一本の通路で機首から機尾まで自由に往来できた。しかし、陸爆『銀河』は違う。そのスマートな形状からそれぞれの座席は密閉式になっており、一旦座席につけば自由に往来はできない。操縦席は戦闘機に採用される水滴型の風防である。前後左右と天は全て硝子張りである。いわば温室の中にいるようなものである。梓特別攻撃隊出撃時の飛行服は写真からは冬用である。三月一一日だからそれでよい。しかし、飛行機はウルシー環礁に向って南下する。機内の温度は南下につれて徐々に上がっていく。冷房器がついていたという記録はない。高高度の飛行の場合は支障はない。しかし、低高度の飛行では機内は相当に暑かったと推測する。沖ノ鳥島通過後は、雲下の低空飛行であったようだ。冬服のままでは暑かったであろうと推測する。下衆の心配だが、用はどのように足したのであろうか。

さらに、「一、四〇〇浬」（二、五九三㎞）の航続距離の割には航法の兵装が乏しかった。電探（レーダー）を積んでいない。ウルシーまでの洋上航法は陸爆『銀河』の偵察員では限界があった。そこで考えられたのが、『二式大艇』による誘導である。梓特別攻撃隊では、二機の『二式大艇』が航法誘導機とし編隊を組むことになった。その内の一機が、先述の長峯五郎らの『二式大艇』の二番機である。しかし、実際は長峯五郎らの二番機だけの誘導となった。長峯五郎『二式大艇空戦記』（光人社NF文庫）によると一番機は長峯五郎らと同時に出発したが、離水に二回失敗している。三回目で離水に成功し、これを上空から見届けて長峯五郎の二番機は先を急いだ。すでに空中待機中の陸爆『銀河』の編隊と合同しウルシーに向った。一番機の『二式大艇』はそのうちに追いつくはずであった。しかし、現実には一番機は追いつけなかった。陸爆『銀河』編隊との会合前に米軍機により撃墜されている。この事実は五五年後の神野正美著『梓特別攻撃隊』（光人社）で明らかにされている。

　実は、この『二式大艇』との編隊が、梓特別攻撃隊を苦しめることになる。第二章で述べたように『二式大艇』（写真）は川西飛行機製の四発エンジンの大型機である。見上げるような巨人機である。全幅三八m、全長二八・一三m、全高九・一五m、自重一五屯、搭乗者は一〇名。飛行艇としては当時の最高水準のものである。連合国側で、これに勝るものはない。さすがの米軍も大型飛行艇の開発には日本に負けていた。偵察、哨戒、連絡、輸送などの地味な活躍であるが、縁の下の力持ちとして、『二式大艇』はアジア太平洋戦争の全域で、その性能を発揮していた。梓特別攻撃隊にその優秀性が見込まれて航法誘導機として編隊を組んだが、そこに無理があった。それは陸爆『銀河』と『二式大艇』との巡航速度の違いにあった。陸爆『銀河』の巡航速度（経済速度）は、高度四、〇〇〇メートルで二〇〇ノット（約三七〇km／h）である。一方、『二式大艇』の巡航速度（経済速度）は、高度四、〇〇〇メートルで一六〇ノット（約二九六km／h）である。四〇ノット（約七四km／h）の誤差がある。足並みが揃わない（なお、性能諸元は『日本航空機総集』（協同出版）に拠った）。これが陸爆『銀河』のもっている性能の足を引っ張った。

長峯五郎『二式大艇空戦記』(光人社)は「片道特攻、二分の一を通過」と題した章で、つぎのように記す。恐らく沖ノ鳥島上空あたりと推測する。さらに文中からの推測では、この時は低空での飛行であったようだ。低空飛行は実速が落ちる欠点がある。

私はその不足(スピード—引用者注)を憂慮して、エンジンを可能な限り、つまり赤ブーストにまでふかした。速度計は百五十ノット(二七八km/h)を指した。が、しかし、銀河は使い果たした増槽タンクを落とし軽くなってスピードを増し、足の遅いわが機にスピードを合わせるのに苦慮している。銀河は、もどかしそうに、上下に、あるいは左右にと機首を振りながらコントロールをしている。私には彼らの気持が痛いほどによくわかる。加えて問題は、低空で飛ぶと実速の出ないことから、予定到達時刻の遅延の恐れである。ウルシー泊地突入は日没直後の絶対条件である。私は、河野兵曹に、このスピードでどうか、と尋ねた。彼は、日没までの到達が困難になりつつあると心配を訴えてきた。なぜ今朝の発進を一時間遅らせたのか、真に不可解であり悔やまれてならないが、今はそれを詮索のときではない。

私は搭整(搭乗整備員—引用者注)の渡辺兵曹を呼び「もう少しスピードを上げたいがエンジンは大丈夫か」と訊ねた。わが二式飛行艇の巡航速度は計器機速百四十ノットである(敗戦後のデータでは高度四、〇〇〇mで一六〇ノットとされているが、高度によって巡航速度は変る。低空程おそくなる—引用者注)。しかもそれは、高度三千メートルにおいてである。彼は自信がないという。当然であろう。私はさらに氏田均兵曹をも呼んでおなじ質問をしたが答はノーであろうことはわかっていても、呼んで聞かずにはいられなかった。

彼らは真剣な眼差しで「これ以上赤にしての継続運転は危険です」と答えた。私はもう一度編隊を振り返って見た。銀河隊は二番機とも、わが機より前に出まいとして、機首を上げたり、エンジンを絞るなど調整に苦慮している。後続の各機も右に左に頭を振っては元の位置にもどる操作をしている。波打つ編隊を見て、スピードの不足が私には堪えられなかった。わが機はすでに黒ブーストを越えており、あとは、赤を増大するかどうかの限界である。

光景が目に浮びそうである。沖ノ島島通過あたりから、陸爆『銀河』と『二式大艇』のスピードが同調していない。ということは、それまでは問題がなかったと推測する。その理由は、それまでは「追風効果」があったからと推測するが、そのことは後に述べる。

陸爆『銀河』は必死で速度を殺している。失速寸前の処置である。危険である。燃料消費にも無駄がでる。さらに到着時間が遅れる。この引用でも分るように、長峯五郎は「なぜ今朝の発進を一時間遅らせたのか、真に不可解であり悔やまれてならないが、今はそれを詮索のときではない」と出発時間の一時間のズレを怒っている。ここで長峯五郎は一つの決断をしている。自機のスピードをあげることだ。速度を一六〇ノット（二九六km／h）にあげた。『二式大艇』の最高速度は二五二ノット（約四六七km／h）である。だから一見問題なさそうに見えるが、最高速度での飛行は長時間に耐えられない。危険回避のごく短時間のみ使用するものである。この場合の十ノットもしくは二十ノットの増速も一時間が限度であったようだ。これ以上の使用はエンジンが焼けてしまう。しかし、長峯五郎は神にも祈る気持で増速している。そして、長峯五郎の『二式大艇』の『金星』エンジン（三菱重工製）はこれに耐えている。速度の同調しない機種による長時間の編隊がいかに大変であったかは素人の筆者には想像さえつかない。長峯五郎はこの想像を越えた操作を、神にも祈る気持で必死に耐えている。この人の著書からも、そのことがひしひしと伝わって来る。幸いに『二式大艇』のエンジンは最後まで耐えたようだ。奇蹟が起こった。この奇跡が陸爆『銀河』を、とにもかくにもウルシーまで導いた。

第三項　『二式大艇』の苦闘

午後三時頃に無電がはいっている。「皇国の興廃懸りてこの壮挙にあり、全機必中を確信す」、連合艦隊司令長官豊田副武からの激励電である。この入電と同時に陸爆『銀河』が『二式大艇』に近づいてきた。ここでひとつの儀式が執り行われている。機上での乾杯である。

私は、銀河隊も受信したろうか、と編隊を振り返って見た。彼らもこれを傍受しており、その感激を示して、右側編隊の先頭機銀河が、わが機の翼下に接近して来た。その後続の銀河も、それぞれに傍受した無電の感激を翼一ぱいに現わし、編隊をつめて寄り合った。わが機の右翼下まで近寄って来たその機の、搭乗員三名が、すぐそこまで顔を近寄らせて来た。私はとっさに、サイダーびんを彼らに向け、風防ガラス越しにそれを差し上げた。期せずして、銀河の三人もおなじようにサイダーびんをこちらに向かって差し上げた。互いにそれを相手に差し出し、心をこめて乾杯した。

唐突であるが、梓特別攻撃隊の昼食のメニューを記しておきたい。機上での昼食は、稲荷寿司、巻寿司、パイナップルの水菓子、そして、お茶がわりのサイダーであったという（神野正美『梓特別攻撃隊』）。そのサイダーが水盃となった。この別盃の光景をどのように記していいのか。筆者はただ黙ってこの光景を見守るしかない。ところで、長峯五郎らは、のんびりと乾杯で別れを惜しんでいる場合ではなかった。

つぎに、この人たちを待っていた困難は航法である。『二式大艇』にとって、唯一の航法は偵察員によりチャート（航空地図、海軍ではこう呼んでいる）に記された島影と所要時間、そして方位などによる航法である。この様に地図と地形を頼りにする航法を「地文航法」と言う。この場合、南大東島や沖ノ鳥島が目印となる。ところで、それぞれの島に行き着くまでは大海原には目印がない。このことから海軍では海上上空では「推測航法」を採っている。飛行機は目標に向って真っ直ぐに進んでいくが、風などで目標の針度がずれていく。この針度のズレを「偏流角」という。風向と風速を測定して、自機が予定の針路に対して、どの方向にどの速度で流されているかの「偏流角測定」をし、さらにこれを航法計算盤で演算し、流された角度を修正しながら、目的地に達するというのが推測航法である。その偏流角のズレを測定するためには、途中で飛行針度を九〇度（直角に、例えば右に）変針する。さらに九〇度（直角に、この場合は左に）変針し元の飛行針度に戻す。これを何度か繰り返し計器上の針度と実際の飛行上の針度との誤差を計算機盤などで測定し修正するものであったらしい。これがなかなか厄介なものであったらしい。偵察員がこれを行う。

ところで、長峯五郎の操縦する『二式大艇』には二名の偵察員が搭乗する。小刻みに偏流角を修正しているが、それでも目的に到達できなかった。ベテランの偵察員をもってしても、ウルシー環礁までの航法は相当に困難であったようだ。長峯五郎の操縦する『二式大艇』偵察員は偏流角測定による推測航法に失敗している。すでに目標到達時間である。日没で暗さが増して来た。焦りが募る。陸爆『銀河』の編隊も気がきではない。この辺りの事情を長峯五郎はつぎのように記す。

河野兵曹から、予定到達時刻五分前、が知らされた。雲下にひろがる海面も、しだいに青さから黒さに変わってきた。日没後がそこからも感じられ、視界も悪くなってきたようだ。だが、行く手に変化がまったく見られない。

五分経過、河野兵曹から「予定の到達時間です！」と、悲痛な声が伝声管からつたわって来た。

銀河隊も事態の容易ならざるを知り、編隊を近寄せては、前にのり出そうとする。そのたびに彼らが「どうなんだ」と問いかけて来ているのがわかる。私は堪えられない思いであった。彼らは前へノメリ出そうとする機の頭を上げ、スピードを殺してはまたもとの位置にもどっていく。彼らの翼にも暗さの影が増してきた。そのスピードに余力のある彼らにしてみれば、なんとはがゆい思いであろうことか。

この時の焦りと不安が、長峯五郎の記述から伝わってくる。最終通過のヤップ島（日本陸海軍五千名の占領下にあった）はごく近くにあるはずだ。しかし何処に⁉　このまま前進か、それとも右か、あるいは左に変針か！　それも何度の？　ひとつ間違うと目標から益々離れていく。どうすべきなのか、眼下は飄々たる大海原である。空は刻一刻と暗さが増してくる。航法の失敗は、多くの特攻隊員の死を意味する。これまでの苦労は文字通りの水の泡となって多くの命が漆黒の海に吸い込まれていく。出発時間の一時間の遅れが、ここに来て現実的なものとなって来た。

「がんばれ！　最後までがんばるんだ！」

精神力を振り絞ってそう怒鳴つける。怒ってはみるが、今まさに、夕闇迫らんとする大空を飛びながら、どうがんばればよいのか。今は理論でも理屈でもない、使い果たした全知全能の五感の外の、六番目の感でも七番目の感でもよい、ヤップ（ウルシー環礁の西八六・四浬一六〇km―引用者注）を探し出す行動をしなくてはならない。私は無意識のうちに〝南無！〟と叫び〝阿弥陀仏〟と祈りこめたとき、さらに左へ三十五度振って見る勘に捕われた。そのときの私は、私ではなく、ものの怪に憑かれていたようだ。

伝声管を右手に持つと大きな声で「河野兵曹！　さらに三十五度左へ変針する！」というなり

旋回した。

長峯五郎の焦りが伝わって来る。この時、長峯五郎は合計九〇度に及ぶ大変針を行った。これはある種の「神業《かみわざ》」と考える。勿論、すべてが長峯五郎の「勘」任せであったのではない。勝算あっての大変針である。長峯五郎のこれまでの経験と合理的な判断が根底にはある。とは言うものの、生死を賭けた決断は「神業」に近いものであることも確かであろう。そして、長峯五郎の「神業」の後、寸分の狂いもなく長峯五郎はヤップ島を視認する。ここから目標のウルシーまでは目と鼻の先である。ヤップ島を視認するや否や陸爆『銀河』隊は速度を上げて、勇躍として長峯五郎の『二式大艇』から離れていく。「見えた！　左前方！」「島だ！」に続いて、

すでに先頭機は、私の真横まで出てきていた。発見した彼らは、待ちかねたようにエンジンをふかし、右側の列機は右前方へ、左側の列機は左前方へ、わが機を真ん中に取り残すように、両方から駆け抜けた。鍛え上げられた、精悍な若鷲が、疲れ果てた母鳥に、最後の別れを告げるように、みんな翼を振りながら、まっしぐらにウルシーをめざし突撃していった。私も、最後までバンクを送り続けたが、全機、またたく間に、濃くなった夕闇の空に吸い込まれるように消えていった。ヤップを発見してから、彼ら全機が東方の闇空に包まれて消えるまで、時間にしてわずか二、三十秒のものであったろうか。

ヤップ島から目的のウルシーまでは約一六〇㎞、陸爆『銀河』の最大戦速（二九五ノット　五四六㎞／h）をもってすれば一七分程度の距離である。奇襲の成功である。満を持した突入の瞬間である。寸刻の猶予もない。対空砲火の準備が整はない内に攻撃をしなけばならない。目標視認がすなわち突

入となる。別れの挨拶などしている暇がない。暗闇の中に梓特別攻撃隊一四機の命が消えていった。それまでの長い航程で十機がつぎつぎと戦列を離れていき、最寄りの島に不時着した。多くはエンジンの不調であった。一四機が残った。その一四機が突入した。

長峯五郎機はその後エンジン故障、航法修正の繰り返しなどの困難を克服しながら生還することになる。この生還も壮絶を極めている。その瞬間々々が死と隣り合わせである。しかし、長峯五郎に培われている豊富な「戦力」と「戦技」が、その困難を一つひとつ解決しながら、無事本土への生還となる。長峯五郎らは死力を尽して生還している。一方、梓特別攻撃隊の陸爆『銀河』は死力を尽して死に突入していった。このコントラストが切なく遣り切れない。

ところで、長峯五郎『二式大艇空戦記』(光人社)は「故に私は、後世史家が、正しく理解し把握して下さるために、資料の一隅の足しにでもなればと思い、かつ念じ、物言わぬ英霊になりかわって真実を記録にとどめるしだいである」としている。同著はそのとおりの記述となっている、好著である。そして名文で綴られている。

第四項　『戦闘詳報』より

長々と梓特別攻撃隊を記して来たが、これには訳がある。実はこの梓特別攻撃隊に、日本海軍の神風特別攻撃への考えが象徴的に露呈されているような気がしてならないのである。それは、当時の統帥部は、しっかりと組み立てられた計画のうえで、梓特別攻撃隊の成功を期していたのかどうかの疑問である。このことについて述べておきたい。

① まず、決行日の一日の延期である。この延期は統帥の側の錯誤、すなわち単純ミスによる延期

である。

②次に、出撃当日の一時間の遅れがある。一時間遅らせたのには、確かにそれなりの理由はある。しかし、この一時間の遅れが、攻撃時間の一時間の遅れをもたらしている。なぜ一時間も遅らせたかの疑問である。

③また、ウルシー環礁までの長距離攻撃に疑問を持つ。陸爆『銀河』がいかに高性能とは言え、どの程度の確率でウルシー環礁に到達できるのかのしっかりした計算が出来ていたのかの疑問である。

④さらに、陸爆『銀河』と『二式大艇』の編隊である。陸爆『銀河』は優秀だ。『二式大艇』も単機行動でその力を発揮できた。しかし、この違ったタイプの組みあわせによる編隊飛行は、それぞれの長所を相殺しマイナスと働く。巡航速度の違いである。陸爆『銀河』は必死で速力を落とし、反対に『二式大艇』は必死で速力を上げなければならない。結果はお互いのエンジンを酷使することになる。そんなことは当時でさえ分っていたはずだ。陸爆『銀河』と『二式大艇』は、いずれも世界に引けを取らない優秀機であった。しかし、使い途を誤ると命取りになる。このことの疑問である。

⑤最後に航法がある。陸爆『銀河』の洋上航法の難しさは認識されていた。だから、『二式大艇』による有能な偵察員が専任された。しかし、実際は長峯五郎らの偵察員をもってしても航法は困難であった。長峯五郎は操縦者であるが、この人の「神業」的な「勘」でウルシーに到達している。長峯五郎というひとりの有能な搭乗員がいなければ全機が海没し、この作戦は大失敗に終るところであった。要するに、あらゆる条件から、梓特別攻撃隊の成功率は限りなく零に近かった。空母『ランドルフ』への突入は奇跡である。この奇跡は、統帥部による組織的な努力の集積による結果というよりも、梓特別攻撃隊員の必死の努力の集積と、長峯五郎らの神業によって得られたものである。危うい成果である。以上五点の疑問を挙げたが、本章では②の「出発時間の遅れ」を軸として論を進めて生きたい。

梓特別攻撃隊は、綿密な科学的根拠と計算に基づいて、成功を何よりの目的として計画されたものというよりは、「こうあってほしい」とか「かくあらねばならない」と言う奇跡的な期待を込めた計画であったと考えている。

このような見方は、梓特別攻撃隊の結果を知っている後世の人間の無責任な評論だという批判も敢えて受け入れたい。しかし、実は、当時においてさえ、梓特別攻撃隊に疑問を呈している文書がある。『第二次丹作戦斗詳報』(『海軍特別攻撃隊戦闘記録』アテネ書房　以下『戦闘詳報』)である。そこで、つぎからはこの『戦闘詳報』を典拠として、梓特別攻撃隊の本質に迫っていきたいと考える。

その前に、『戦闘詳報』一般について再度説明する。『戦闘詳報』とは作戦終了後に記される公式記録文書である。内容は作戦の目的、作戦の経緯、作戦実施の部隊編成、作戦参加人員と使用機材、作戦実施の時間的な経緯、戦果、戦訓などから成っている。かなり緻密な記録報告書となっている。しかし、必ずしも統一的な仕様で書かれているようではない。手書きのものもあれば、邦文タイプを使用しているものもある。ガリ版刷りで関係部署に配布することを目的に作成されたらしい。長文のものもあれば、案外あっさりしたものもある。部隊やその記録者によって形式や記載項目が異なっているようだ。ただし、いずれの『戦闘詳報』も、かなり正確に書かれており、偏りのない是々非々の立場で貫かれている印象をもつ。未曾有の戦中にあって、このような『戦闘詳報』が淡々と書かれていたことは感動である。

梓特別攻撃隊も、その作戦(三月一一日)終了後の四月一日に『戦闘詳報』が作成されている。『第二次丹作戦斗詳報』である(梓特別攻撃隊の正式名称は『第二次丹作戦』と言う)。その『戦闘詳報』目次には「一計画、二経過、三令達報告、四戦果報告、五我ガ兵力ノ現状、六功績、七参考」の七項が記されている。

まず「一計画」では作戦の典拠となった命令文の表題だけ掲げている。命令内容は省略され記されていない。さらに、作戦に使用する兵力がかかれている。陸爆『銀河』の使用数、参加人数などである。

「二経過」では、発令から終了までの時間経過が記されている。とくに三月一一日の戦闘経過は、分単位でかなり詳細に記されている。

「三令達報告」は目次にあるが、本文にはそれらしきものが見当たらない。

「四戦果報告」は、本文では「四戦果及被害」となっている。ここでは空母『ランドルフ』への命中が記載されている。その情報源は「捕虜尋問」によるものらしい。すばやい情報収集である。そして正確だ。ただし「捕虜尋問」の経過は記されていない。

「五我ガ兵力ノ現状」では、作戦前後の飛行機数と搭乗員数の一覧が簡単に載せられている。

「六功績」では、陸爆『銀河』搭乗員（特攻隊員）の全氏名、階級、搭乗割（編隊編成）が一覧で記されている。

「七参考」では、ウルシー環礁への到達一時間遅れの経過を詳細に数値で記している。興味ある内容である。後程この箇所を分析したい。これ以外には様々な反省点を記している。これも後に触れる。さらに、途中で引き返した陸爆『銀河』の故障状況と突入直前の傍受電信内容を記している。「我奇襲ニ成功ス」「全軍必中突入セヨ」「正規空母ニ命中セントス」。梓特別攻撃隊の最後の電信が淡々と記されている。

恐らくB四版の冊子状のものと思われる。三六ページにも及ぶ長文である。すばやい分析であり、また的確な把握をしている。わずか三週間後にこのような報告がなされたというのは感動である。この報告書は先述したように、是々非々の立場で、偏りもなく正確に書かれているように思う。記載内容に矛盾はない。書かれている事柄は信用できるように思われる。

『戦闘詳報』の全体の文脈としては、梓特別攻撃隊が成功であったとは記していない。「二、経過」の「(イ)第二次丹作戦一般経過の概要」では、つぎのように総括している。

「ウルシー」突入概ネ一八五五(一八時五五分—引用者注)及至一九四〇(一九時四〇分—引用者注)ニシテ夜暗ニ入リ攻撃神機稍遅キニ失シ徹底的戦果ヲ収メ得ザリシモ空母「ランドルフ」外相応ノ戦果ヲアゲタリ

ウルシー到達が日没後となり、攻撃機会を逸したとしている。そして徹底的戦果は無かったとしている。空母『ランドルフ』への体当たりが、せめてもの慰めであるかのようだ。

攻撃機会を逸した全ての理由は、ウルシー到達への一時間遅延にある。その原因は出発を一時間遅らせたことに起因する。このことをこれからの主要なテーマとしたいが、その前に、出撃の一日延期のことを述べておきたい。『戦闘詳報』の「二経過」の「九」はつぎのように記す。

九、三月十日〇六〇〇長官ノ訓示アリ〇八一五攻撃隊発進開始直後「ウルシー」写真偵察ノ成果電報ノ錯誤ノタメ敵情変化アリト判断セラレ攻撃隊発進ヲ中止セラル

連合国軍艦船の停泊状況が不明確であり、情報が不十分であることから、攻撃を一日延期したのである。判断としてそれでよい。問題は、「情報不十分」の理由である。それは「電報ノ錯誤」が原因であるとしている。『戦闘詳報』自身が「錯誤」があったと銘記している。「錯誤」、すなわち錯覚に

よる間違いである。もっと平たく言えば単純ミスである。要するに、偵察情報という絶対に間違いがあってはならない場面で単純ミスを犯している。宇垣纒『戦藻録』（三月一〇日付）にはこの辺りの事情が記されている。それによると「1/3電に於いて稍不明瞭な点あり」として三〇日の出撃を中止したとしている。しかし、「後刻庁舎に帰り三組を綜合してみるに、サラトガ型一、エセックス型四、インデペンデンス型（いずれもアメリカ海軍の航空母艦名）三」が「確実」として「明日決行の事を予令す」としている。しっかり読んでいれば情報は的確であったということだ。宇垣纒は日記『戦藻録』で出撃を見合わせたことについて「余には何等躊躇逡巡なし」としている。宇垣にとって情報不足だからそれでいい。しかしトラック島基地から発進した艦上偵察機『彩雲』の搭乗員にとってはたまったものではない。危険を冒してウルシー環礁に侵入した彼等の情報は全く活かされなかったことになる。神野正美『梓特別攻撃隊』（光人社）によると、偵察機からのウルシー環礁の情報は三部に分れて打電されたという。その電文（暗号）の解読順序を間違えたという。三通の電文の最終電文から翻訳したことにより錯誤が起ったらしい。要するに、情報という最も根幹の部分ですでに単純ミスをおかしている。作戦以前の問題である。電報の読み違えがその後の作戦に大きく影響する。そして結局は梓特別攻撃隊の失敗に繋がっている。

本章のテーマであるウルシー到達「一時間」の遅れであるが、『戦闘詳報』は、「七、参考」の「（一、戦訓）（一、梓特別攻撃隊攻撃戦訓所見）」として、その理由を七点挙げている。

一、戦場到達遅キニ失シ攻撃ノ神機ヲ逸セルコト
（イ）途中敵哨戒機トノ双《ママ》遇（遭遇か―引用者注）回避センガ為ト攻撃時刻ヲ日没ニ近ク選定シ計画セル処十日（決行前）天偵（天候偵察機―引用者注）ノ実速ト天気図トニ拠リ当日モ相当

ノ追風ヲ予期シ発進時刻ヲ一時間繰リ下ゲラレタリ

（ロ）誘導機ノ離水遅延シ更ニ約三十分遅レタリ

（ハ）沖鳥島通過一三〇〇（一三時〇〇分―引用者注）以後トナリタル場合ハ引返ス胸算用ナリシ處雲上飛行ノタメ之ヲ確認セズ指揮官ハ途中ノ実速ヨリ一三三〇沖鳥島通過ト推測シ一六〇節（時速二九六km／h―引用者注）以上ノ実速アリ日没前到着可能ナリト判断決行ヲ決意セリ

（ニ）沖鳥島以後雲下飛行ニ移リ意外ニ実速低下セリ

（ホ）途中敵輸送船団ヲ発見回避運動ヲナシ為ニ到達遅延セリ（約十分程度）

（ヘ）南大東島上空ニ於テ隊形整形ノタメ約十分間旋回セリ

（ト）航跡ハ西偏シヤップ到達迄約三十分以上横歩キトナリタリ等計画ニ於テハ日没前一時間以上ノ余裕ヲ見越シアリタル處遅延ノ原因累積シ戦場到達ハ一九〇〇頃ニシテ既ニ日没一時間十五ヲ経過セリ

この一連の記述を素直に読んでみたい。まず「（イ）は、「追風」があるから一時間遅らせたとある。ただし、この「追風」は前日の偵察であり、当日のものではないと断っている。（ロ）では、誘導機『二式大艇』が三〇分遅れたとしている。（ハ）では、沖ノ鳥島通過は一三時〇〇分の予定であり、それより遅れた時は引き返す計画であったとしている。しかし、その沖ノ鳥島が雲に遮られ視認できていない。推測として午後一時三〇分通過としている。三〇分超過であることから、本来なら引き返しのケースであるが、「一六〇節以上ノ実速」すなわち「追風」効果があることから、日没前の到達が可能であったとしている。（ニ）では、沖ノ鳥島からは雲下の低空飛行なって「追風」効果がなくなり実速が低下したとしている。（ホ）では、連合国軍艦船との遭遇で一〇分の遅延、（ヘ）では、編隊の建て直しで一〇分遅延、そして（ト）では、飛行機が航法ミスにより西側に流された（横歩き）ことから、その修正に三〇分遅延したとしている。この三つで五〇分の遅延としている。結果的に一時間一五分程度の遅れになったことになる。

全体の記述には整合性がある。極めて説明的である。とにかく、遅れた理由を縷々述べている。いずれも、もっともな理由である。しかし、同時にここに疑問がある。それは、遅れのひとつひとつの原因が不可抗力的なものというよりは、当然に予《あらかじ》め想定されて然るべきものではなかったかという疑問である。（イ）の追風はのちに詳述する。（ロ）であるが、誘導機の『二式大艇』が離水に失敗している。飛行艇の現場では、こんなことはよくあったらしい。『二式大艇』の自重は一五トンであるが、これは空っぽの状態である。出撃時は一万八千リットルの燃料を満載している。搭乗員一〇名、その他フル装備である。これで二三トンになったらしい。この状態を「過荷重」といった。この「過荷重」での離水はベテランの操縦員でも相当に難しかったらしい。だから離水の失敗はよくあったようだ。例えば前日の出撃時には『二式大艇』の一機のエンジンがかからないトラブルがあった。宇垣纏『戦藻録』は「第一誘導機の飛行艇一機エンヂンかゝからず、豫定より若干遅れたる」云々と記している。宇垣纏はすでにこのようなトラブルを直近で経験している。だからトラブルの可能性は認識していいはずである。（ハ）についても「追風」と関連しているので後に触れる。（ニ）の低空飛行であるが、当初は高度三、〇〇〇メートル辺りの高空飛行を予定していたらしい。低空では燃料効率が悪くなる。しかし、長駆「一、四〇〇浬」の飛行である。この間には当然に色々な事態が起り得る。低空飛行を余儀なくされる場合もある。しかし、これら不測の事態を全く想定していなかった節がある。（ホ）も同様である。途中、連合国艦船あるいは飛行機との遭遇は想定されて当然である。そのためにも、あらかじめ余裕をもつ必要があろう。（ヘ）も、大編隊での飛行である。遅れる飛行機も出てくるであろう。何等かの理由で編隊を離れる飛行機も出てくる。だから、途中の編隊立て直しは当然の事態である。余分な時間が必要となる、そんな当たり前のことを想定していなかったということになる。そして（ト）である。長軀での航法はその都度の偏流角のズレが生じる。この修正に時間が取られるのは当然のことである。こんな当たり前のことを全く想定せずに漫然と「一時間」も出発を遅らしたことになる。

いずれも、当然に起り得る事態である。その都度余分な時間がかかる。これらのことを全く想定外のこととして出撃時間がきめられたのであれば、全くの「能天気」としか言い様がない。とにかく、出発を一時間遅らせたことが、到達の一時間遅延となっている。これは紛れもない事実である。このことについては、後にさらに詳述したい。

その前に『二式大艇』との編隊に触れておきたい。

陸爆『銀河』と『二式大艇』との編隊も疑問である。『戦闘詳報』は「七参考」で、つぎのように記す。

二、三座ノ銀河二十四機ノ大部隊ヲ巡航速度ヲ異ニスル（銀河一五〇節飛行艇一四〇節ヲ希望）誘導機（概一四五乃至一四七節）ヲ以ッテ一四〇〇浬ノ長距離行動ニ相互連繋ヲ失スル事ナカリシハ搭乗員ノ技倆ヲ超越セル決死任務完遂ノ旺盛ナル精神力ニ依ルトコロニ大ナルモノアリト認ム

陸爆『銀河』と『二式大艇』との編隊は、そもそも「技倆ヲ超越セル」ものであると『戦闘詳報』は認識している。だから、この困難を克服した特攻隊員たちの努力を称えている。敗戦後に記された長峯五郎『二式大艇空戦記』（光人社NF文庫）を待つまでもなく、当時でさえ、このふたつの違った機種での編隊は無理であったことはすで分っていたのである。だからこそ、この「無理」を成功に導

いた梓特別攻撃隊員の「精神力」を称えざるを得なかったのであろう。この『戦闘詳報』は特攻実施後に書かれている。だから、結果として分ったことであり、作戦前から分っていた訳ではないと言えるかも知れない。実は陸爆『銀河』と『二式大艇』の編隊が無理であったことは梓特別攻撃隊を統帥した、第五航空艦隊司令長官宇垣纒もよく知っていた。その証拠は宇垣纒が残した日記『戦藻録』にある。三月一二日につぎのような一節がある。

此の大航程を此種機材を以て計画するは大儀に於て無理なる様考へらる。

無理であることは最初から分っていた。このことに関連して『戦闘詳報』の「七参考」は航法についてつぎにように記す。

三、現状銀河ノ能力ヲ以ッテシテハ一四〇〇浬ノ航法ニハ稍不安アルヲ以ッテ誘導機ヲ要スルモ成ルベク性能近接セルモノ要スルト共ニ完遂ヲ期センガ為ニハ潜水艦等ニ依ル誘導ヲモ使用ノ要アリト認ム

『戦闘詳報』も陸爆『銀河』での長距離航法は不可能であることを認めている。この『戦闘詳報』は事後報告書である。だから、この記述は梓特別攻撃隊の結果を見て書かれてものである。しかし、そのことを分ったうえで次の記述が気になる。

八、今回ノ攻撃ハ準備期間少カリシ為潜水艦トノ通信連絡全然実施セラレズ協同スルコトナク行ハレタルハ遺憾ナリキ誘導飛行艇ノ速力遅キ為銀河ノ快速ヲ殺シ飛行スルノ已ムナキニ至レリ

之ヲ防止センハ攻撃隊航路上ニ潜水艦四乃至五隻ヲ配シ飛行機トノ相互連絡ヲ密ニナスト共ニ潜水艦ヨリ誘導用長波ヲ輻射要スレバ浮上シ潜水艦ノ位置ヲ明示スル等ノ訓練ヲ励行シアル要切ナルモノアリ

潜水艦の配置が必要であったと述べている。このことは、作戦実施前から分っていたのではないかと推測される文書である。潜水艦の要所々々の配置により、そこからの電波誘導により航法を行えば、機上での「偏流角測定」による厄介な航法を行う必要がない。『二式大艇』は要らない。この電波を追従出来る誘導専用の陸爆『銀河』があればよい。また、偵察員も航法は楽であり、しかも正確である。

『戦闘詳報』は、作戦実施の二〇日後（四月一日付作成）に書かれている。結果論に基づいて書かれていることから問題点を淡々と隠すことなく見事に把握している。途中不時着した陸爆『銀河』の搭乗員全員が三月二三日までに鹿屋に生還している。『戦闘詳報』はこれらの人の証言に基づいていると考えて自然であろう。

因みに『戦闘詳報』は、長峯五郎らの証言は反映していない。その理由は、『戦闘詳報』が作成された頃（四月一日）は、長峯五郎らは不時着したメレヨン島で飢餓と戦っている。長峯五郎らの本土生還は、それよりも約二ヶ月後の五月末である。四月一日前後は、長峯五郎らは日本本土にいない。だから証言はできない。しかし、『戦闘詳報』は、長峯五郎らの苦闘を見事に把握している。

第五項　謎の一時間

「一、四〇〇海里」という大飛行は、この人たちの技量で克服できた。陸爆『銀河』と『二式大艇』との編隊も、この人たちの必死の操作で克服できた。困難な航法も長峯五郎の「神業」で解決した。しかし、それでもなお、克服できない問題がひとつ残った。「時間」との戦いである。刻々と暮れなずむ大海原と大空の狭間で、この人たちの焦慮はいかばかりであっただろうか。大飛行に耐え、難しい編隊飛行に耐え、目標は目と鼻の先にあるはずだが、しかし、何も見えない。夕闇は迫る一方である。航法に間違いがあったのか、たとえ間違っていても、陸爆『銀河』と『二式大艇』の性能をもってすれば、時間さえあれば立て直し出来る。しかし、その時間が今はもう無い。万事休すか、今までの訓練は一体何だったのか。何のためにこれまでの苦労を耐えてきたのか。陸爆『銀河』搭乗員にとっては、『二式大艇』の航法が唯一の頼りである。その『二式大艇』が焦っているようだ。しかし、ついて行くしかない。本当に、大丈夫なのか。この人たちのこの瞬間の焦慮と苦悩は察して余りある。想像を絶する。

そこで、「一時間の遅れ」に話を戻す。

ウルシー環礁到達の一時間遅れの原因は、出発を一時間遅らせたからに拠る。答えは単純明快である。それでは、何故一時間出発を遅らせたのか。理由があってのことなのか。これも答えは明快である。その理由は「追風」である。北風の追風があり、この風に乗れば、相当な速度が得られると予想されたからである。その「追風」は確かにあった。しかし、である。それでも一時間遅れた。何故?そこで、このことについて、くどいようだが、『戦闘詳報』、宇垣纒『戦藻録』そして長峯五郎『二式大艇空戦記』の三つの資料をつきあわせて、筆者なりの分析を述べておきたい。

宇垣纒『戦藻録』の記述をまず見ておきたい。出撃前日の三月一〇日につぎの記述がある。

天候偵察機は沖の鳥島附近より反転一五三〇頃帰投す。同艇は南大東島方面に於て敵偵察機一を発見、雲間にかくれて進出せりと云ふ。危き哉。

（略）

天偵の先行により中途迄の天候、天気予察と大差なき事。但し追風により三十粁（十）の速度を出し得る事、之が為誘導隊攻撃隊の連繋行動に無理行かざる事、又之が為に敵の哨戒機と遭遇の機会を減じ得る事。

一〇日の天候偵察は沖ノ鳥島附近までのようである。鹿屋からウルシー環礁まで半分強の距離となる。そして、そこまでは追風があったようだ。

天候偵察の結果、時速にしてプラス三〇㎞／h（約一六ノット）の追風効果があり、これにより、誘導隊（『二式大艇』）と攻撃隊（陸爆『銀河』）の「連繋行動に無理」がないと判断したようだ。両機種の巡航速度の違いは約一六ノットの追風効果によって問題はない、連繋は可能としている。

先述の長峯五郎『二式大艇空戦記』（光人社）も、沖ノ鳥島附近までは「連繋行動」、すなわち編隊飛行には問題なかったと推測できる。たしかに追風があり、その効果は十分であったようだ。問題は沖ノ鳥島通過後である。ここから、追風が無くなったか、もしくは追風を利用できなくなっている。その結果、長峯五郎の『二式大艇』は、陸爆『銀河』との編隊飛行が困難になってきている。その苦闘はすでに述べた。

宇垣纒は梓特別攻撃隊決行（三月一一日）の翌日の日記（『戦藻録』三月一二日付）に、計画は「全く失敗に来せり」と記している。そして、その失敗の原因を記している。

一、一三六〇浬（鹿屋とウルシー環礁までの直線距離であろうか―引用者注）を踏破攻撃を実施するには機材之に伴はず、発動機の故障機のみにても八機（実際は十機―引用者注）にして全数の⅓に達す。誉発動機大分使ひこなし得て尚此の情況なり。（致命的のものは少し）航続力に余裕少し。

二、奇襲には成功せるも、攻撃時機日没後一時間以上となり目標の発見容易ならず、体当たりを実際に行へる数確実五に過ぎず。
命中箇所も撰定の余猶なかるべし。

一三六〇浬の航程に於て相当の追風あり。一時間の余裕をとり一七〇〇頃にはヤップに接近し得る筈なり。然るに斯く遅延せるは誘導機艇の離水遅れ佐田岬進発は二十分遅延を来せり。尚天偵の偵察によればヤップ島の北方三五〇浬附近南北八、九十浬のスコール地帯ありて航路の雲下航過困難と認めたりとの事なれば之が発達により相当の迂回を余儀なくせられ為に目的地到達を遅延せしめたるに非ずや。

三、其の他に就ては生還者の報告を待つ外なし。

到達が一時間遅延した原因を『二式大艇』一番機の離水失敗による遅れと途中のスコールに求めている。いずれも、あらかじめ想定されていてよさそうな内容と考えられるのだが如何。そして先述したように、此の大航程を此種機材を以て計画するは大儀に於て無理なる様考へらる。

と締めくくっている。『二式大艇』と陸爆『銀河』との編隊は「無理」であったと自ら認めている。しかし、この「無理」は当初から分っていたはずと筆者は考えている。だから結果を見て「無理」であることを改めて認識したと考える。

宇垣纒は「其の他に就ては生還者の報告を待つ外なし」としている。そこで、翌一三日の日記を引用したい。実は、宇垣纒は、この日までにかなり正確な情報を得ている。その結論を次のように記す。

右要するに失敗の最大原因は前日の天候偵察により出発の一時間遅延、誘導機の発進困難の為佐田岬の進発更に三十分の遅延、途中敵船団を脱過する為めの運動等により時間の遅れに加ふるに機速一六〇余浬（最大）に過ぎざりし等時機を失したるに在り。其の多くは指導部の至らざるに因る。即ち本職の責任なり。

失敗の原因を見事なまでに看破している。出発時間を一時間遅らせたことが全ての原因であることを認めている。そして、それは自分の責任であると言い切っている。正直な人だ。

それでは、ここで鹿屋からウルシー環礁までの距離と時間経過を計測し、『戦闘詳報』に矛盾がないかを筆者なりに検証しておきたい。

先ず、『戦闘詳報』は鹿屋からウルシー環礁までの距離は「一四〇〇浬」としている。そこで、筆者は市販の世界地図（四〇〇万の一および一六〇〇万の一）で計測してみた。鹿屋から南大東島までは約六一二km（三三〇・四浬）、南大東島から沖ノ鳥島までは約七四八km（四〇三・九浬）、沖ノ鳥島からヤップ島までは約一、二一六km（六五六・六浬）、そしてヤップ島からウルシー環礁までは約一六〇km（八六・四浬）となった。合計一、四七七・三浬となった（『戦闘詳報』は一、四〇〇浬としている）。もとより小さな地図の素人による測定である。それなりの誤差が出ていることは承知いただきたい。そこでつぎからは筆者計測値の一、四七七・三浬を一応の目安としていることを断っておく。

梓特別攻撃隊の出発時刻は、前日の一時間遅れの九時一〇分であった。ウルシー環礁附近の日没は一七時四五分である。これが体当たり攻撃の理想的な時間帯となる。これより遅くなると、暗闇が増して目標の視認が困難である。しかしながら、梓特別攻撃隊の到達時間は、日没より一時間一五分も遅れた一九時〇〇分である。

『戦闘詳報』は、前日に追風の観測があったので、この追風に乗ればかなり早くウルシー環礁に到達できることから、出撃時間を一時間遅らせたとしている。「〔追風〕は確かにあった。『戦闘詳報』の「〔四〕第二誘導隊（飛行艇）報告球投下報告」に当日の気象状況を記す箇所がある。

（天候）

一、佐多岬 ——→ 南大東島間

晴雲高一五〇〇雲量三～五断雲視界共ニ極メテ良好風北寄一五～二〇米実速一八〇計器一四五～一四八（ただし飛行艇）

複航雲量増加八～一〇

鹿児島県佐多岬から南大東島までは北風があり、『二式大艇』実速は一八〇ノット（三三三km／h）、計器上の速度は一四五ノット（二六八km／h）から一四八ノット（二七四km／h）としている。三〇ノット（五五km／h）強の追風効果である。この追風に乗れば、確かに、日没前にウルシー環礁に到達できることになる。しかし、実速一八〇ノットの「追風」効果はここまでであったようだ。

鹿屋から南大東島までは約三三〇・三浬（筆者計測）、実速一八〇ノットとした場合で一時間五〇分の飛行となる。出発時に『二式大艇』の離水失敗により三〇分ロス（九時四〇分の出発）していることから、筆者の計算では南大東島上空到達は一一時三〇分となる。長峯五郎『二式大艇空戦記』も同時刻に南大東島を通過したとしている。『戦闘詳報』も同時刻の通過を記している。資料間の時刻にズレはない。一致する。

つぎに南大東島から沖ノ鳥島までは四〇三・三浬（筆者計測）ある。『戦闘詳報』は、ここからの実速は一六〇ノット（二九六km／h））としている。まだ一五ノット（二七km／h）程の追風効果があったようだ。これを基にした場合、南大東島から沖ノ鳥島までは二時間三〇分の飛行となる。筆者の計算では、沖ノ鳥島上空通過は一四時〇〇分となる。ただし、『戦闘詳報』は一三時三〇分と推測している。一方、長峯五郎『二式大艇空戦記』は通過時刻を一三時四〇分としている。数値に三〇分から二〇分の誤差が出たが、小さな世界地図での計測である、誤差は段々と大きくなる。ここでは筆者計算の一四時〇〇分を一応の目安としておく、沖ノ鳥島からヤップ島までは六五六・六浬（筆者計測）である。一四八ノット（『二式大艇』の巡航時速相当）とした場合で四時間二六分の飛行となる。ここで「一四八ノット」とした理由は、『二式大艇』の計器上の速度が一四八ノット（二七四km／h）であったと『戦闘詳報』が記している。そこで、鳥ノ沖島通過以降は「追風効果」の無い一四八ノットの速度としておく。その間、連合国艦船との遭遇や編隊の立て直し、また航法の修正などで約五〇分のロスをしていることからヤップ通過時刻は一九時一六分となる。ウルシーまでは、残り約八六・四浬（筆者計測）である。ここからは陸爆『銀河』は最大戦速（二九五ノット・五四六km／h）近くで目標に向ったであろうことから、約一七分程度の飛行と推測する。したがって、ウルシー環礁到達は筆者計算では一九時三三分頃となる。ところで、現実の到達時刻は、『戦闘詳報』「七戦訓」の「(五)」梓特攻隊受信記録」によると、「我奇襲ニ成功ス」の第一報は「一八五八」(一八時五八分)、第二報は「一九〇〇」としている。筆者計算とは三〇分強の誤差が出た。ところで、この間、長峯の『二式大艇』は必死で一四八ノット以上のスピードアップを試みている。だから筆者計測よりも三〇分早い到達は、その努力の結果と考えれば一応の辻褄があう。午後一九時〇〇分は日本時間表示である。現地時間は一時間遅い二〇時〇〇分ということだ。すでにウルシー環礁は真暗闇であった。とにかく、『戦闘詳報』の記述と筆者の計算とには、計測上の誤差を織り込んでも大きな矛盾はないと考える。

筆者は、ここで、鹿屋からウルシー環礁までの時間計測をするのが目的ではない。『戦闘詳報』の記述に矛盾が無いかどうかを実証したかったのである。

第六項 「神霊の加護」

『戦闘詳報』に記された各種の数値を基に算出した時刻経過と、現実に梓特別攻撃隊が辿った時間経過には概ね矛盾はない。『戦闘詳報』は整合性を保ちつつ、淡々と事実関係を正確に記していると考える。『戦闘詳報』は、実に正確に経過とその結果を記していることになる。より深く読み込めば、刻々と変る天象気象を全く想定することなしに「追風」を過大評価し、加えて、当然に起り得る様々な支障や障害を全く想定することなしに出発時間を漫然と一時間も遅らせたことになる。そして、このことが梓特別攻撃隊の失敗の原因であったことを『戦闘詳報』は正確に今日に伝えている。

早い到達なら何とでも調整がつく。陽が明るく強襲になったとしても、目標が視認できれば体当たりへの可能性は残る。しかし、遅い到達で目標が視認できなければ、たとえ奇襲であっても体当たり成功への可能性は限りなくゼロに近い。こんな当たり前のことがどうして判断できなかったのか理解に苦しむ。

一時間ずらした理由が、計算をし尽した結果なら納得できる。また、到達の一時間の遅れが、止むを得ない不可抗力が原因ならば不運と諦めもつく。しかし、現実は、「能天気」に漫然と一時間遅らせたとしか思えないのである。そのことを『戦闘詳報』は図らずも証明しているように思う。

日本陸海軍の戦史を紐解いて、いくつか気になることがある。それは、日本陸海軍には戦略（作戦）はあっても戦術（戦争遂行）がなかったのではないかという疑問である。戦略さえ整っておればそれで戦《いくさ》が出来たと考えていたらしい節《ふし》を感じる。しかし実際は、いかに戦略に整合性があり計算されていても、その作戦遂行、すなわち現実の戦争では色々なことが生起する。特にトラブルや錯誤は戦争ではつき物である。トラブルや錯誤というダメージをコントロールしながら戦略が遂行される。すなわち戦術が同時に考えられる。このコントロールが利かなければ戦略そのものの練り直しとやり直しも視野に入れておくべきであると考えるが、筆者が思うに、当時の日本陸海軍にはこの考えが全く欠落していたようだ。

梓特別攻撃には、確かに計算された戦略（作戦）はあったと考える。しかし、その戦略（作戦）を遂行する上での戦術が余り見えて来ない。鹿屋からウルシー環礁までの距離と陸爆『銀河』の航続距離は問題ない。追風があれば陸爆『銀河』と『二式大艇』との編隊は可能である。さらに出発時間と日没との時間関係も計算上では問題ない。だから梓特別攻撃は戦略（作戦）の組み立てそのものは完全であったのかもしれない。しかし、飛行機を操縦するのは人間である。狭い操縦席での一〇時間に及ぶ飛行は、いかなる精神力をもってしても克服しがたい悪条件である。さらに「一、四〇〇浬」に及ぶ洋上は平和の空域では勿論にない。そこは戦争状態の空域である。会敵があって当然である。そのこととの計算と対処があったのであろうか。『戦闘詳報』を読む限り全く無かったと断言できる。また、追風効果はその航程すべてにあるという前提には無理がある。未観測地域に入ってからの追風効果は疑問と考えてよい。たとえ追風があったとしても、それを利用できない状況も生れて来る。低空飛行を余儀なくされた場合である。事実、梓特別攻撃隊は沖ノ鳥島通過後は低空飛行であったようだ。さらに日没後の突入になった場合の対策はあったのであろうか。答えは否である。たとえば、爆装を犠牲にしてでも数機が照明弾を携行しておれば、事態は相当に違ったものになったと考えられるが、梓特別攻撃隊が照明弾を携行していた形跡はない。あくまでも戦略（作戦）は日没前後の理想的な攻撃状態のみを想定していたようだ。それ以外の状況は全く想定されていなかったと考えられる。

要するに、梓特別攻撃には戦略（作戦）はあっても戦術（戦争遂行術）が無かったということだ。ここに梓特別攻撃の失敗の原因があったように思う。さらに、もうひとつ日本海軍の不思議がある。本章の始めに記した宇垣纒『戦藻録』の訓示を思いだしていただきたい。宇垣はここで「神霊の加護を受け成功疑いなしと確信する」といっている。当時の統帥部は、計算されつくした戦略（作戦）上の組み立ての前に、神懸《かみがか》りの「神霊の加護」の「確信」で戦をしていたことになる。梓特別攻撃隊は「神霊」の「加護」を祈禱する儀式であったのだ。

梓特別攻撃隊の消息は第五章の「三月一一日」を参照されたい。ここでは、この儀式に供された人たちの出身階層を記しておきたい。

『銀河』攻撃隊

海軍兵学校出身	二名
海軍飛行予備学生出身	四名
海軍飛行予科練習生出身	三三名
海軍飛行予備練習生出身	一名
海軍電信練習生出身	一名

『二式大艇』誘導隊

（小　計）	四一名
海軍兵学校出身	〇名
海軍飛行予備学生出身	二名
海軍飛行予科練習生出身	九名
海軍飛行予備練習生出身	〇名
海軍整備練習生出身	一名
（小　計）	一二名
（合　計）	五三名

これからも分るように、予科練出身者が多い。この時期の特攻隊員はまだ相当な練達の人たちが多かったと推測する。戦《いくさ》は武器や兵器だけでするものではない。人の能力がそれ以上に必要とされる。しかし、こんな貴重なベテラン搭乗員が惜しげもなく「神霊」の生贄《いけにえ》となった。

作戦が杜撰《ずさん》であった、と言うつもりはない。それなりの計画性と、その時々の正当な判断はたしかにあった。にもかかわらず、『戦闘詳報』などを紐解きながら感じることであるが、戦術の部分が曖昧であったと言える。要するに詰めが甘く、読みが浅いのである。

ところで、詰めが甘く読みが浅かった、と言うのも少し違うような気もする。実は、統帥部は、特攻攻撃は無駄であり効果は期待できないことをあらかじめ分っていたのではないかと感じている。しかし、無駄であり効果がないと言ってしまえば、特攻を出す根拠がなくなる。自己矛盾である。それでは、知らぬふりをしていたのかと言うと、それも少し違う。たしかに作戦としては無駄であり効果的ではないが、他に打つ手がなくなったという現実があった。特攻がその現実を打ち破ることの出来る唯一の作戦であり、これに過大の期待をかけたということだ。特攻を続けていくうちに、そのうち、この努力と思いが天に通じて、新たな局面がきっと生れてくると本気に考えていたのではないかと考えられる。宇垣纒が日記『戦藻録』に「神霊の加護を受け成功まちがいなしと確信する」と記しているのは本音であろう。その内に神が微笑《ほほえ》んでくれて我々に味方してくれる日が必ずやって来る、と本気で信じていたように読める。一時間の遅れなどは瑣末なことで十分に克服できるという、この気持が「神霊の加護」の一言に象徴的に表れているように思う。それでも「神霊」が少しでも微笑んでくれれば納得もいく。しかし、「神霊」は生贄をひたすらに貪り食うだけで、結果は何の「加護」も与えはしなかった。

「神霊の加護」を信じなければ戦《いくさ》が出来ない現実があった。そこまで戦局が逼迫していたということだ。しかし、と敢えて言っておきたい。梓特別攻撃隊の「一時間」問題は、戦局の逼迫による止むを得ない結果であったのでは決してない。そうではなく、未然に防げ得た内容であるということだ。その時点での、少しの注意力と観察力さえあれば起きなかった事柄である。その、ほんの少しの注意力と観察力と集中力が足りていない。とにかく漫然と一時間遅らせている。こんな「能天気」は梓特別攻撃隊に限ったことではない。戦史を紐解けば日本海軍の〝体たらく〟と無策無能がウンザリと鼻につく。

梓特別攻撃隊は、『戦闘詳報』と長峯五郎『二式大艇空戦記』を読む限り作戦の成功は限りなくゼロに近いものであった。しかしながら、陸爆『銀河』搭乗員の必死の努力、『二式大艇』搭乗員の神業的な「勘」にも支えられながら塗炭の苦しみの結果、ここでひとつの奇跡が起った。空母『ランドルフ』への体当たりである。統帥の側からすれば、まさに「神霊の加護」であったのである。しかし、これは梓特別攻撃隊員の塗炭の苦しみと努力の集積であり、決して「神霊の加護」によるものではない。しかし、「やれば出来る」という精神風土が醸成されたことはたしかだ。「出来ない」ことはあり得ない、「神霊の加護」を信じて、やる気さえあれば出来るという実績が、また、ひとつ積みあがった。そして、その後も特攻出撃は続けられた。

梓特別攻撃隊は完全な失敗に終わった。だから、これでウルシーへの特攻攻撃は懲りたと誰もが考える。しかし、「第三次丹作戦」としてウルシー特攻が実施された。宇垣纒『戦藻録』（五月七日付）はつぎのように記す。この時の指揮は第三航空艦隊（寺岡謹平中将）であり宇垣ではない。むしろ宇垣は反対であったようだ。

沖鳥島附近相当の雲あり、陸攻誘導機は雲を縫って同島を発見し得たるも攻撃隊之に続かず。指揮官機に続くもの僅に四機となり且途上二、三回敵機に遭遇せる等より攻撃を断念掃投せるものなり。結局大山鳴動して鼠一匹も出でず徒に航空自滅戦に終れるのみ。完全なる失敗と云ふ外無し。

さらに、

遠征奇襲の快味のみを夢想し、之が至難性を察知せずして作戦実施を命ずる事の適当ならざるを知る。特攻銀河の使用に就ては異見を有し、丹作戦に豫て賛意を表せざる所以茲《ここ》にありとなす。

宇垣は正直な人だ。自らを反省し梓特攻の愚を記している。宇垣はそれでいい。しかし、日本海軍はそうはなっていない。門司親徳『回想の大西瀧治郎』によれば八月の敗戦間際にも作戦実施の計画があったようだ。またしても同じ愚を繰り返そうとした。日本海軍の戦史を紐解くたびに怒りがこみ上げてくる。
そもそも『戦闘詳報』は何を目的に記されたのであろうか。作戦の反省、もしくはつぎの作戦の参考に供するために自らこのような詳細な報告を記したのではなかったのか。しかし、日本海軍は自ら作成した『戦闘詳報』そのものを無視している。ここに日本海軍神風特攻の「真骨頂」がある。「神霊の加護」の「確信」がそうさせた。これこそが、まさに神風特攻の本質である。

本章で梓特別攻撃隊を取り上げた理由は、永峯五郎の『二式大艇空戦記』、海軍作成『戦闘詳報』、宇垣纒日記『戦藻録』などの多くの史料が残っており、検証材料が多いことによる。それぞれの史料は正確であり真実を今日に伝えてくれている。そして、これら史料の分析から見えてくるものは、海軍神風特攻を統帥する日本海軍の無能無策である。作戦遂行のためには、素人が考えても「計画性」、各種の「予見」や「危険予知」、さらにはいざという場合の「対処療法」など科学的な思考なり準備が必要と考える。しかし、梓特別攻撃隊では、これらものが史料からは一切見えてこない。有りもしない「神霊」を信じ、その「加護」だけを頼りに漫然と特攻を続けていたとしか言いようがない。官僚主義的無責任の「能天気」が隅々まで蔓延していた。これが日本海軍の戦《いくさ》の仕切りである。こんな統帥のもとで神風特攻は繰り広げられていた。これに引き換え、梓特別攻撃隊員は必死で任務に就き、そして必死で死んでいった。このコントラストが何とも遣り切れない。

第七項　「形而上」の特攻

梓特別攻撃隊から海軍神風特攻の本質の一端を見て来た。誠に煩《わずら》わしくはあるが、もうひとつの事例を挙げて海軍神風特攻の本質を追記しておきたい。

梓特別攻撃隊は、陸爆『銀河』という当時の最新鋭機、最精鋭機の運用であった。いわばAランク機種での特攻であった。まだ救いがある。しかし、日本海軍の神風特攻が全てこうであった訳ではない。そこで、本項では全く正反対のCランク機種による特攻を記しておきたい。Cランク機種『白菊』特攻はすでに述べた。本項では同じCランク機種の九四式水上偵察機による神風第四魁《さきがけ》隊琴平水心隊の出撃から、海軍神風特攻の本質を追記しておきたい。

すでに記したように、『九四式水偵』（写真）は一九三三年（昭八）採用の旧式機である。一九四四年時点ではすでに現役を退いている。エンジンの覆いと水につかるフロート、そして胴体や主翼の骨格部分は金属製であるが、外皮は全て布張りである。そして複葉である。速度は当然ながら低くなる。三座式（操縦、偵察、電信）であることから、単発機としては大振りの機体である。さらに胴体下

には二本の大きなフロートが固定されている。ますます鈍重となる。アジア太平洋戦争開戦当時は、このような複葉布張り機の殆どは実戦から退いている。『九四式水偵』は複葉布張り機の最後の世代に属する飛行機である。そして、その時代の傑作機のひとつである。旧式であるが形状は洗練されており精悍な感じさえ受ける。実に美しい飛行機である。

しかしながら、『九四式水偵』での体当たり成功は限りなくゼロに近い。目標への到達はおろか、途中で邀撃される公算が大きい。邀撃戦闘機に見つかればひとたまりもない。大きなフロートは空気抵抗が大きい。逃げる術はない。多分一撃で撃墜されたのではないかと推測する。どんなに頑張ってみても特攻成功は無理である。そんなことは最初から分っている。それでも海軍は『九四式水偵』などCランク機種を、何のためらいもなく特攻運用している。実はそこには一つの

理由があった。それは海軍が伝統的に持っている「確信」である。その「確信」こそが海軍神風特攻の本質である。

それでは、その「確信」とは何なのか。日本は絶対に負けないと信じて疑わない信念、そのための肉体限界を超えた訓練、さらには精神力の絶対的な涵養と忍耐への絶対的な強要、そしてこれらの試練の集積から生れ出でる技量や物量を超越した神の力、その神の力が存在することの絶対的な信念、すなわち「神霊の加護」が必ずあるという信仰にも似た観念、この「確信」があればこそ、たとえ性能的には劣性な『九四式水偵』でも十分に特攻が出来るという精神構造を作りあげていったように感じている。

当時の海軍は、搭乗員の技量と飛行機の性能に頼るのではなく、人間の力の限界を超越し、精神力と試練の忍耐によって導き出される神の助け、すなわち「神霊の加護」が到来するという「確信」が重要であり、たとえ『九四式水偵』のような不十分な機材であっても、この「確信」によって特攻は十二分に可能と本気で信じ切っていたようだ。

以上のことは、ひとり筆者の勝手な想像の世界でない。海軍の公式文書である『戦闘詳報』がこの「確信」をはっきりと記している。「昭和二十年六月（ママ）　日」作成の「水偵特攻隊戦闘詳報　第壹号」（『海軍　特別攻撃隊戦闘記録』アテネ書房　以下『戦闘詳報』）には、一九四五年（昭和二〇）四月二九日と五月四日の両日に実施された神風第四魁隊琴平水心隊の詳細が記されている。この部隊の兵装は『零式水偵』と『九四式水偵』である。四月二九日と五月四日の両日で『零式水偵』三機、『九四式水偵』九機が出撃し二八名が戦死している。時代遅れの複葉布張りの水上偵察機を含んだ特攻である。

だからこそと言うべきか、この『戦闘詳報』の全体の印象は、両日のこの部隊は実によく戦ったとしている。旧式機による特攻攻撃への、せめてもの慰めか、あるいは言い訳のようにも聞こえる。

『戦闘詳報』の「一、計画」では目標は沖縄周辺の敵輸送船としたうえで、使用機材などを記している。「二、経過」では出発から目標到達までの詳細を記している。「三、各小隊報告状況」では小隊ごとの突入電信内容を記している。その一部は後に引用したい。まず「四、戦果」を引用する。

四、戦果

（イ）突入ヲ報ゼルモノ

零式水偵八十番爆装　二機（今日の記録では三機—引用者注）

九四式水偵五十番爆装　十機（今日の記録では九機—引用者注）

（ロ）零式水偵ノ攻撃ハ夜間攻撃ニシテ成功セルモノト認メラル

九四式水偵ノ攻撃ハ連絡状況及沖永良部見張ノ味方特攻機突入セルヲ認メタル点ヨリ成功ノ算極メテ大ナリ

『零式水偵』に「八十番」すなわち八〇〇kg爆弾、『九四式水偵』には「五十番」すなわち五〇〇kg爆弾を懸架している。さりげなく書かれているが強力な爆装である。『零戦』の場合でさえ通常爆装は二五〇kg爆弾である。『零式水偵』の八〇〇kg爆弾、『九四式水偵』の五〇〇kg爆弾はかなりの重爆装である。いずれの機種も浮力が強いので、このような過荷重も可能であったのかもしれない。とにかく『九四式水偵』の戦果は「成功ノ算大極メテ大ナリ」と記している。しかし、現実は何の成果も挙げてはいない（森本忠夫『特攻』文藝春秋）。つぎに「六、功績」と「七、戦訓並ニ所見」を引用する。

六、功績

全員烈々必死必中一機一艦ノ救国ノ信念ニ燃エ若年克ク老巧機材ヲ持テ水上機特攻ノ先頭ヲ切

リ長軀沖縄周辺敵艦船ニ突入淡々水ノ如ク散華シタルハ真ニ武人ノ龜鑑ト言フベク敵ニ与ヘタル物心両面ノ影響誠ニ大ナルモノアリタリト認ム

七、戦訓並ニ所見

今回ノ作戦ハ搭乗員ノ烈々タル特攻精神ト整備ノ燃エルガ如キ整備精神トガ混然《ママ》一体（渾然一体―引用者注）トナリ不備ナル前進基地ニ於テ困難ナル夜間整備ヲ行ヒ水上老巧機材ヲ以テ克ク沖縄周辺敵艦船ニ対スル特攻々撃ニ成功セルモノト認ム

『戦闘詳報』は飛行機が老朽機であることを認めている。『九四式水偵』は一九四〇年（昭一五）で生産が中止されている。だからどんなに新しい機体でも五年は経っていることになる。軍用機である、使い方も荒っぽい。おそらく相当なボロ飛行機であったと推測できる。整備が大変だったであろう。旧式であることからパーツも殆どなかったと思われる。神業の整備がなければ飛べなかったであろう。森本忠夫『特攻―外道の統率と人間の条件』（文藝春秋）には両日の神風第四魁隊琴平水心隊の戦果は記録されていない。しかしながら突入を報じていることから（後述）、目標までは到達できたようだが、現実は目標を目前にしながら邀撃戦闘機に撃墜させられたと推測する。

ところで『戦闘詳報』はこの部隊を絶賛している。そして部隊全体の「形而上」の努力、すなわち「精神力」を称えている。『戦闘詳報』は最後をつぎのように締めくくっている。

之ヲ要スルニ特攻攻撃ハ搭乗員整備員ハ勿論隊全体ガ真ニ一体トナリテ其ノ成果ヲ発揚スルモノナルハ論ヲ俟タズ

即チ特攻ハ技倆ニアラズ　技倆ノミニテハ編隊ハ一体タリ得ズ　技倆ノ向上ヲ図ルハ勿論ナレドモ形而上ノ訓練コソ大切ナリ

訓練中転覆沈没セル特攻機ニ機ヲ再タビ使用ノ域ニ達セシメタルガ如キ又出撃前特攻機ニ御守ヲ奉納シ「特攻ノ成功ヲ祈ル　必ズ沈メテ下サイ」等ト書キタル等ハ之形而上ノ整備ニシテ又搭乗員ガ常ニ感謝ノ心ヲ以テ最後迄謙虚猛訓練ニ邁進シ而モ烈々尊高ナル攻撃精神ヲ以テ淡々水ノ如ク悠久ノ大義ニ生キタルハ皆形而上下ノ訓練ノ致ス所ナリ（傍線引用者）

「技倆」ではなく「形而上ノ訓練」が大切だと言っている。神懸りである。転覆して海没した機体を引き揚げて使用したらしい。エンジンが海水に浸っている。最悪の状態だ。そのエンジンが元に戻ったのであろう。まさに神業である。だから、技量以前の「形而上」の必要をしきりに説いている。ところで「形而上」とは「時間・空間の感性形式を採る経験現象として存在することなく、それ自身超自然的であって、ただ理性的思惟に、また独特な直感によってとらえられる究極的なるもの」（『広辞苑』）とする哲学の世界である。この時期、日本海軍は科学的な判断によって戦《いくさ》をしていたのではなく、哲学による、神懸り的な「形而上」を確信して戦をしていたことになる。その「形而上」の行き着く先は「神霊の加護」への「確信」である。海軍神風特攻はこのようにして実施されたのである。この「確信」があればこそ、『九四式水偵』でも十分であったのだ。日本海軍のこの種の「確信」は見上げたものである。日本海軍は一貫して「形而上」の信念と、そこから生れ出ると信じる「神霊の加護」に頼っている。それは戦略でもなければ戦術でもない、まさしく、ひとつの儀式であったのだ。

靖国神社遊就館に、一九四五年（昭和二〇）五月四日出撃戦死の、神風第四魁隊琴平水心隊員野村龍三（二飛曹　予科練甲種　一八歳）の遺書が展示されている。その遺書を引用させていただく。筆者が展示資料から直接に筆耕したものである。実物は巻紙に墨痕鮮やかに記されている。文中の／は原本では改行である。

遺言書

神風特別攻撃隊水心隊

海軍二等飛行兵曹　野村龍三

古今未曾有ノ國家一大／呉之ノ此ノ時沖縄周辺ノ／敵撃滅ノ為勇躍生途《ママ》（征途か―引用者注）
に／向ヒマス　生ヲ受ケテ／十八年何等ナス事ナク／不●不●ヲ重ネテ参リ／マシタ事御詫ビ致
シマス／然シ乍ラ今ヤ陛下ノ御楯●／此ノ若キ身ヲ捧ゲ奉ル／コトノ出来マシタ此ノ光栄／モ一
ニ御両親様ノ御蔭／デアリマス（●印筆者判読不可）

辞世

男児等の
燃えて燃えてし大和魂
身は九重の
花と散るらん

特攻隊愛機ト共ニ搭乗員／トシテ死ヲ共ニスルコトノ出来／ル無二ノ光栄ヲ今飾レ／ルコトガ
出来マシタ／神国日本ハ必ズ勝／チマス勝利ノ日迄／皆様ノ御健闘ヲ／御祈リ致シマス／龍三
ヨクヤッテ呉レタト一言／デモヨイカラ云ッテ下サイ（傍線―引用者）

昭和弐拾年四月弐拾八日
出撃一時間前

御両親様

日付は四月二八日となっている。どういう理由があったのであろうか、現実の出撃は六日後の五月四日である。遺書最後の「龍三ヨクヤッテ呉レタト一言デモヨイカラ云ッテ下サイ」は、前文までの勇ましさが一変して、少し弱気な印象を感じるのは筆者だけであろうか。森岡清美『決死の世代と遺書』(新地書房)は大言壮語の勇ましい紋切型の遺書の中にも、家族に伝えたい本音があり、それが行間に吐露しているという。これを「白い行間」としている。筆者なりに野村龍三の「白い行間」を読んでみたい。実は「龍三ヨクヤッテ呉レタト一言デモヨイカラ云ッテ下サイ」の「一言」に深い意味合いを感じる。別れをどのように表現すればいいのか分からない「もどかしさ」と同時に、この特攻への「戸惑い」が漂っているようにも感じる。

この人の兵装は『九四式水偵』である。最大でも一五〇ノット(二七七km/h)の低速である。低速であることがこの飛行機の特徴である。この兵装での特攻成功は端《はな》からおぼつかない。「形而上」の試練をもってしても特攻成功は如何ともし難い。「神霊の加護」の万分の一も期待できない。そんなことはこの人が一番よく分っていたはずだ。

野村龍三は第七小隊一番機の操縦員であった。同じ小隊の四番機には中尾武徳(少尉 飛行予備学生二二歳)が搭乗していた。東京帝国大学出身の偵察員である。中尾武徳の戦死も五月四日である。この人も四月二八日付で家族あて手紙を書いている。中尾義孝『探求録—中尾武徳遺稿集・戦没学生の遺書』(櫂歌書房)より引用させていただく

壮行会で人に励まされ、又自ら励ましもしました。私は本当に幸福者です。渺たる一身を以て人には何の盡すところもないのに、人から本当に誠を以て接せられ身にあまる幸福を以て死んで

行くことができます。この期に及んでも何も云ふことはありません、ただ皆様の健康を祈ります。

私の操縦員は宇野茂（予科練 二飛曹 18歳）といふ二等飛行兵曹で、十九才の紅顔の美少年です。家は「兵庫県葛磨郡糸引村東山、宇野駒次」だそうです。私を兄と私は弟と思ひ、心を一つにして敵艦に当たります。

（略）

義孝さんもしっかりやってくださいい、本は明日までについたら携へて行くつもりです。

叔父さん達、色々な人達にお礼を言ひたいことは沢山ありますが盡せません。お父さんから宜しくお傳へ下さい。

では皆様の前途を祈りつつ

本は辛うじて間にあひました、よむ暇がないので正法眼蔵一巻を懐いて行きます。

武徳

何の愁いもない遺書である。まさに達観の境地である。一点の曇りもない。この人にも夢と未来があったはずだ。輝かしい人生の途上であったはずだ。しかし、その時の、この人の全ては、旧式の『九四式水偵』の狭い偵察員席である。風防のない時代遅れのむき出しの座席である。これが、この人の、その時の全ての世界であった。さらに、その向う所は特攻死である。黄泉の棲む所である。この人が最後に見たものは一体何であったのか、米軍の輸送船か、それとも自分を狙う戦闘機の閃光か、あるいは迫り来る黒い海の色であったのか。こんなことを想像するだけでも辛い。間にあった『正法眼蔵』（道元著）一巻がこの人の救いとなったことを祈りたい。ところで、遺書には恨みつらみは全くない。自分に課せられた状況を心静かに達観している。現状を従容として受け入れている。遺書の言葉は多くない。寡黙だ。その少ない言葉を、ただただ感謝の言葉だけで埋め尽している。寡黙な遺書に塗り込められたこの人の優しさは、六一年の時空を飛び越えて、今この遺書を読む我々の胸に鋭く突き刺さる。

野村龍三、中尾武徳らの部隊は合計六機である。そのうちの一機が突入時の最終電を打電している。『戦闘詳報』より引用させていただく。

（二）九四水偵察第七小隊（第五小隊ノ二機ヲ含ミ計六機）

時刻	電文
五、四	我今ヨリ突撃ニ転ズ　視界内味方特攻機六機（第七、第五小隊）
○八二七	天皇陛下万歳　水心隊万歳
	我敵戦闘機ノ追躡ヲ浮ク
○八三二	我敵艦ニ体当リス
	長符――→○八三三消滅（突入）

この人たちの部隊は指宿（鹿児島県）を午前五時○○分に離水している。最終電は「○八三三」（午前八時三三分）とあることから、出発から三時間三三分が経っている。『九四式水偵』の巡航速度は一○○ノット（一八五km／h）である。単純計算では指宿から六四七kmの距離を飛んだことになる。要するに沖縄には到達できたと推測する。

この最終電を打ったのは、六機のどれかである。『九四式水偵』は三座式で操縦員、偵察員、電信員の三名が搭乗する。六機の内、電信員が搭乗していたのは第七小隊一番機だけである。あとは操縦員と偵察員だけの搭乗である。その第七小隊一番機電信員の名は「轟　彗」と『戦闘詳報』は記している。「我今ヨリ突撃ニ転ズ」の最後の電信は轟 彗（一飛曹 予科練甲 一八歳）が打電したのであろうか。この人たちの消息は第五章の四月二九日と五月四日の欄を参照されたい。

この人たちは、旧式の『九四式水偵』を駆使しながら、とにかく午前八時二七分には目標に到達したようである。その時点で少なくとも六機が健在であったようだ。「天皇陛下万歳、水心隊万歳」と打電している。さらに邀撃戦闘機に追従されている。それでも突入の態勢はとれたようだ。「長符」とは電信機電鍵を入れ放しの状態をいう。モールス信号の「ツ――→」という長符が突入時の略符となる。その消滅が午前八時三三分であると『戦闘詳報』は記す。野村龍三、中尾武徳、轟 彗らの絶命はこの長符の途切れた時刻ということになる、一九四五年（昭二〇）五月四日午前八時三三分。

海軍の特攻統帥が、いかに「形而上」の努力を説こうとも、また、いかに「神霊の加護」を「確信」しようとも、現場の特攻隊員は、それが単なる儀式であったことを、自らの死をもって知ることになる。この人たちは、海軍統帥が神懸りであればある程、つぎからつぎへと黒い海に空しく没していった。これが海軍神風特攻の本質であった。

第五章——墓碑銘（鎮魂のために）

本章では陸海軍航空特攻戦死者の全氏名を記しておきたい。本稿は海軍神風特攻を記すものであるが、ここでは陸軍航空特攻も含む全ての戦死者を記す。

出典として陸軍航空特攻は、特攻隊慰霊顕彰会編『特別攻撃隊』（特攻隊慰霊顕彰会 平成四年三版）、モデルアート七月号臨時増刊『陸軍特別攻撃隊』（モデルアート 一九九五）、鹿児島県知覧特攻平和会館編『陸軍特別攻撃隊員名簿 とこしえに』とした。海軍神風特攻は、特攻隊慰霊顕彰会編『特別攻撃隊』（同上）、モデルアート十一月号臨時増刊『神風特別攻撃隊』（モデルアート 一九九五）、押尾一彦『特別攻撃隊の記録〈海軍編〉』（光人社 二〇〇五）とした。それぞれの資料間には員数や氏名にそれなりの違いがある。そこで、本稿ではこれら資料の「足し込み」により作成した『特攻データベース』（筆者作成）に基づいたものである。

記載の仕様であるが、西暦年と月日順に陸海軍別に記載する。その日の出撃部隊数、出撃機数、戦死者数を陸海軍別に総括しておく。つぎに内訳であるが、陸軍は【陸軍】、海軍は【海軍】と表記し、まず出撃基地を記す。たとえば陸軍の場合では知覧等、海軍の場合は鹿屋等と記す。つぎに◆印で仕切りをしたうえで、出撃部隊名を記し、括弧内に（出撃機種、出撃機数、戦死者名と出撃当時の階級、戦死者合計数）を記す。

機種の名称であるが、陸軍航空特攻では、一式戦闘機『隼』は一式戦『隼』、九七戦闘機は『九七戦』、九八式直接協同偵察機は『九八直協偵』等のように、海軍神風特攻では、零式艦上戦闘機は『零戦』、九七式艦上攻撃機は『九七艦攻』、陸上爆撃機『銀河』は陸爆『銀河』等のように略称で記している。また、海軍神風特攻の准士官や下士官隊員の戦死時の階級も、飛行兵曹長は「飛曹長」、上等飛行兵曹は「上飛曹」、一等飛行兵曹は「一飛曹」、二等飛行兵曹は「二飛曹」、飛行兵長は「飛長」等のように略称としている。

また、特攻隊の場合は出撃基地がこの人たちの戦死地とする意見も聞く。本稿で出撃基地を記すのはこのことに拠る。ただし、本州空域での特攻は戦死地が特定されているので、それを記す。

特攻戦死者の総覧は、筆者が参考にした前記資料以外では、森本忠夫『特攻 外道の統率と人間の条件』（文藝春秋 一九九二）や小川武『特攻の実証』（鳥影社 二〇〇一）、原勝洋『真相 カミカゼ特攻』（KKベストセラーズ 二〇〇四）などの優れた先行研究がある。本稿ではこれらを参考にしながら、筆者なりの表記方法で工夫を施し、読者諸氏への参考に供したい。

すでに先行研究があるにもかかわらず、ここに敢えて一人ひとりの氏名を記す目的は、特攻戦死したこれら若い人たちの、その時に果した使命の重さと生命《いのち》の尊さを筆者自身が体感したかったからに他ならない。それでは、以下、大変に煩わしくはあるが、『特攻データベース』（筆者作成）に基づき、全航空特攻戦死者を記し、この人たちへの哀悼の意とさせていただく。

一九四四年（昭和一九年）

九月一三日（陸軍一部隊二機二名：海〇）

【陸軍】比島バコロド◆飛行第三一戦隊（一式戦『隼』二機 小佐井武士大尉 山下光義軍曹 以上二名）

一〇月一九日　（陸軍一部隊三機三名：海軍〇）
【陸軍】カーニコバル◆第一野戦補充飛行隊（一式戦『隼』三機　阿部信弘中尉　寺沢一夫曹長　中山紀正軍曹　以上三名）

一〇月二一日　（陸軍〇：海軍一部隊一機一名）
【海軍】比島セブ◆第一神風大和隊（『零戦』一機　久野好孚中尉　以上一名）

一〇月二三日　（陸軍〇：海軍一部隊一機一名）
【海軍】比島セブ◆第一神風大和隊（『零戦』一機　佐藤馨上飛曹　以上一名）

一〇月二五日　（陸軍〇：海軍七部隊一六機一八名）
【海軍】比島マバラカット◆第一神風敷島隊（『零戦』六機　関行男大尉　大黒繁男上飛曹　谷暢夫一飛曹　中野盤雄一飛曹　菅川操飛長　永峰肇飛長　以上六名）**◆第一神風彗星隊**（艦爆『彗星』一機　浅尾弘上飛曹　須内則男二飛曹　以上二名）**・比島ダバオ◆第一神風朝日隊**（『零戦』一機　上野敬一一飛曹　以上一名）**◆第一神風山桜隊**（『零戦』二機　滝沢光雄一飛曹　宮原田賢一一飛曹　以上二名）**◆第一神風菊水隊**（『零戦』二機　宮川正一飛曹　加藤豊文一飛曹　以上二名）**・比島セブ◆第一神風大和隊**（艦爆『彗星』一機　国原千里少尉　大西春雄飛曹長　『零戦』二機　大坪一男一飛曹　荒木外義飛長　以上四名）**◆第一神風若桜隊**（『零戦』一機　中瀬清久一飛曹　以上一名）

一〇月二六日　（陸軍〇：海軍一部隊七機七名）
【海軍】比島セブ◆第一神風大和隊（『零戦』七機　植村真久少尉　移川晋一一飛曹　塩田寛一飛曹　勝又富作一飛曹　日村助一二飛曹　五十嵐春雄二飛曹　勝浦茂夫飛長　以上七名）

一〇月二七日　（陸軍〇：海軍三部隊一〇機一九名）
【海軍】比島第二ニコルス◆第二神風義烈隊（艦爆『彗星』二機　近藤寿男中尉　作田一実上飛曹　戸村三郎一飛曹　松尾勲一飛曹　以上四名）**◆第二神風忠勇隊**（『艦爆・彗星』三機　山田恭司大尉　茂木利

夫飛曹長　山野登一飛曹　竹尾要一飛曹　岩下栄太郎二飛曹　玉森武次二飛曹　以上六名）◆第二神風誠忠隊（『九九艦爆』三機　五島知勇喜中尉　浦田末次郎一飛曹　佐藤早生一飛曹　安永晃三二飛曹　三上良作飛長　辻幸三飛長　以上六名）◆第二神風純忠隊（『九九艦爆』一機　上妻英樹上飛曹　横田正幸飛長　以上二名）・比島セブ◆第一神風大和隊（『零戦』一機　松村繁一飛曹　以上一名）

一〇月二八日　（陸軍〇：海軍一部隊一機二名）

【海軍】・比島セブ◆第二神風純忠隊（『九九式艦爆』一機　深堀直治大尉　松本賢飛曹長　以上二名）

一〇月二九日　（陸軍〇：海軍六部隊一四機二〇名）

【海軍】比島第一ニコルス・ニコルス海岸◆第一神風初桜隊（『零戦』三機　藤本寿一飛曹　野並哲一飛素　吉盛政利飛長　以上三機）◆第二神風義烈隊（艦爆『彗星』一機　大塚克己上飛曹　山崎幸栄一飛曹　以上二名）◆第二神風至誠隊（『九九艦爆』二機　団野功雄中尉　松元巌二飛曹　佐々安則飛長　前田文夫飛長　『零戦』二機　鈴木正一上飛曹　大田吉五郎飛長　以上六名）◆第二神風忠勇隊（艦爆『彗星』一機　小林祐吉一飛曹　野々山尚一飛曹　以上二名）・比島ニコルス海岸◆第二神風神兵隊（『九九艦爆』二機　藤本勇中尉　伊藤立政上飛曹　相田展生二飛曹　以上三名）◆第二神風神武隊（『九九艦爆』二機　坂田肇上飛曹　池田亘一飛曹　吉元武盛一飛曹　『零戦』一機　板倉正一一飛曹　以上四名）

一〇月三〇日　（陸軍〇：海軍一部隊八機八名）

【海軍】比島セブ◆第一神風葉桜隊（『零戦』八機　新井康平上飛曹　大川善雄一飛曹　山沢卓勝一飛曹　山下憲行一飛曹　広田幸宜一飛曹　嵜田清一飛曹　桜森文雄飛長　鈴木鐘一飛長　以上八名）

一一月一日　（陸軍〇：海軍五部隊八機一三名）

【海軍】比島第一ニコルス◆第二神風至誠隊（『九九艦爆』一機　津久井武男上飛曹　中島直上飛曹　以上二名）◆第二神風天兵隊（『九九艦爆』三機　土屋和夫中尉　伊達喬上飛曹　遠藤博文上飛曹　児玉雄光上飛曹　江口源七上飛曹　有馬敬二飛曹　『零戦』一機　小林浩一飛曹　以上七名）◆第二神風神兵隊

（『九九艦爆』一機 加藤壮一一飛曹 塚本貞雄飛長 以上二名）**◆第三神風梅花隊**（『零戦』一機 大下春男飛長 以上一名）・**比島マバラカット◆第三神風桜花隊**（『零戦』一機 黒谷康夫飛長 以上一名）

一一月二日 （陸軍〇：海軍一部隊四機四名）

【海軍】比島アンヘレス◆第三神風第二桜花隊（『零戦』四機 松岡良典上飛曹 一戸忠郎上飛曹 西牟礼晃上飛曹 福田武雄一飛曹 以上四名）

一一月五日 （陸軍一部隊一機五名：海軍二部隊四機四名）

【陸軍】比島リパ◆万朶隊（『九九軽爆』一機 岩本益臣大尉 川島孝中尉 安藤浩中尉 園田芳巳中尉 中川克己少尉候補 以上五名）

【海軍】比島マバラカット◆第三神風白虎隊（『零戦』二機 道坂孝男二飛曹 住本種一郎二飛曹 以上二名・）**◆第三神風左近隊**（『零戦』二機 大谷寅雄上飛曹 三浦清三九二飛曹 以上二機）

一一月六日 （陸軍〇：海軍一部隊三機五名）

【海軍】比島マバラカット◆第四神風鹿島隊（『九九艦爆』二機 吉田正毅飛曹長 石橋光上飛曹 蒲谷良平上飛曹 下平鶴三二飛曹 『零戦』一機 志賀敏美二飛曹 以上五名）

一一月七日 （陸軍一部隊一機二名：海軍〇）

【陸軍】比島マルコット◆富嶽隊（四式重爆『飛龍』一機 山本達夫中尉 浦田六郎軍曹 以上二名）

一一月一一日 （陸軍〇：海軍一部隊三機四名）

【海軍】比島マバラカット◆第四神風神崎隊（『九九艦爆』三機 **◆第四神風鹿島隊**（肝付良志上飛曹 以上一名）**◆第二神風神武隊**（吉村正二飛曹 以上一名）**◆第四神風神崎隊**（和久田道雄上飛曹 栗山登二飛曹 以上二名）

一一月一二日 （陸軍二部隊四機四名：海軍四部隊一八機一八名）

【陸軍】比島リパ◆万朶隊（『九九軽爆』三機 久保昌明曹長 生田留夫曹長 田中逸男曹長 以上三

名）・不明◆**独立飛行第二四中隊**（一式戦『隼』一機　渡辺史郎伍長　以上一名）

【海軍】レガスピー・アヘンレス◆第三神風第二白虎隊（『零戦』七機　鬼頭清一郎中尉　鯉沼綱夫一飛曹　中田久義一飛曹　木村忠雄一飛曹　朝倉秋雄二飛曹　杉田久治二飛曹　木内正光二飛曹　以上七名）・比島セブ◆**第三神風梅花隊**（『零戦』四機　尾辻是清中尉　和田八男三上飛曹　岡村恒三郎一飛曹　石本奥二飛長　以上四名）◆**第三神風第五聖武隊**（『零戦』三機　石岡義人上飛曹　馬場俊夫上飛曹　関根利三郎二飛曹　以上三名）・**比島マバラカット◆第三神風時宗隊**（『零戦』四機　達川猪和夫中尉　安田昇少尉　船岡睦雄二飛曹　原武貞己飛長　以上四名）

一一月一三日　（陸軍一部隊二機六名：海軍一部隊四機四名）

【陸軍】比島マルコット◆富嶽隊（四式重爆『飛龍』二機　西尾常三郎少佐　米津芳太郎少尉　柴田禎男少尉　国重武夫准尉　荘司楠一曹長　島村信夫曹長　以上六名）

【海軍】比島マバラカット◆第三神風正行隊（『零戦』四機　牧太郎中尉　安斉文治一飛曹　竹山茂太郎一飛曹　早田勝二飛曹　以上四名）

一一月一四日　（陸軍〇：海軍一部隊二機二名）

【海軍】比島アンヘレス◆第三神風山本隊（『零戦』二機　中島浩三中尉　神森義文一飛曹　以上二名）

一一月一五日　（陸軍二部隊三機四名：海軍〇）

【陸軍】**比島マルコット◆富嶽隊**（四式重爆『飛龍』一機　幸保栄治曹長　須永義次軍曹　以上二名）・比島リバ◆**万朶隊**（『九九軽爆』二機　石渡俊行軍曹　近藤行雄伍長　以上二名）

一〇月一八日　（陸軍一部隊四機四名：海軍一部隊三機三名）

【陸軍】比島バコロド◆飛行第二〇〇戦隊（四式戦『疾風』四機　中島尚文少尉　西功少尉　鎌田一郎曹長　吉野時二郎曹長　以上四名）

【海軍】比島セブ◆第三神風第八聖武隊（『零戦』三機　小原俊弘上飛曹　二木弘上飛曹　吉原久太郎二

飛曹　以上三名）
一一月一九日　　　　　　　　　　　　　　（陸軍〇：海軍四部隊九機一五名）
【海軍】比島第一ニコルス◆第三神風第二朱雀隊（『零戦』二機　多田圭太中尉　伊藤忠夫二飛曹　以上二名）・比島セブ◆**第三神風第九聖武隊**（『零戦』三機　磯野清夫上飛曹　原正彦上飛曹　高橋許人二飛曹　以上三名）・**比島マバラカット◆第三神風高徳隊**（『零戦』一機　永田碩上飛曹　以上一名）・出撃地不明◆**攻撃第五〇一飛行隊特別攻撃隊**（陸爆『銀河』三機　小尻義章大尉　畠山信中尉　富井孝次飛曹長　平野精一郎飛曹長　森田勝美飛曹長　石川忍上飛曹　海老原信上飛曹　八尾常次郎上飛曹　高橋愛太郎上飛曹　以上九名）
一一月二一日　　　　　　　　　　　　　　（陸軍〇：海軍一部隊一機三名）
【海軍】比島クラーク◆第五神風攻撃隊（陸爆『銀河』一機　加藤貞義少尉　赤坂正夫一飛曹　前畑勇飛長　以上三名）
一一月二四日　　　　　　　　　　　　　　（陸軍二部隊二機二名：海軍〇）
【陸軍】中央線上空◆飛行第四七戦隊（『機種不明』一機　見田義雄伍長　以上一名）比島マニラ◆**八紘第三隊靖国隊**（一式戦『隼』一機　村岡義人軍曹　以上一名）
一一月二五日　　　　　　　　（陸軍一部隊一機一名：海軍七部隊三〇機四〇名）
【陸軍】比島リパ◆万朶隊（『九九軽爆』一機　奥原英孝伍長　以上一名）
【海軍】比島マバラカット◆第三神風吉野隊（『零戦』八機　高武公美中尉　長谷川達上飛曹　河内山清治上飛曹　松村文雄上飛曹　布田孝一上飛曹　池田末広上飛曹　西尾芳朗二飛曹　永原茂木飛長　以上八名）◆**第四神風香取隊**（艦爆『彗星』二機　田辺正中尉　工藤太郎少尉　酒樹正一飛曹　山口善則一飛曹　以上四名）・**比島第一ニコルス◆第三神風第三高徳隊**（『零戦』五機　高月秀次郎上飛曹　加藤鼎上飛曹　小串明夫上飛曹　斉藤良知上飛曹　植竹功上飛曹　以上五名）・**比島セブ◆第三神風右近隊**（『零戦』四機

渡部一郎中尉　久村勝夫上飛曹　安元巌雄二飛曹　井上数雄二飛曹　以上四名）・**比島エチアゲ◆第三神風笠置隊**（『零戦』五機　鮎川幸男中尉　南義美少尉　渡辺正夫上飛曹　高井威衛上飛曹　藤本英敏二飛曹以上五名）・**比島クラーク◆第五神風疾風隊**（『零戦』二機　北野行雄上飛曹　出羽福三飛長　陸爆『銀河』二機　鈴木光雄上飛曹　中野竜明上飛曹　生駒重光上飛曹　竹崎正意上飛曹　前田操上飛曹　川田茂久上飛曹　以上八名）・**比島デゴス◆第五神風強風隊**（陸爆『銀河』二機　増田和夫上飛曹　上市三郎上飛曹　山口晴雄上飛曹　栗原淳上飛曹　服部秀男一飛曹　古川光男二飛曹　以上六名）

（陸軍二部隊五機九名：海軍一部隊四機四名）

一一月二六日

【陸軍】比島マニラ◆八紘第三隊靖国隊（一式戦『隼』一機　谷川昌弘少尉　以上一名）・**比島リバ◆薫空挺隊飛行第二〇八戦隊**（『零式輸』四機　大沢正弘中尉　桐村浩三中尉　五藤武准尉　寺島金馬准尉　北史曹長　高木弘曹長　田中正澄曹長　塚田弘曹長　以上八名）※薫空挺隊には台湾ネイテブが切込隊員として徴用されているが、その人たちの氏名は不明である。

【海軍】比島セブ◆第三神風第十聖武隊（『零戦』四機　長門達中尉　塩盛実上飛曹　矢野健一上飛曹　渡辺久夫二飛曹　以上　以上四名）

（陸軍一部隊一〇機一〇名：海軍三部隊一八機二〇名）

一一月二七日

【陸軍】比島マニラ◆八紘第一隊八紘隊（一式戦『隼』一〇機　田中秀志中尉　馬場駿吉少尉　道場七郎少尉　白石国光少尉　細谷幸吉少尉　寺田行二少尉　武内健一少尉　善家善四郎少尉　森本秀郎少尉　藤井信少尉　以上一〇名）

【海軍】比島セブ◆神風第二金剛隊（『零戦』一機　藤野康治一飛曹　以上一名）・**比島マバラカット◆第三神風春日隊**（『零戦』四機　犬塚教一飛曹長　川崎一義上飛曹　黒木親夫二飛曹　富田勝夫二飛曹　艦爆『彗星』二機　室町正義上飛曹　池口勇一飛曹　高橋仁一一飛曹　岩城稔飛長　以上八名）**出撃地不明◆第一御盾特別攻撃隊**（『零戦』一一機　木村謙次中尉　小野康徳飛曹長　司城三成上飛曹　北川磯高

上飛曹　加藤正人一飛曹　東進一飛曹　住田広行一飛曹　新堀清次飛長　明城哲飛長　高橋輝美飛長　上田祐次飛長　以上一一名）

一一月二九日　（陸軍一部隊六機六名：海軍〇）

【陸軍】比島マニラ◆八紘第三隊靖国隊（一式戦『隼』六機　秦音次郎少尉　大坪明少尉　松井秀雄伍長　石井一十四伍長　寺島忠正伍長　河島鉄蔵伍長　以上六名）

一二月三日　（陸軍一部隊一機一名：海軍〇）

【陸軍】三鷹上空**◆飛行第五三戦隊**（二式複戦『屠龍』一機　澤本政美軍曹　以上一名）

一二月四日　（陸軍〇：海軍一部隊一機三名）

【海軍】比島デゴス◆第五神風怒涛隊（陸爆『銀河』一機　佐藤貞広上飛曹　松井素美一飛曹　野々上侃二飛曹　以上三名）

一二月〇五日　（陸軍三部隊一三機一三名：海軍一部隊二機二名）

【陸軍】比島バコロド◆八紘第二隊一宇隊（一式戦『隼』三機　愛敬理少尉　大谷秋夫少尉　天野三郎少尉　以上三名）**◆八紘第六隊石腸隊**（『九九襲』七機　高石邦夫大尉　増田憲一少尉　山浦豊少尉　下柳田浩少尉　片岡正光少尉　大井隆夫少尉　市原哲雄少尉　以上七名）**・比島マニラ◆八紘第五隊鉄心隊**（『九九襲』三機　松井浩中尉　西山敬次少尉　長浜清伍長　以上三名）

【海軍】比島セブ◆第三神風第十一聖武隊（『零戦』二機　永島真上飛曹　宮田実飛長　以上二名）

一二月六日　（陸軍二部隊二機一〇名：海軍一部隊二機二名）

【陸軍】比島クラーク◆飛行第七四戦隊（百式重爆『呑龍』一機　中野福松軍曹　村上与一軍曹　金城敏盛軍曹　大西勲軍曹　海津（藤）稔軍曹　以上五名）**◆飛行第九五戦隊**（重爆『呑龍』一機　河野朝己曹長　佐藤嘉男曹長　和田定治曹長　柴田繁光軍曹　近藤秀臣軍曹　以上五名）

【海軍】比島セブ◆第三神風第一桜井隊（『零戦』二機　柿原正行上飛曹　鹿野政信二飛曹　以上二

名）

一二月七日　（陸軍九部隊二三機二六名：海軍四部隊二一機三二名）

【陸軍】比島マニラ◆八紘第一隊八紘隊（一式戦『隼』一機　粕川健一少尉　以上一名）**◆八紘第三隊靖国隊**（一式戦『隼』一機　五十嵐四郎伍長　以上一名）・**比島バコロド◆八紘第二隊一宇隊**（一式戦『隼』二機　喜田川等少尉　田中穣二少尉　以上二名）（一式戦『隼』七機　遠藤栄中尉　三上正久少尉　瀬川正俊少尉　牧野顕吉少尉　宮（冨）田淳作少尉　西村正英少尉　黒石川茂伍長　以上七名）**◆八紘第八隊勤皇隊**（二式複戦『屠龍』九機　山本卓美中尉　二瓶秀典少尉　東直次郎少尉　木村秀一伍長　勝又満伍長　増田良次伍長　白岩二郎伍長　片野茂伍長　林長守伍長　入江真澄伍長　以上一〇名）・「満州奉天」上空**◆満州蘭花隊**（『機種不明』春日園生准尉　以上一名）**◆飛行第一〇四戦隊**（『機種不明』一機　永田恵則曹長　明野吉博軍曹　以上二名）**◆独立飛行第二五中隊**（『機種不明』一機　池田忍軍曹　臼井默伍長　以上二名）

【海軍】比島マバラカット◆第三神風千早隊（『零戦』四機　池渕慎上飛曹　横林高文上飛曹　金高菊雄一飛曹　佐藤繁雄一飛曹　艦爆『彗星』一機　篠崎福四郎上飛曹　稲垣茂二飛曹　以上六名）・**比島セブ◆第三神風第五桜井隊**（『零戦』五機　矢野徹郎中尉　尾谷保上飛曹　本田今朝美一飛曹　広瀬静飛長　脇坂寅夫飛鳥　以上五名）**◆第三神風第七桜井隊**（『零戦』六機　辻谷敏男上飛曹　高井利次上飛曹　村上卓上飛曹　福田憲海二飛曹　河波敬造二飛曹　中村正利飛長　以上六名）**比島クラーク◆第五神風颶風隊**（陸爆『銀河』五機　田中高正中尉　大木篤少尉　島田明少尉　石井欣也少尉　佐藤周三上飛曹　高橋志郎上飛曹　小崎政明一飛曹　関秋夫一飛曹　森本元秋一飛曹　土井勇一一飛曹　滝沢幸一郎二飛曹　山本重幸二飛曹　安田一人二飛曹　吉川計治二飛曹　堀久飛長　以上一五名）

一二月八日　（陸軍一部隊一機一名：海軍〇）

【陸軍】比島バコロド◆八紘第六隊石腸隊（『九九襲』一機　伊藤誓昌少尉　以上一名）

一二月一〇日　（陸軍二部隊九機九名：海軍〇）
【陸軍】比島クラーク◆八紘第七隊丹心隊（一式戦『隼』六機　石田国夫中尉　永塚孝三少尉　佐々田真三郎少尉　大石栄少尉　梅原彰少尉　石村正敏少尉　以上六名）・**比島バコロド◆八紘第八隊勤皇隊**（二式複戦『屠龍』三機　湯沢豊曹長　北井正之佐軍曹　加藤和三郎伍長　以上三名）

一二月一一日　（陸軍〇：海軍一部隊六機六名）
【海軍】比島セブ◆神風第一金剛隊（『零戦』六機　杉尾忠中尉　鈴木清中尉　朝倉正一中尉　龍野彦次郎中尉　松葉三美上飛曹　澳博二飛曹　以上六名）

一二月一二日　（陸軍三部隊三機三名：海軍〇）
【陸軍】比島マニラ◆八紘第一隊八紘隊（一式戦『隼』一機　作道善三郎少尉　以上一名）・**比島バコロド◆八紘第六隊石腸隊**（『九九襲』一機　井樋太郎少尉　以上一名）◆八紘第七隊丹心隊（一式戦『隼』一機　岡二男少尉　以上一名）

一二月一三日　（陸軍三部隊四機四名：海軍一部隊四機四名）
【陸軍】名古屋上空◆独立飛行第一六中隊（『機種不明』一機　中村忠雄少尉　以上一名）・**比島バコロド◆八紘第二隊一宇隊**（一式戦『隼』一機　小野正義少尉　以上一名）・**出撃地不明◆飛行第二七戦隊**（二式複戦『屠龍』二機　平出英三少尉　佐藤正夫伍長　以上二名）
【海軍】比島セブ◆神風第二金剛隊（『零戦』四機　小松弘中尉　上原登上飛曹　松沢諭一飛曹　池田三義飛長　以上四名）

一二月一四日　（陸軍二部隊九機四七名：海軍三部隊一七機二〇名）
【陸軍】比島クラーク◆菊水隊飛行第七四戦隊と九五戦隊（百式重爆『呑龍』九機　井之内誠二郎大尉　丸山義正大尉　宮崎隆中尉　森三次中尉　藍原六弥（彌）少尉　吉野右吉准尉　芦田岩夫曹長　別所福一曹長　松下清馨曹長　荘田清曹長　千葉春雄曹長　椿彰曹長　川之上要曹長　枝元辰馬曹長　小林忠曹長

加藤只曹長　小林光五郎曹長　木平（谷）正平曹長　国広望曹長　堂用清曹長　戸田佐佳夫（久）曹長　登藤文六曹長　久美田勝美軍曹　谷正春軍曹　竹本義雄軍曹　田畑十蔵軍曹　不破次男軍曹　安田末晴軍曹　矢代一平軍曹　樋口長光軍曹　富田好之軍曹　渡辺政雄軍曹　石井武夫軍曹　篠崎運秀軍曹　佐藤正夫軍曹　橘利雄久軍曹　久保田勝作軍曹　丸山多喜男軍曹　森基親軍曹　吉水（永）忠弘軍曹　河井明軍曹　井手大蔵伍長　足立正義伍長　中本政次郎伍長　阿部幸夫伍長　泉川正宏伍長　浜平輝親伍長　以上四七名）

【海軍】比島セブ◆神風第三金剛隊（『零戦』五機　長谷川拓男中尉　鈴木孝一中尉　飯田義隆上飛曹　野末（田）甲子上飛曹　大川渡二飛曹　以上五名）・**比島シライ◆神風第五金剛隊**（『零戦』三機　片岡啓造中尉　中村修中尉　杮木初男二飛曹　以上三名）・**比島マバラカット◆神風第六金剛隊**（艦爆『彗星』三機　井口要之助少尉　山本平造上飛曹　関迪雄上飛曹　松尾保上飛曹　中村勇二飛曹　武部武治二飛曹『零戦』六機　門山孝中尉　萱野留雄中尉　青山義男中尉　石田完三中尉　上原和則中尉　神山敬中尉　以上一二名）

一二月一五日

（陸軍一部隊一機一名：海軍四部隊二三機二七名）

【陸軍】比島マニラ◆旭光隊飛行第七五戦隊（『九九軽爆』一機　森辰四郎軍曹　以上一名）

【海軍】比島セブ◆神風第七金剛隊（『零戦』五機　神島利則中尉　織田眞忼中尉　沢本裕嗣中尉　若林良茂上飛曹　佐藤国一上飛曹　以上五名）・比島マバラカット◆**神風第九金剛隊**・（『零戦』一四機　青木進大尉　塚（梶）原一郎中尉　太田雄三中尉　出井政義中尉　生島活人中尉　荒木輝夫中尉　松岡英雄中尉　鈴木稔中尉　宇野勇上飛曹　石塚茂上飛曹　恒岡喜代則一飛曹　大桑健児二飛曹　山本俊夫二飛曹　松本岩視飛長　以上一四名）・**比島第一ダバオ◆神風第十金剛隊**（『零戦』二機　小野光重中尉　山岡哲生上飛曹　以上二名）・**比島デゴス◆第五神風第一草薙隊**（陸爆『銀河』二機　西村克己少尉　平田康則一飛曹　清水左分郎一飛曹　星越勝二飛曹　宮田勇八二飛曹　岩崎次雄二飛曹　以上六名）

一二月一六日　（陸軍三部隊六機八名：海軍一部隊一二機一三名）
【陸軍】比島マニラ◆八紘第五隊鉄心隊（『九九襲』二機　志村政夫少尉　藤原義行少尉　以上二名）◆**旭光隊飛行第七五戦隊**（『九九軽爆』二機　鈴村尊二軍曹　丸山芳夫軍曹　以上二名）・**比島マルコット◆富嶽隊**（四式重爆『飛龍』二機　石川廣中尉　古沢幸紀曹長　本谷友雄曹長　丸山茂雄伍長　四名）
【海軍】比島マバラカット◆神風第十一金剛隊（艦爆『彗星』一機　坂江幸信一飛曹　田中勇飛長『零戦』一一機　辻誠夫大尉　瀬口政孝中尉　江橋厚二郎中尉　渕上善吾上飛曹　竹内彪一飛曹　我喜屋元次郎二飛曹　久保米（禾）三飛長　宮嵜（崎）博甲飛長　半田照穂飛長　伊東静男飛長　高橋成伍（吾）飛長　以上一三名）

一二月一七日　（陸軍二部隊三機三名：海軍〇）
【陸軍】比島クラーク◆精華隊第三〇戦闘飛行集団（四式戦『疾風』一機　松本一重伍長　一名）◆**八紘第七隊丹心隊**（一式戦『隼』二機　加治木文男少尉　斉藤行雄少尉　以上二名）

一二月一八日　（陸軍二部隊三機五名：海軍〇）
【陸軍】名古屋上空◆独立飛行第一六中隊（『機種不明』二機推測　鈴木茂男少尉　古後武雄准尉　中村靖曹長　関川栄太郎伍長　以上四名）・**比島マニラ◆　八紘第五隊鉄心隊**（『九九襲』一機　長尾熊夫曹長以上一名）

一二月二〇日　（陸軍三部隊五機五名：海軍〇）
【陸軍】比島クラーク◆精華隊第三〇戦闘飛行集団（四式戦『疾風』三機　村山光一軍曹　久永博軍曹三浦光一（市）軍曹　以上三名）・**比島マニラ◆若桜隊飛行第七五戦隊**（『九九軽爆』一機　余村五郎伍長　以上一名）・**比島リバ◆万朶隊**（『九九軽爆』一機　鵜沢邦夫軍曹　以上一名）

一二月二一日　（陸軍五部隊九機九名：海軍〇）
【陸軍】比島クラーク◆八紘第九隊一誠隊（一式戦『隼』一機　相川清司少尉　以上一名）・**比島マニラ**

◆八紘第一〇隊殉義隊（一式戦『隼』五機　敦賀真二中尉　日野二郎少尉　若杉是俊少尉　山崎武夫軍曹　門倉好也伍長　以上五名）**◆旭光隊飛行第七五戦隊**（『九九軽爆』一機　小林智軍曹　以上一名）・「**満州奉天**」**上空◆満州蘭花隊**（『機種不明』一機　西原盛雄少尉候補　以上一名）・**出撃地不明◆小泉隊飛行第八三戦隊**（『機種不明』一機　小泉康夫少尉　以上一名）

一二月二二日　（陸軍四部隊五機六名：海軍〇）

【陸軍】名古屋上空◆独立飛行第一六中隊（『機種不明』一機　高橋秀雄軍曹　以上一名）**◆明野教導飛行師団**（『機種不明』一機推測　広瀬吉雄少佐　川上修大尉　以上二名）・**比島バコロド◆八紘第六隊石腸隊**（『九九襲』一機　安達貢少尉　以上一名）・**比島マニラ◆八紘第一〇隊殉義隊**（一式戦『隼』二機　樋野三男雄少尉　林与次伍長　以上二名）

一二月二五日　（陸軍一部隊一機一名：海軍〇）

【陸軍】・比島クラーク◆精華隊飛行第一一戦隊（四式戦『疾風』一機　酒井久雄少尉　以上一名）

一二月二六日　（陸軍一部隊一機一名：海軍一部隊三機三名）

【陸軍】比島マニラ◆八紘第三隊靖国隊（一式戦『隼』一機　出丸一男中尉　以上一名）

【海軍】比島アンヘレス◆金鵄隊（『零戦』三機　田中占人一飛曹　小泉昭二飛長　豊田博飛長　以上三名）

一二月二七日　（陸軍二部隊二機二名：海軍〇）

【陸軍】東京上空◆飛行第五三戦隊（二式複戦『屠龍』一機　渡辺泰男少尉　一名）**◆飛行第一四四戦隊**（『機種不明』一機　吉田竹雄曹長　以上一名）

一二月二八日　（陸軍〇：海軍二部隊四機五名）

【海軍】・比島セブ◆神風第十四金剛隊（『零戦』三機　星野政己中尉　大塚明上飛曹　川渕静男一飛曹　以上三名）**比島不明◆神風月光隊**（『月光』一機　大友禄郎一飛曹　高橋安吉一飛曹　以上二名）

一二月二九日
（陸軍三部隊五機五名：海軍一部隊四機四名）
【陸軍】比島マニラ◆八紘第五隊鉄心隊（『九九襲』三機　星一二郎少尉　三木将司少尉　林利喜夫曹長　以上三名）◆**八紘第一〇隊殉義隊**（一式戦『隼』一機　高宮芳司伍長　以上一名）◆**旭光隊飛行第七五戦隊**（『九九軽爆』一機　奥村常雄伍長　以上一名）
【海軍】比島バガンダス◆神風第十五金剛隊（『零戦』四機　増田修中尉　小野田敏明一飛曹　山脇林二飛曹　伊藤弘二飛曹　以上四名）
一二月三〇日
（陸軍二部隊六機六名：海軍〇）
【陸軍】比島クラーク◆八紘第一二隊進襲隊（『九九襲』五機　大石豊少尉　久木元延秀少尉　澤田源二准尉　向瀬忠男軍曹　天池孝志軍曹　以上五名）◆**皇華隊飛行第四五戦隊**（二式複戦『屠龍』一機　秦友喜曹長　以上一名）

一九四五年（昭和二〇年）

一月一日
（陸軍〇：海軍一部隊一機一名）
【海軍】比島アンヘレス◆金鶏隊（『零戦』一機　徳野外次郎飛長　以上一名）
一月三日
（陸軍二部隊二機二名：海軍三部隊四機六名）
【陸軍】名古屋上空◆飛行第五五戦隊（『機種不明』一機　代田実中尉　以上一名）◆**飛行第五六戦隊**（『機種不明』一機　涌井俊郎中尉　以上一名）
【海軍】比島ラサン◆神風旭日隊（艦爆『彗星』一機　風間万年中尉　長谷川弘房上飛曹　以上二名）**比島セブ◆**神風第三十金剛隊（『零戦』二機　井野精蔵中尉　高島清中尉　以上二名）・**比島不明◆神風月光隊**（『月光』一機　田中竹雄飛曹長　梶原昇（舁）上飛曹　以上二名）
一月四日
（陸軍二部隊三機三名：海軍〇）

【陸軍】比島クラーク◆八紘第九隊一誠隊（一式戦『隼』二機　津留洋中尉　石川誠司少尉　以上二名）**◆八紘第一二隊進襲隊**（『九九襲』一機　小林直行軍曹　以上一名）

（陸軍三部隊七機七名：海軍二部隊一八機一九名）

一月五日

【陸軍】比島バコロド◆八紘第六隊石腸隊（『九九襲』三機　細田吉夫中尉　林甲子郎少尉　杉町研介少尉　以上三名）・**比島クラーク◆八紘第九隊一誠隊**（一式戦『隼』三機　進藤龍巳少尉　伊藤進少尉　大河原良之少尉　以上三名）**◆八紘第一二隊進襲隊**（『九九襲』一機　庄村覚太郎軍曹　以上一名）

【海軍】比島マバカット◆神風第十八金剛隊（『零戦』一七機　金谷真一大尉　長井正二郎中尉　桜井幹男中尉　北川直隆中尉　丸山隆中尉　井上啓中尉　船津安男中尉　市川猛中尉　中川一男上飛曹　杉田肇上飛曹　福崎貞二上飛曹　梶原喬由上飛曹　江口博上飛曹　篠山高一飛曹　藤山義彦一飛曹　出津正平一飛曹谷晴源二飛曹　以上一七名）**◆神風旭日隊**（艦爆『彗星』一機　井上茂夫一飛曹　幡野孝司一飛曹　以上二名）

（陸軍五部隊六機六名：海軍七部隊四二機四七名）

一月六日

【陸軍】比島マニラ◆八紘第五隊鉄心隊（『九九襲』撃二機　岩広智少尉　小川武士曹長　以上二名）**◆旭光隊飛行第七五戦隊**（『九九軽爆』一機　中村健三伍長　以上一名）・**比島バコロド◆八紘第六隊石腸隊**（『九九襲』一機　岡上直喜少尉　以上一名）・**比島クラーク◆八紘第一一隊皇魂隊**（二式複戦『屠龍』一機　春日元喜軍曹　以上一名）**◆皇華隊飛行第四五戦隊**（二式複戦『屠龍』一機　田代浩一郎少尉　以上一名）

【海軍】比島マバラカット◆神風第十九金剛隊（『零戦』一三機　青野豊大尉　磯部豊中尉　山下省治中尉　永富雅夫中尉　富沢幸光中尉　福山正通中尉　山田正文上飛曹　伊藤勝美上飛曹　串原麟八上飛曹　眞崎義男上飛曹　黒木典次二飛曹　青野国輝二飛曹　和田可臣飛長　以上一三名）**◆神風第二十金剛隊**（『零戦』五機　中尾邦為中尉　中野勇三少尉　千原昌彦上飛曹　谷内喜之上飛曹　後藤善一上飛曹　以上五

名）◆**神風第三十金剛隊**（『零戦』三機 坂本哲朗中尉 小林秀雄中尉 小林武雄中尉 以上三名）◆**神風旭日隊**（艦爆『彗星』二機 吹野匡中尉 三宅精策少尉 向吉建三一飛曹 花下道好一飛曹 以上四名）・**比島アンヘレス**◆**神風第二十二金剛隊**（『零戦』四機 吉原晋中尉 広田豊吉中尉 三宅輝彦中尉 黒沢厚二飛曹 以上四名）◆金鶏隊（『零戦』一機 福田良亮一飛曹 以上一名）・**比島ニコルス**◆**神風第二十三金剛隊**（艦爆『彗星』一機 奥居一郎上飛曹 石井隆上飛曹『零戦』一二機 平島仁中尉 園田勇中尉 綿引芳男中尉 加藤米男中尉 大森茂中尉 小玉酉治上飛曹 南里昭敏上飛曹 玉腰俊光一飛曹 佐々木輝雄一飛曹 小池富士夫一飛曹 井上義輝二飛曹 倉松房太二飛曹 以上一四名）・**比島クラーク**◆**神風八幡隊**（艦攻『天山』一機 磯野弘之少尉 藤田紀久雄二飛曹 繁縄精一飛長 以上三名）

一月七日　（陸軍二部隊四機四名：海軍三部隊九機一〇名）

【陸軍】比島マニラ◆**八紘第一〇隊殉義隊**（一式戦『隼』一機 東宏少尉 以上一名）◆**若桜隊飛行第七五戦隊**（『九九軽爆』三機 藤沼喜一伍長 七楽吉夫伍長 時本清舟伍長 以上三名）

【海軍】比島マバラカット◆**神風旭日隊**（艦爆『彗星』一機 斉藤喜一少尉 池島厚吉少尉 以上二名）**比島エチアゲ**◆**神風第二十八金剛隊**（『零戦』五機 遠野晴次中尉 高杉英彦中尉 熊倉三夫中尉 勝原道春一飛曹 平野光夫二飛曹 以上五名）◆**神風第二十九金剛隊**（『零戦』三機 眞鍋重（秀）信上飛曹 佐藤栄夫上飛曹 諸戸清司二飛曹 以上三名）

一月八日　（陸軍五部隊一四機一四名：海軍一部隊一機三名）

【陸軍】比島バコロド◆**八紘第六隊石腸隊**（『九九襲』三機 鈴木敏治少尉 上野哲弥少尉 時田芳造曹長 以上三名））・**比島クラーク**◆**八紘第九隊一誠隊**（一式戦『隼』三機 山本正直少尉 川野孝雄少尉 大原文雄少尉 以上三名）◆**八紘第一一隊皇魂隊**（二式複戦『屠龍』三機 三浦恭一中尉 倉知政勝曹長 寺田増生伍長 以上三名）◆**八紘第一二隊進襲隊**（『九九襲』二機 小串金作准尉 新浜新吉軍曹 以上二名）◆**精華隊飛行第三一戦隊**（一式戦『隼』三機 杉田繁少尉 中森孝敏少尉 田中了一伍長 以

上三名）
【海軍】比島クラーク◆神風八幡隊（艦攻『天山』一機　北村新一少尉　山口歳朗上飛曹　垣内次郎上飛曹　以上三名）

一月九日（陸軍三部隊四機五名：海軍三部隊六機六名）

【陸軍】東京上空◆二震天制空隊（『機種不明』一機　栗村尊准尉　幸満寿美軍曹　以上二名）・**小平上空◆五震天制空隊**（『機種不明』一機　丹下充之少尉　以上一名）・**比島クラーク◆八紘第九隊一誠隊**（一式戦『隼』二機　石橋嘉邦少尉　臼井秀夫少尉　以上二名）

【海軍】比島ニコルス◆神風第二十四金剛隊（『零戦』一機　児島茂二飛曹　以上一名）・**ツゲガラオ◆第二十五金剛隊**（『零戦』二機　村上惇中尉　鈴木眞造二飛曹　以上二名）**◆神風第二十六金剛隊**（『零戦』三機　上屋浩中尉　尾坂一男上飛曹　内海崇一飛曹　以上三名）

一月一〇日（陸軍五部隊八機八名：海軍〇）

【陸軍】比島バコロド◆八紘第四隊護国隊（一式戦『隼』一機　田辺茂雄伍長　以上一名）・**比島クラーク◆八紘第一一隊皇魂隊**（二式複戦『屠龍』一機　入江千之助伍長　以上一名）**◆皇華隊飛行第四五戦隊**（二式複戦『屠龍』一機　池内禎男中尉　以上一名）**◆精華隊飛行第三一戦隊**（一式戦『隼』四機　橋本精少尉　乃村敏一少尉　高橋金吾少尉　大室喜美雄伍長　以上四名）・**比島マルコット◆富嶽隊**（四式重爆『飛龍』一機　曾我邦夫大尉　以上一名）

一月一二日（陸軍六部隊二九機三二名：海軍〇）

【陸軍】比島マニラ◆旭光隊飛行第七五戦隊（『九九軽爆』五機　長幹男少尉　大山豊司軍曹　笹田亮一伍長　小池聖伍長　石毛秀夫伍長　以上五名）・**比島マルコット◆富嶽隊**（四式重爆『飛龍』一機　根本基夫大尉　進藤浩康大尉　宇田富福伍長　以上三名）・**比島クラーク◆精華隊飛行第一一戦隊**（四式戦『疾風』一〇機　三浦廣四郎少尉　加藤昌一少尉　鹿児島澄行少尉　浅井四郎少尉　志田新八郎少尉　小池義太

郎少尉　太田義晴少尉　大木健少尉　林正信少尉　上田与志則曹長　以上一〇名）◆皇華隊飛行第四五戦隊（二式複戦『屠竜』二機　中尾儀一曹長　斉藤碩二軍曹　以上二名）◆精華隊第三〇戦闘飛行集団（四式戦『疾風』一一機　中尾孫二郎少尉　鎌田孝少尉　渡辺与史郎軍曹　植木秀五郎軍曹　片江好軍曹　小川定雄軍曹　近江正軍曹　田中二郎伍長　三堀一作伍長　小林拾春伍長　遠藤正七伍長　以上一一名）・出撃地不明◆小泉隊飛行第八三戦隊（『機種不明』一機　久住国男准尉　以上一名）

一月一三日　（陸軍一部隊二機二名：海軍〇）

【陸軍】比島クラーク◆精華隊第三〇戦闘飛行集団（四式戦『疾風』二機　吉田修少尉　梶田七之助伍長　以上二名）

一月一四日　（陸軍一部隊一機一名：海軍〇）

【陸軍】出撃地不明◆誠第一五飛行隊（『九九軽爆』一機　沢田久雄中尉　以上一名）

一月一五日　（陸軍〇：海軍一部隊一機一名）

【海軍】台湾台中◆神風第一新高隊（『零戦』一機　森岡光治一飛曹　以上一名）

一月二一日　（陸軍〇：海軍三部隊一一機一六名）

【海軍】台湾台南◆神風新高隊（艦爆『彗星』五機　西田幸三中尉　高島陸人少尉　平井孝二少尉　安留亀市一飛曹　沢田光雄一飛曹　杉山喜一郎一飛曹　新田四郎一飛曹　宮野健次郎二飛曹　山下信博飛長　福島昇飛長　以上九名）◆神風第一航空艦隊零戦隊（『零戦』二機　堀口吉秀少尉　藤波良信飛長　以上二名）・比島ツゲガラオ◆神風第三新高隊（『零戦』四機　川添実大尉　斉藤精一大尉　右松岩雄一飛曹　小川昇一飛曹　以上四名）

一月二三日　（陸軍一部隊一機一名：海軍〇）

【陸軍】不明◆誠第一五飛行隊（『九九軽爆』一機　堀三郎伍長　以上一機）

一月二五日　（陸軍〇：海軍一部隊一機一名）

【海軍】比島ツゲガラオ◆神風第二十七金剛隊（『零戦』一機　住野英信中尉　以上一名）

一月二七日　（陸軍三部隊三機五名：海軍〇）

【陸軍】千葉上空◆常陸教導飛行師団（『機種不明』一機　小林雄一軍曹　鯉淵夏夫伍長　以上二名）・**東京上空◆二震天制空隊**（『機種不明』一機　鈴木精曹長　以上一名）**◆五震天制空隊**（『機種不明』一機　高山正一少尉　安藤喜良軍曹　以上二名）

一月二九日　（陸軍一部隊二機三四名：海軍〇）

【陸軍】スマトラ南西◆七生皇楯第二飛行隊（四式重爆『飛龍』二機　加藤仁之少佐　大橋彦一大尉　福永夏月中尉　木藤勇准尉　佐々木豊男准尉　青江隆治曹長　佐伯克己曹長　柳沢一郎曹長　秋吉辰巳曹長　石本日出雄曹長　多田栄作曹長　猿谷二司夫曹長　谷川作次曹長　岡部清軍曹　大平貞雄軍曹　福田順次軍曹　藤野憲秀軍曹　岩見弘軍曹　中村繁人軍曹　松比良栄光軍曹　高見士郎軍曹　谷本薫軍曹　明城周一軍曹　村中公一軍曹　笹葉一馬軍曹　大石哲夫伍長　三浦信一郎伍長　中村正直伍長　表吉運伍長　石本広司伍長　金丸清興伍長　滝口誠伍長　高橋仁一伍長　西原恒次郎伍長　以上三四名）

一月三一日　（陸軍〇：海軍一部隊一機一名）

【海軍】出撃地不明◆神風第二新高隊（『零戦』一機　関口哲男大尉　以上一名）

二月一〇日　（陸軍三部隊三機三名：海軍〇）

【陸軍】太田上空◆飛行第四七戦隊（『機種不明』一機　吉沢平吉中尉　以上一名）・**北関東上空◆第一練成飛行隊**（『機種不明』一機　倉井利三少尉　以上一名）・**筑波山上空◆飛行第二四四戦隊**（『機種不明』一機　梅原三郎伍長　以上一名）

二月一九日　（陸軍一部隊二機二名：海軍〇）

【陸軍】東京山梨上空◆飛行第五三戦隊（二式複戦『屠龍』二機　広瀬治少尉　山田健治伍長以上二名）

二月二一日
（陸軍〇：海軍一部隊二一機四三名）
【海軍】八丈島◆神風第二御盾隊（艦爆『彗星』一〇機 村川弘大尉 飯島晃中尉 木下茂少尉 原田喜太男飛曹長 幸松正則上飛曹 青木孝充上飛曹 小石政雄上飛曹 牧光廣上飛曹 下村千代吉上飛曹 戸倉勝二上飛曹 小松武上飛曹 石塚元彦上飛曹 小山照夫上飛曹 田中武夫一飛曹 三宅重男一飛曹 伊藤正一一飛曹 池田芳一一飛曹 大久保勲一飛曹 水畑辰雄二飛曹 北爪円三二飛曹 艦攻『天山』六機 桜庭正雄中尉 中村吉太郎少尉 佐川保男少尉 村井明夫上飛曹 窪田高市上飛曹 岩田俊雄上飛曹 中村伊十郎上飛曹 小島三良上飛曹 稗田一幸一飛曹 原口章雄一飛曹 鈴木辰蔵一飛曹 清水邦夫二飛曹 川原茂二飛曹 叶之人二飛曹 和田時次二飛曹 小山良知二飛曹 竹中友男二飛曹 信太広蔵二飛曹 『零戦』五機 茨木速中尉 岡田金三二飛曹 志村雄作上飛曹 森川博一飛曹長 長与走二飛曹 以上四三名）

三月一日
（陸軍一部隊二機二名：海軍一部隊一機二名）
【陸軍】スマトラ北西◆第七一独立飛行中隊（一式戦『隼』二機 島田光男曹長 吉川春雄軍曹 以上二名）
【海軍】八丈島◆神風第二御盾隊（艦爆『彗星』一機 小林善男上飛曹 川崎直飛長 以上二名）

三月一一日
（陸軍〇：海軍一部隊一五機五三名）
【海軍】鹿屋◆菊水部隊梓特別攻撃隊（陸爆『銀河』一四機 福田幸説大尉 大岡高志大尉 宮沢宏男中尉 根尾久男中尉 高久健一少尉 福島元康少尉 大久保次郎上飛曹 桑村坦上飛曹 早坂祐次上飛曹 太田健司上飛曹 井貝武志上飛曹 下楠園緑上飛曹 山本博泰上飛曹 原田幸男上飛曹 高橋政市上飛曹 田山亥志雄上飛曹 三ヶ田清馬一飛曹 山本国男一飛曹 西田信義一飛曹 清水徳市一飛曹 岩崎幸三一飛曹 阿南正範一飛曹 玉井良登一飛曹 斉藤善実一飛曹 松木義友一飛曹 桐畑人明一飛曹 葛佐直道二飛曹 林栄一二飛曹 河村秀之二飛曹 新井喜一二飛曹 馬場一雄二飛曹 西（宮）川茂勝二飛曹 横山侃昭二飛曹 原田昭和二飛曹 幡勇二飛曹 磯部定男二飛曹 三輪秀夫飛長 吉岡実飛長 藤川益男飛長 松

井光明飛長　中野至康飛長　『二式大艇』一機　杉田正治中尉　高橋正少尉　堀越武雄上飛曹　関文武上飛曹　古茂田蓮正上飛曹　新谷睦志上飛曹　古茂田蓮三上飛曹　牧田裕一飛曹　小山弥五郎一飛曹　栗原続二飛曹　須賀正久二飛曹　久川孝夫飛長　加藤幸次飛長　以上五三名）

三月一七日　（陸軍一部隊一機一名：海軍〇）

【陸軍】神戸上空◆飛行第五六戦隊（『機種不明』一機　緒方醇一大尉　以上一名）

三月一八日　（陸軍〇：海軍四部隊三〇機六三名）

【海軍】鹿屋・大分・築城◆神風菊水部隊銀河隊（陸爆『銀河』八機　宇野篤大尉　船永輝郎大尉　坂口明嘉中尉　嘉多山哲少尉　小川登少尉　上杉丈助飛曹長　大林仲（伸）治上飛曹　林田克己上飛曹　西谷増吉上飛曹　米本米吉上飛曹　村川勝夫上飛曹　桧山芳香上飛曹　村上益雄上飛曹　西村敬之助上飛曹　米（末）満輝繁上飛曹　相川豊一飛曹　本假屋孝夫一飛曹　渡部春雄一飛曹　柳川末一二飛曹　醍醐一利二飛曹　西山典郎二飛曹　大日方忠直二飛曹　岡田春人二飛曹　寺門敏行飛長　以上二四名）・**第一国分◆神風菊水部隊彗星隊第一次攻撃隊**（艦爆『彗星』一〇機　野間茂中尉　葛和善治少尉　小山康衡少尉　木村潔少尉　久保田秀生少尉　石井隆上飛曹　西島忠治上飛曹　松原清上飛曹　猿渡弘上飛曹　市川未人一飛曹　佐々木栄治一飛曹　金山一雄二飛曹　勝俣市太郎二飛曹　中川茂男飛長　岡本寿夫飛長　古長正好飛長　小網十九雄飛長　黒田和三郎飛長　小野庄治飛長　『零戦』二機　江崎志満夫一飛曹　白川一男飛長　以上二一名）**◆神風菊水部隊彗星隊第二次攻撃隊**（艦爆『彗星』五機　岩上一郎中尉　田島一男少尉　田中精之助少尉　小崎朗上飛曹　滝理吉上飛曹　湯浅正三上飛曹　山下利之二飛曹　市毛喜代夫二飛曹　益岡政一二飛曹　『零戦』一機　堀井正四少尉　以上一〇名）・**第二国分◆神風菊水部隊彗星隊第三次攻撃隊**（艦爆『彗星』四機　平田博一中尉　野宮仁平少尉　畠中良成少尉　植村平一飛曹　助田義一二飛曹　小野塚一江二飛曹　三鬼照一飛長　藤園勝飛長　以上八名）

三月一九日　（陸〇：海軍五部隊一九機四三名）

【海軍】鹿屋・出水◆神風菊水部隊銀河隊（陸爆『銀河』五機　金指勲大尉　鎌倉甚平少尉　井上善弘飛曹長　大元良雄上飛曹　馬渕哲男上飛曹　河野通上飛曹　川口実上飛曹　宮本三滝一飛曹　緒方春雄一飛曹　土田登二飛曹　柏崎次男二飛曹　広沢文夫二飛曹　平田寛飛長　高橋要飛長　泉常良飛長　以上一五名）**第一国分◆神風菊水部隊彗星隊第四次攻撃隊**（艦爆『彗星』八機　川口富司大尉　柏井宏大尉　天野一史中尉　藤田春男中尉　坂田明治中尉　出島広良少尉　川畑弘作少尉　福西（岡）一隆少尉　西口速雄飛曹長　山下敏平飛曹長　北村良二上飛曹　千野五郎上飛曹　飯塚英一上飛曹　宮下万次郎上飛曹　長谷川次郎一飛曹　上田元太郎飛長　以上一六名）**◆神風菊水部隊彗星隊第六次攻撃隊**（艦爆『彗星』一機　竹川福一一飛曹　石黒喜八飛長　以上二名）・**第二国分◆神風菊水部隊彗星隊第五次攻撃隊**（艦爆『彗星』三機　中村恒夫大尉　山路博中尉　高梨総理少尉　関矢忠雄上飛曹　木村福松一飛曹　山口春一一飛曹　以上六名）**◆神風菊水部隊彗星隊第七次攻撃隊**（艦爆『彗星』二機　斎藤幸雄少尉　夏目康少尉　大矢武二飛曹　山元當四郎飛長　以上四名）

三月二〇日　（陸軍〇：海軍二部隊一一機二二名）

【海軍】鹿屋・大分◆神風菊水部隊銀河隊（陸爆『銀河』二機　坂口昌三大尉　竹園良光飛曹長　柳本拓郎飛曹長　大川軍平飛曹長　清水松四郎上飛曹　梅木留治飛長　以上六名）・**第二国分◆神風菊水部隊彗星隊第八次攻撃隊**（艦爆『彗星』七機　熊沢孝飛曹長　大谷吉雄上飛曹　佐藤甲上飛曹　森下亮一郎上飛曹　槇（植）田利夫一飛曹　栗沢栄吉一飛曹　谷本七郎一飛曹　福下良和一飛曹　宮本才次郎飛長　稲生康夫飛長　根上義茂飛長　寺道好美飛長　中島茂夫飛長　原田幸飛長『零戦』二機　寛応隆中尉　佐藤清一飛曹　以上一六名）

三月二一日　（陸軍〇：海軍二部隊五五機一九六名）

【海軍】鹿屋◆第一神風神雷部隊桜花隊（『桜花』一五機　三橋謙太郎大尉　村井彦四郎中尉　緒方襄（褒）中尉　久保明中尉　杉本仁兵上飛曹　山崎重二上飛曹　江上元治一飛曹　重松義市一飛曹　嶋（島）

村中一飛曹 野口喜良一飛曹 服部吉春一飛曹 軽石正治二飛曹 豊田義輝二飛曹 矢萩達雄二飛曹 清水昇二飛曹『一式陸攻』一八機 野中五郎少佐 佐久間洋幸大尉 西原雅四郎大尉 甲斐弘之大尉 荒井等中尉 柳正徳中尉 古関健治中尉 小原正義中尉 椛沢義雄中尉 上田四郎少尉 松井清少尉 関野喜太郎少尉 内田正次郎少尉 粕谷義蔵少尉 佐村義雄少尉 角勉少尉 土倉勉少尉 成尾新五少尉 深沢功飛曹長 木村信一飛曹長 長谷川俊夫飛曹長 駒敏次飛曹長 吉永正夫飛曹長 植村正次郎飛曹長 沼野利郎飛曹長 松村司飛曹長 高木信夫飛曹長 瀬尾佸三飛曹長 黒木高三上飛曹 前山昭利上飛曹 中村福住上飛曹 渋谷八郎上飛曹 桝井清上飛曹 宮田信吉上飛曹 梶内芳唯上飛曹 常岡祥夫上飛曹 山下功上飛曹 山川軍治上飛曹 川村勝喜上飛曹 山本精上飛曹 木下忠雄上飛曹 松岡源八上飛曹 内垣清上飛曹 林田満上飛曹 阿部寅一上飛曹 落合正二上飛曹 作元政明上飛曹 仁平守上飛曹 有働熊雄上飛曹 橋口敏男上飛曹 柳原武雄上飛曹 田北武文上飛曹 大滝五郎上飛曹 木原忠造上飛曹 石橋三郎上飛曹 田中晃上飛曹 美並義治上飛曹 谷清郷上飛曹 石倉伝四郎上整曹 川畑清上整曹 原益男上整曹 竹谷駒吉上整曹長 座間幸之助上整曹 三上清上整曹 三谷清上整曹 皆川喜助一飛曹 伊井俊夫一飛曹 後藤志郎一飛曹 徳田勇一飛曹 河井近士一飛曹 大日向三郎一飛曹 古賀学一飛曹 芳木幸義一飛曹 竹内靖一飛曹 吉田義男一飛曹 守田賀重一飛曹 寺岡昇（舁）一飛曹 小栗正夫一飛曹 渡辺徹一飛曹 青木保夫一飛曹 福田安夫一整曹 湯沢康男二飛曹 高橋幸太郎二飛曹 元親伝二飛曹 松尾登美雄二飛曹 鈴木光雄二飛曹 有末辰三二飛曹 跡辺武二郎二飛曹 棚橋芳雄二飛曹 谷塚梅三二飛曹 橋本幸男二飛曹 胡桃経雄二飛曹 町田光正二飛曹 石垣当晃二飛曹 鳥雄順次郎二飛曹 亀田尚吉二飛曹 山村繁二飛曹 横田正英二飛曹 本間冨久司二飛曹 会沢平四郎二飛曹 田中一貴二飛曹 穂積鉄一二飛曹 鈴木実二飛曹 鶴丸帇吉二飛曹 松島武雄二飛曹 吉羽浦治郎二整曹 岩本徹二整曹 小田重男二整曹 江部英夫二整曹 山内厚重二整曹 富山勇二整曹 八島養七二整曹 会沢寿造二整曹 山田一雄二整曹 寺西博二整曹 藤井勇二整曹 手塚晴好飛長 遠藤欽一飛長 田口末吉飛長 藤岡和夫飛長 新美昭二飛長 塩崎竹千代飛長 松原保飛長

江波戸輝行飛長　坂本新一飛長　塩田利雄飛長　田房力飛長　早川忠雄飛長　加藤帍雄飛長　高（沢）橋利三郎飛長　野沢金三飛長　内田寛飛長　植木繁男飛長　岡安弘飛長　茂木晃飛長『零戦』一〇機　伊沢勇一大尉　漆山睦雄大尉　杉下安佑中尉　堀川秀弥少尉　諸藤大輔上飛曹　中野俊一上飛曹　村上康次郎上飛曹　津田五郎上飛曹　小林一善上飛曹　徳永幸雄一飛曹　以上一六〇名）・**鹿屋・宮崎・出水◆神風菊水部隊銀河隊**（陸爆『銀河』一二機　河野清二中尉　馬場繁郎中尉　後藤紀雄少尉　吉岡勝少尉　池永弘飛曹長　小林光飛曹長　久保田吉朗飛曹長　佐藤勇上飛曹　蔵本閑男上飛曹　福田喜好上飛曹　菊池孝行上飛曹　山下義春上飛曹　中川勇上飛曹　氏家弘上飛曹　寺田勇上飛曹　飯竹甲子郎上飛曹　小沢清上飛曹　岡本喜治上飛曹　横井伸一飛曹　神田為雄一飛曹　大野三郎一飛曹　中原末美一飛曹　有村正視一飛曹　中尾勝太郎一飛曹　山崎祐則一飛曹　朝日奈登一飛曹　加藤一市一飛曹　村田豊一飛曹　鍛治谷清一一飛曹　荒井章一飛曹　角田利男二飛曹　岩崎聡二飛曹　山口昭二二飛曹　岡本行雄飛長　木原武雄飛長　石田武雄飛長　以上三六名）

三月二四日　（陸軍〇：海軍一部隊一機二名）

【海軍】小禄◆神風小禄彗星隊（艦爆『彗星』一機　米森義治上飛曹　前橋典美二飛曹　以上二名）

三月二五日　（陸軍〇：海軍二部隊五機一三名）

【海軍】小禄◆神風小禄彗星隊（艦爆『彗星』一機　石川貫二中尉　石渕利也少尉　以上二名）・**台湾台中◆神風武勇隊**（艦爆『彗星』一機　軽部哲夫飛曹長　吉川正志二飛曹（陸爆『銀河』三機　脇坂春男上飛曹　薄井栄一飛曹　中村隆逸一飛曹　深井末雄一飛曹　高橋耕一一飛曹　石井伸雄一飛曹　西村勇二飛曹　竹岡明男二飛曹　森田利平二飛曹　以上一一名）

三月二六日　（陸軍二部隊一〇機一〇名：海軍〇）

【陸軍】石垣島◆独立飛行第二三中隊（三式戦『飛燕』六機　阿部久作少尉　廣瀬秀夫軍曹　岩本光守軍曹　金井勇軍曹　長野光宏軍曹　須賀義榮軍曹　以上六名）◆**誠第一七飛行隊**（『九九襲』四機　伊舎堂

用久大尉 芝崎茂少尉 川瀬嘉紀少尉 黒田釋軍曹 以上四名）

三月二七日 （陸軍二部隊一一機一一名：海軍二部隊一三機三一名）

【陸軍】沖縄◆独立飛行第四六中隊（『九九襲』二機 谷川廣士軍曹 三竹忍伍長 以上二名）◆誠第三二飛行隊（『九九襲』九機 廣森達郎中尉 清宗孝己少尉 林一満少尉 伊福孝軍曹 今野勝郎軍曹 島田貫三軍曹 今西修軍曹 出戸榮吉軍曹 大平定雄伍長 以上九名）

【海軍】宮崎◆神風第一銀河隊（陸爆『銀河』五機 太田博中尉 大井好美中尉 高橋惣吾中尉 峰（峯）政幸夫上飛曹 福島照夫上飛曹 赤沼今朝幸上飛曹 杉浦忠三上飛曹 松田栄一飛曹 工藤八郎一飛曹 南里正利一飛曹 谷野良秋一飛曹 山滝信一一飛曹 井上誠次郎一飛曹 田中三人一飛曹 筒井武彦二飛曹 以上一五名）・喜界島◆神風菊水部隊第二彗星隊（艦爆『彗星』八機 佐藤一義少尉 谷節夫一少尉 藤丸哲上飛曹 高橋柴寿雄上飛曹 武士精三一飛曹 船橋良三一飛曹 青木清一飛曹 広田繁次郎一飛曹 椿昇（昇）一飛曹 田中巽二飛曹 横山作二二飛曹 細江史朗二飛曹 内田続二飛曹 木場愛二飛曹 正木広二飛曹 菱沼一飛長 以上一六名）

三月二八日 （陸軍一部隊五機五名：海軍〇）

【陸軍】沖縄◆独立飛行第四六中隊（『九九襲』五機 鶴見國士郎少尉 上宮賢了少尉 青木健二軍曹 美坂洋男伍長 吉野芳積伍長 以上五名）

三月二九日 （陸軍三部隊六機六名：海軍一部隊二機四名）

【陸軍】知覧◆第四〇振武隊（『九七戦』一機 小林威夫戦死後中尉 以上一名）◆誠第一七飛行隊（『九九襲』一機 安原正文少尉 以上一名）◆誠第四一飛行隊（『九七戦』四機 高祖一少尉 堀口政則軍曹 小川真一軍曹 大河正明（朴東薫）伍長 以上四名）

【海軍】第一国分◆神風菊水部隊第二彗星隊（艦爆『彗星』二機 菊地久中尉 川野巌少尉 山本治少尉 伴隆一飛曹 以上四名）

三月三〇日 （陸軍一部隊一機一名：海軍〇）

【陸軍】知覧◆第二〇振武隊（一式戦『隼』一機 吉田市戦死後中尉 以上一名）

三月三一日 （陸軍一部隊三機三名：海軍〇）

【陸軍】徳之島◆誠第三九飛行隊（一式戦『隼』三機 笹川勉大尉 高橋晋二少尉 瓜田忠治伍長 以上三名）

四月一日 （陸軍六部隊二一機二一名：海軍三部隊一〇機二三名）

【陸軍】知覧◆第二〇振武隊（一式戦『隼』一機 山本秋彦少尉 以上一名）**◆第二三振武隊**（『九九襲』四機 伍井芳夫大尉 金子龍雄准尉 藤野政行曹長 大橋治男曹長 以上四名）・**万世◆飛行第六五戦隊**（一式戦『隼』一機 久保貞次軍曹 以上一名）・**新田原◆誠第三九飛行隊**（一式戦『隼』六機 吉本勝吉少尉 宮永卓少尉 面田定雄少尉 税田存軍曹 内村重二軍曹 松岡己義伍長 以上六名）・**石垣島◆誠第一七飛行隊**（『九九襲』二機 久保元治郎少尉 有馬達郎伍長 以上二名）**◆飛行第一七戦隊**（三式戦『飛燕』七機 平井俊光中尉 国谷弘潤少尉 西尾卓三少尉 児子國高少尉 勝又敬少尉 西川福治軍曹 照崎善久軍曹 以上七名）

【海軍】鹿屋◆第二神風神雷部隊桜花攻撃隊（『桜花』三機 山内義夫一飛曹 麓岩男一飛曹 峯苫五雄二飛曹 以上三名 『一式陸攻』二機 宮原正少尉 松井昇上飛曹 後藤文衛上飛曹 小松勉上飛曹 谷口三男一飛曹 高瀬正司一飛曹 辻忠弘一飛曹 松本勉一飛曹 田川喜八郎二飛曹 村岡正二飛曹 実松春吉二整曹 村橋伴睦二整曹 宮川千代蔵飛長 高橋雄三郎飛長 以上一四名）・**石垣島◆神風第一大義隊**（『零戦』四機 清水武中尉 酒井正俊中尉 大田静輝二飛曹 松岡清治二飛曹 以上四名）・**台湾新竹◆神風忠誠隊**（艦爆『彗星』一機 床尾勝彦中尉 多田恒夫上飛曹 以上二名）

四月二日 （陸軍三部隊一一機一二名：海軍四部隊一六機二八名）

【陸軍】知覧◆第二〇振武隊（一式戦『隼』二機 長谷川實大尉 山本英四少尉 以上二名）・**徳之島◆**

飛行第六六戦隊（『九九襲』一機 高山昇（崔貞根）中尉 飯沼良一軍曹 以上二名）・**宮古島◆誠第一一四飛行隊**（二式複戦『屠龍』八機 矢作一郎少尉 原照雄少尉 竹田光興少尉 井上忠男軍曹 大井清三郎伍長 馬締安正伍長 伊藤喜三伍長 藤井広馬伍長 以上八名）

【海軍】鹿屋◆神風神雷部隊第一建武隊（『零戦』四機 矢野欣之中尉 米田豊中尉 佐々木忠夫二飛曹 岡本耕安二飛曹 以上四名）・**宮崎◆神風第二銀河隊**（陸爆『銀河』一機 木村義雄中尉 森正勝上飛曹 中島褒一上飛曹 以上三名）・**第二国分◆神風第三草薙隊**（『九九艦爆』一〇機 渡辺浄中尉 永尾博中尉 笠原越郎少尉 厚地兼之輔少尉 吉武淑郎少尉 菊地利夫少尉 江沢敏夫少尉 奥村周一少尉 近藤清少尉 久保登喜大少尉 鹿野茂候補生 萩田祥敬候補生 大塚晟夫候補生 遠藤徳武候補生 吉田武夫候補生 吉田弘資候補生 上村須佐夫上飛曹 竹村久志二飛曹 犬飼成二二飛曹 井上信高二飛曹 以上二〇名）・**石垣◆神風第二大義隊**（『零戦』一機 伊藤喜代治中尉 以上一名）

四月三日

（陸軍五部隊二〇機二一名：海軍六部隊二一機三四名）

【陸軍】知覧◆第二二振武隊（一式戦『隼』二機 藤山二典中尉 伊東信夫少尉 以上二名）**◆第二三振武隊**（『九九襲』五機 柴本勝美少尉 塩島精一少尉 前田啓少尉 清水保三軍曹 豊崎儀治軍曹 以上五名）・**万世◆第六二振武隊**（『九九襲』一機 石川一彦戦死後大尉 杉田繁敏戦死後中尉 以上二名）・**新田原◆誠第三二飛行隊**（『九九襲』六機 小林勇少尉 結城尚弼（金尚弼）少尉 時枝宏軍曹 佐藤正伍長 佐藤英實伍長 古屋吾朗伍長 以上六名）・**石垣島◆飛行第一〇五戦隊**（三式戦『飛燕』六機 長谷川濟少尉 小川多透軍曹 丸林（山）仙治軍曹 石田勝軍曹 永田一雄軍曹 山本（元）正巳軍曹 以上六名）

【海軍】鹿屋◆神風神雷部隊第二建武隊（『零戦』六機 西伊和男中尉 杉本徳義一飛曹 木村元一一飛曹 篠崎実一飛曹 村田玉男二飛曹 井口出二飛曹 以上六名）・**第一国分◆神風第三御盾隊二五二部隊**（『零戦』二機 本田武夫中尉 本城猛上飛曹 艦爆『彗星』二機 大塚一俊中尉 島内省太上飛曹 桑原清

作郎上飛曹　目黒成雄二飛曹　以上六名）◆**神風第三御盾隊六〇一部隊**（艦爆『彗星』四機　寺岡達二大尉　安部茂夫中尉　川部裕少尉　米谷克躬少尉　古橋達夫少尉　五井武男上飛曹　今村信久上飛曹　小田憲治二飛曹　以上八名）・**宮崎**◆**神風第三銀河隊**（陸爆『銀河』三機　河合達視少尉　宮谷和男一飛曹　讃井栄二飛曹　野口一正二飛曹　切建兼雄二飛曹　町田六郎二飛曹　氏本成夫二飛曹　田中四郎吉飛長　中本志計雄飛長　以上九名）・**台湾新竹・台南**◆**神風第三大義隊**（『零戦』三機　山崎州雄中尉　北浦義夫二飛曹　深沢敏雄二飛曹　以上三名）◆**神風忠誠隊**（艦爆『彗星』一機　時山武大尉　打田恒春上飛曹　以上二名）

四月四日　（陸軍〇：海軍一部隊一機一名）

【海軍】石垣島◆神風第四大義隊（『零戦』一機　矢田義治上飛曹　以上一名）

四月五日　（陸軍一部隊一機一名：海軍一部隊二機二名）

【陸軍】知覧◆第二一振武隊（一式戦『隼』一機　須藤治韶軍曹　以上一名）

【海軍】石垣島◆神風第五大義隊（『零戦』二機　小林友一上飛曹　辻村健一郎一飛曹　以上二名

四月六日　（陸軍一〇部隊六四機六四名：海軍一六部隊一六一機二七九名）

【陸軍】知覧◆第二二振武隊（一式戦『隼』二機　立川美亀太少尉　西長武志少尉　以上二名）◆**第二三振武隊**（『九九襲』一機　松田豊戦死後中尉　以上一名）◆**第四三振武隊**（一式戦『隼』五機　村上稔少尉　箕（蓑）島武一少尉　酒井忠春少尉　清澤守少尉　浅川又之少尉　以上五名）◆**第四四振武隊**（一式戦『隼』四機　小原幸雄少尉　向後新太郎軍曹　中村利男伍長　足立次彦伍長　以上四名）・**万世**◆**第六二振武隊**（『九九襲』六機　富澤健児少尉　込茶章少尉　坂本友恒少尉　三宅柾軍曹　坂本清伍長　丹羽修平伍長　以上六名）◆**第七三振武隊**（『九九襲』一二機　高田鉦三少尉　小澤三木曹長　後藤正一軍曹　藤田久雄伍長　藤井秀男伍長　山中太郎伍長　山本茂春伍長　中澤流江伍長　後藤寛一伍長　木原愛夫伍長　加覧（藤）幸男伍長　麻生末弘伍長　以上一二名）・**都城西**◆**第一特別振武隊**（四式戦『疾風』八機　浜

谷理一少尉 林玄郎少尉 友枝幹太郎少尉 田中二也少尉 林弘少尉 孖谷毅軍曹 上津一紀伍長 石賀兵一伍長 以上八名）・**新田原◆誠第三六飛行隊**（『九八式直協偵』一〇機 高島（嶋）弘光少尉 北村正少尉 片山佳典少尉 住田乾太郎少尉 小川二郎曹長 森知澄軍曹 貴志泰昌軍曹 峯（峰）保昌伍長 岡部三郎伍長 細木章伍長 以上一〇名）**◆誠第三七飛行隊**（『九八式直協偵』九機 佐々木秀三少尉 柏木誠一少尉 小林敏男少尉 入江寛軍曹 玉野光一軍曹 小屋哲郎軍曹 藤澤鐵之助軍曹 百瀬恒男伍長 赤峰均伍長 以上九名）**◆誠第三八飛行隊**（『九八式直協偵』七機 蕎麦田水行少尉 喜浦義雄少尉 小野生三少尉 高橋勝見曹長 松井大典軍曹 石川寛一軍曹 水畑正國軍曹 以上七名）

【海軍】鹿屋◆神風第一筑波隊（『零戦』一七機 石橋申雄中尉 福寺薫中尉 石田寛中尉 末吉実中尉 金子保中尉 斎藤勇少尉 山口人久少尉 大田博英少尉 金井正夫少尉 椎木鉄夫少尉 伊達実少尉 福島正次少尉 鷲尾侃少尉 松本知恵三一飛曹 河村祐夫二飛曹 村山周三二飛曹 安田善二二飛曹 以上一七名）**◆神風神雷部隊第三建武隊**（『零戦』一八機 藤坂昇中尉 森忠司中尉 造酒康義上飛曹 磯貝圭助一飛曹 唐沢高雄一飛曹 海野晃一飛曹 甲斐孝喜一飛曹 指田良男一飛曹 宮川成人一飛曹 山田見日一飛曹 蛭田八郎一飛曹 斉藤清勝二飛曹 梅寿（島）秀行（寺）二飛曹 桃谷正好二飛曹 桜井光治二飛曹 福岡彪治二飛曹 伊藤圧春二飛曹 船越治二飛曹 以上一八名）**◆神風第一七生隊**（『零戦』一二機 宮武信夫大尉 久保田博少尉 本庄巌少尉 植木平七郎少尉 小林哲夫少尉 鷲見敏郎少尉 山田興治少尉 吉村信夫少尉 田中久士少尉 河野正男少尉 松藤大治少尉 橋本哲一郎少尉 以上一二名）**◆神風第一神剣隊**（『零戦』一六機 松林平吉中尉 大森晴二少尉 岩橋慧少尉 遠藤益司少尉 加藤安男候補生 種村名候補生 武井信夫候補 西田博治候補生 田端眞三上飛曹 谷尾計雄上飛曹 平田善治郎二飛曹 吉竹辰男二飛曹 河村俊光二飛曹 花水二郎二飛曹 平出幸治二飛曹 鈴木克実二飛曹 以上一六名）・**第一国分 第二国分◆神風第二一〇隊彗星隊**（艦爆『彗星』七機 児玉雄大尉 篠原秋男中尉 卯滝重雄中尉 掘切晋一少尉 新井清（濯）少尉 乾正信上飛曹 山崎隆晴上飛曹 江種繁樹上飛曹 堀井勝司一飛曹 高

江州義市一飛曹　加藤芳正二飛曹　渋谷秀夫二飛曹　山本基一二飛曹　以上一三名）◆**神風第三御盾隊二五二部隊**（艦爆『彗星』四機　荒木孝中尉　村井末吉少尉　石坂和郎少尉　内田佳親上飛曹　菅野健蔵一飛曹　江田泰一飛曹　中島熊彦一飛曹　藤井彰二飛曹　『零戦』四機　宮本十三中尉　山本冨仁男二飛曹　山口一夫二飛曹　巻山不折二飛曹　以上一二名）◆**神風第三御盾隊六〇一部隊**（艦爆『彗星』一機　百瀬甚吾中尉　川合仁少尉　杉本孝雄一飛曹　以上三名）◆**神風第一八幡護皇隊艦爆隊**（『九九艦爆』一五機　寺内博中尉　円並地正壮中尉　土屋大作中尉　酒井勗少尉　杉本貢少尉　糀本武次郎少尉　上野晶惟少尉　幾島達雄少尉　古市敏雄少尉　末藤肇少尉　冨坂八右衛門少尉　白崎雅亮少尉　北川義助一飛曹　生井長三郎一飛曹　鈴木芳蔵一飛曹　瀬川長造二飛曹　堀川功二飛曹　大沢孜勝二飛曹　椋木慶二飛曹　以上一九名）◆**神風第一正統隊**（『九九艦爆』一〇機　横山忠重大尉　桑原知大尉　和田喜一郎中尉　牛尾久二中尉　前橋誠一中尉　本田実蘊少尉　高橋元一少尉　柳江秀男少尉　加藤三郎少尉　千葉正史飛曹長　森山唯雄飛曹長　沓名達夫飛曹長　石川宗夫上飛曹　駒井重雄上飛曹　加藤啓一上飛曹　利根川吉郎二飛曹　武田武雄二飛曹　岩松利光二飛曹　山内文夫二飛曹　中本昭二二飛曹　以上二〇名）◆**神風第一草薙隊**（『九九艦爆』一三機　作田幹雄中尉　高橋義郎中尉　坂木充後少尉　中村盛雄少尉　阿部芳治少尉　松本厚少尉　時任正明少尉　小鷹時雄上飛曹　後藤友春一飛曹　太田潔一飛曹　水品清一飛曹　中西三津夫一飛曹　船生敏郎一飛曹　佐山一二飛曹　桜井利喜一二飛曹　長谷川喜一二飛曹　網田浩之二飛曹　太田鎮雄二飛曹　小田好郎二飛曹　柏村成太郎二飛曹　三井位二飛曹　吉岡隆成二飛曹　斎藤義正二飛曹　今井敏夫二飛曹　鈴木孝一二飛曹　五十川武夫二飛曹　以上二六名）・**串良**◆**神風第一八幡護皇隊艦攻隊**（『九七艦攻』一四機　山下博大尉　成田金彦大尉　藤井眞治大尉　野中繁男中尉　山下克義中尉　高橋恒夫中尉　大藪晃中尉　貴島正明中尉　福田東作中尉　長沢善亮少尉　若麻績隆少尉　寺田泰夫少尉　浅田正治少尉　黒木七郎少尉　根岸敬次少尉　高橋光淳少尉　田中斌少尉　米山茂樹飛曹長　渡辺信行上飛曹　尾川義雄上飛曹　地主善一一飛曹　金子孝一飛曹　大野憲一一飛曹　松村嘉吉一飛曹　皆川一三夫一飛曹　渡辺吉徳二飛曹

帆北主水二飛曹 大西久雄二飛曹 片桐実二飛曹 国広哲司二飛曹 松尾正義二飛曹 小西和夫二飛曹 伊藤浜吉二飛曹 尾川義雄上飛曹 松木昭義二飛曹 東山稔二飛曹 水野郁男二飛曹 富田常雄二飛曹 鈴木米雄二飛曹 大和久睦人二飛曹 以上三九名）） ◆**神風菊水部隊天山隊**（艦攻『天山』九機 吉岡久雄中尉 斎藤録郎中尉 武下明少尉 山村英三郎少尉 植島（村）幸次郎少尉 熊沢庸夫少尉 枡見良雄少尉 山口武雄上飛曹 原啓治上飛曹 荻原武一飛曹 牧島治二一飛曹 高山要一飛曹 嘉戸仡一飛曹 高島知善一飛曹 野口吉正一飛曹 岡和夫二飛曹 望月九州男二飛曹 飛田与四郎二飛曹 田中和夫二飛曹 大倉由人二飛曹 河瀬厚二飛曹 川添多喜男二飛曹 豊田誠二飛曹 田辺実二飛曹 野田栄二飛曹 堤勉二飛曹 太田末広飛長 以上二七名）◆**神風第三御盾隊天山隊**（艦攻『天山』一機 吉田信太郎少尉 皆川淳二飛曹 沢泰三二飛曹 以上三名）◆**神風第一護皇白鷺隊**（『九七艦攻』一三機 佐藤清大尉 伊藤直誉中尉 海田茂雄少尉 林田直少尉 田原拓郎少尉 俵一夢少尉 岩本京一少尉 小室静雄少尉 志沢保吉少尉 溝川隆少尉 松永敏比古少尉 大岩虎吉少尉 山田鉄雄少尉 岡田正少尉 湯川俊輔少尉 竹内孝少尉 庄司弘一候補生 石井恭三郎飛曹長 山田静夫上飛曹 福野重敏上飛曹 中安邦雄上飛曹 近田三郎上飛曹 桝井利夫上飛曹 副（福）島幸雄一飛曹 藤村勉二飛曹 長島義茂二飛曹 須藤賢二飛曹 堀江啓司二飛曹 福喜多重一二飛曹 三井伝昌二飛曹 松木（本）源之進二飛曹 渡辺与四三二飛曹 保村正一二飛曹 野田哲夫二飛曹 小林昭二郎二飛曹 佐薙志郎二飛曹 坂本静男二飛曹 辻安治二飛曹 天野吉三二飛曹 以上三九名）・**台湾台中◆神風武勇隊**（陸爆『銀河』三機 根本道雄中尉 丸山保仁上飛曹 吉村一誠一飛曹 福田増雄一飛曹 安田雅由二飛曹 村田守二飛曹 田中勝二飛曹 岩橋達雄二飛曹 佐藤安善二飛曹 以上九名）・**台湾新竹◆神風忠誠隊**（艦爆『彗星』三機 永田千春一飛曹 南善雄一飛曹 西田久二飛曹 北川肇二飛曹 飯田清二飛曹 田口唯明二飛曹 以上六名）

（陸軍九部隊二四機二六名：海軍五部隊三四機五九名）

四月七日

【陸軍】埼玉上空◆第一練成飛行隊（『機種不明』一機 山本敏彰中尉 以上一名）・原町・田無上空◆

飛行第一八戦隊（『機種不明』二機　河野敬少尉　小島秀夫少尉　三宅敏男軍曹　以上三名）・**知覧◆第二九振武隊**（一式戦『隼』二機　中村實少尉　染谷勇少尉　以上二名）・**万世◆第七四振武隊**（『九九襲』七機　伊藤實大尉　渡辺信軍曹　安井昭一伍長　澤口一男伍長　川島宏伍長　川島清伍長　大畠寛伍長　以上七名）**◆第七五振武隊**（『九九襲』四機　大岩覚中尉　宗像芳郎軍曹　福島保夫伍長　佐藤徳司伍長　以上四名）・**鹿屋◆司偵振武隊**（『百式司偵』二機　竹中隆雄中尉　吉原重発軍曹　以上二名）喜界島◆第二二振武隊（一式戦『隼』一機　大上弘少尉　以上一名）**◆第四六振武隊**（『九九襲』四機　小山勝實少尉　堀越進伍長　古川榮輔伍長　渡辺博伍長　以上四名）・**徳之島◆第四四振武隊**（一式戦『隼』二機　甲斐玉樹少尉　清水定伍長　以上二名）

【海軍】鹿屋◆神風神雷部隊第四建武隊（『零戦』九機　西尾光夫中尉　日吉恒夫中尉　林清一飛曹　浅田晃一一飛曹　山田恵太郎一飛曹　木口久一飛曹　長谷川久栄二飛曹　井辰勉二飛曹　大森省三二飛曹　以上九名）・**第一国分◆神風第三御盾隊二五二部隊**（『零戦』五機　富岡崇吉中尉　山中彰少尉　志田登志雄少尉　西尾実二飛曹　小田正太二飛曹　以上五名）**◆神風第三御盾隊六〇一部隊**（艦爆『彗星』一一機　国安昇大尉　松倉弘文少尉　谷川隆夫少尉　佐久間務少尉　工藤双二少尉　庄屋次郎少尉　中川紀雄飛曹長　倉知宜明上飛曹　富樫惣吉上飛曹　山田末広上飛曹　上田博重一飛曹　池田栄吉一飛曹　星川清久一飛曹　安藤勝一飛曹　村滝良吉二飛曹　大嶋勇二飛曹　清水雅春二飛曹　上川安則二飛曹　小林久光二飛曹　以上一九名）・**宮崎◆神風第三御盾隊七〇六部隊**（陸爆『銀河』五機　徳平宰郷少尉　堀越治飛曹長　假屋真教上飛曹　田中哲郎上飛曹　植村孝雄上飛曹　松尾巧一飛曹　田原光利一飛曹　坂本保登一飛曹　五味多喜男二飛曹　大道義雄二飛曹　亀倉梅好二飛曹　谷口昌三飛長　吉田政道飛長　斉木直治飛長　吉沢久与飛長　以上一五名）**◆神風第四銀河隊**（陸爆『銀河』四機　三木光少尉　遠藤良一上飛曹　岡林春実上飛曹　松浪武正上飛曹　片村利男一飛曹　保苅（刈）良男一飛曹　大塚忠保二飛曹　成瀬光吉二飛曹　波田敏之二飛曹　岡崎宇市二飛曹　横畑一吉飛長　以上一一名）

四月八日
（陸軍五部隊一〇機一〇名：海軍〇）

【陸軍】知覧◆第二九振武隊（一式戦『隼』二機 森内徳龍伍長 寺田寛伍長 以上二名）**◆第六八振武隊**（『九七戦』二機 片山悦次少尉 山田勇少尉 以上二名）・**喜界島◆第四二振武隊**（『九七戦』四機 仙波久男少尉 尾久義周少尉 牛島久男少尉 松澤平一少尉 以上四名）・**石垣島◆誠第一七飛行隊**（『九九襲』一機 林至寛伍長 以上一名）・**出撃地不明◆独立飛行第四八中隊**（『九九襲』一機 高橋一成大尉 以上一名）

四月九日
（陸軍三部隊五機五名：海軍〇）

【陸軍】喜界島◆第四二振武隊（『九七戦』三機 馬場洋少尉 近藤幸雄少尉 猫橋芳朗少尉 以上三名）**◆第六八振武隊**（『九七戦』一機 山口怡一少尉 以上一名）・**石垣島◆飛行第一〇五戦隊**（三式戦『飛燕』一機 内藤義次中尉 以上一名）

四月一〇日
（陸軍一部隊一機一名：海軍〇）

【陸軍】徳之島◆第三〇振武隊（『九九襲』一機 横尾賢二伍長 以上一名）

四月一一日
（陸軍五部隊八機九名：海軍六部隊二九機四二名）

【陸軍】徳之島◆第二二振武隊（一式戦『隼』一機 柴田秋蔵少尉 以上一名）**喜界島◆第四六振武隊**（『九九襲』）一機 米山和三郎伍長 以上一名）**台湾宜蘭◆飛行第一九戦隊**（三式戦『飛燕』三機 山縣徹少尉 大出博紹少尉 新屋勇軍曹 以上三名）**◆飛行第一〇五戦隊**（三式戦『飛燕』二機 神尾幸夫少尉 増田利男軍曹 以上二名）・**ニコバル諸島◆神翔攻撃隊**（『九九式軍偵』一機 座間重信中尉 杉山達作少尉 以上二名）

【海軍】鹿屋◆神雷部隊第五建武隊（『零戦』一三機 横尾佐資郎中尉 嶋立毅中尉 矢口重寿中尉 八幡高明上飛曹 竹野弁治一飛曹 宮崎久夫一飛曹 西本政弘一飛曹 市毛夫司一飛曹 石野節雄二飛曹 石井兼吉二飛曹 曽我部隆二飛曹 斉藤義雄二飛曹 久保田久四二飛曹以上 以上一三名）・**第一国分◆神風**

第二一〇部隊零戦隊（『零戦』三機 福知貴少尉 伊熊二郎少尉 川原忠美少尉 以上三名）◆**神風第二一〇彗星隊**（艦爆『彗星』二機 鈴木文夫大尉 佐守邦美少尉 新谷慎五上飛曹 宮尾三十一二飛曹 以上四名）◆**神風第三御盾隊二五二部隊**（『零戦』二機 竹下博上飛曹 宮川嵒二飛曹 艦爆『彗星』二機 本田実大尉 塩見季彦少尉 黒谷昇二飛曹 以上五名）◆**神風第三御盾隊六〇一部隊**（『零戦』二機 平賀左門二飛曹 安田準朗二飛曹 以上二名）・**宮崎**◆**神風第五銀河隊**（陸爆『銀河』五機 山本裕之大尉 上野善治少尉 神尾穣上飛曹 小薬武上飛曹 長岡友正上飛曹 佐藤武司上飛曹 菅井弥十一飛曹 加茂敏雄一飛曹 猪股道夫一飛曹 工藤丑雄一飛曹 永井茂一飛曹 坂田伸一飛曹 佐野国雄一飛曹 酒井啓雄一飛曹 前川五郎飛長 以上一五名）

四月一二日 （陸軍一五部隊五一機五二名：海軍九部隊六九機一四五名）

【陸軍】知覧◆**第二〇振武隊**（一式戦『隼』三機 大平誠志少尉 穴澤利夫少尉 寺澤幾一郎軍曹 以上三名）◆**第四三振武隊**（一式戦『隼』三機 前田敏少尉 岸誠一少尉 大野宗明少尉 以上三名）◆**第六九振武隊**（『九七戦』四機 柳生諭少尉 持木恒二少尉 岡安明少尉 池田亨少尉 以上四名）◆**第一〇三振武隊**（『九九襲』一一機 源善（義）正少尉 板倉震少尉 石切山文一少尉 矢島嶐矢伍長 宗平誠三伍長 長家利左衛門伍長 滝沢泉三伍長 城所一郎伍長 内田新一伍長 青木英俊伍長 渡邊三郎伍長 以上一一名）・**万世**◆**第四六振武隊**（『九九襲』一機 森光少尉 以上一名）◆**第六二振武隊**（『九九襲』二機 瀧口尚文少尉 倉潔曹長 以上二名）◆**第七四振武隊**（『九九襲』一機 橋本圭作伍長 以上一名）◆**第七五振武隊**（『九九襲』四機 政井柾一軍曹 岩田外次郎伍長 島袋清伍長 酒井士四男伍長 以上四名）◆**第一〇二振武隊**（『九九襲』一一機 小松啓一少尉 安（阿）部静彦少尉 天野重明少尉 佐藤勲軍曹 福浦忠正伍長 一寸木（一木）寅彦伍長 中島昭造伍長 原田甲子伍長 金澤富士雄伍長 小関信二伍長 猪瀬弘之伍長 以上一一名）◆**第一〇四振武隊**（『九九襲』五機 渡辺（部）佐多雄少尉 小佐野高廣少尉 上林博伍長 江原道夫伍長 梅田勤伍長 以上五名）・**都城西**◆**第一特別振武隊**（四式戦『疾風』二機

伊藤二郎少尉　斉藤信夫（雄）伍長　以上二名）・**鹿屋◆司偵振武隊**（『百式司偵』一機　東田一男少尉　中澤忠彦軍曹　以上二名）・**台湾花蓮港◆誠第一六飛行隊**（一式戦『隼』一機　上野強軍曹　以上一名）・台湾宜蘭◆**誠第二六飛行隊**（一式戦『隼』一機　神田正友少尉　以上一名）・**出撃地不明◆飛行第一〇五戦隊**（三式戦『飛燕』一機　岩本照大尉　以上一名）

【海軍】鹿屋◆第三神風神雷部隊桜花攻撃隊（『桜花』八機　岩下英三中尉　土肥三郎中尉　今井遉三中尉　鈴木武司一飛曹　山田力也一飛曹　朝露二郎二飛曹　光斉政太郎二飛曹　飯塚正己二飛曹『一式陸攻』八機　野上祝男中尉　佐藤正人少尉　森島偀一郎少尉　菊地辰男飛曹長　竹中三男上飛曹　住吉敬二上飛曹　古賀三郎上飛曹　新井国夫上飛曹　真鍋義孝上飛曹　熊倉稠上飛曹　中村英雄一飛曹　今崎利彦一飛曹　田中道徳一飛曹　小島典吾一飛曹　北村数己一飛曹　平野利秋一飛曹　北島良実一飛曹　竹中武春一飛曹　内海清一飛曹　惣谷喜一二飛曹　中（島）正二飛曹　鬼木俊勝二飛曹　稲垣只次二飛曹　武田竹司二飛曹　岸田幸夫二飛曹　木下善一郎二飛曹　中込七百太郎二整曹　重村平治二整曹　古竹丈夫二整曹　岡島正平二整曹　水野宏飛長　吉田勇助飛長　室橋源一飛長　仲野源太郎飛長　橋井昭一飛長　以上四三名）◆**神風第二七生隊**（『零戦』一七機　成田和孝中尉　田中杼中尉　鈴木弘少尉　原田愛文少尉　千原達郎少尉　久保忠弘少尉　林市造少尉　肥後朝太郎少尉　岡部平一少尉　工藤紀正少尉　宮崎信夫少尉　田中公三少尉　木村司郎少尉　竹口正少尉　手塚和夫少尉　吉尾啓少尉　野村克己少尉　以上一七名）・**第一国分◆神風第二八幡護皇隊艦爆隊**（『九九艦爆』一六機　大北敬少尉　黒崎靖夫少尉　西川博少尉　丸林勘一少尉　吉見三郎少尉　小田原恒夫少尉　中垣眞人少尉　山口正人少尉　岩原勝嗣一飛曹　倉田末広二飛曹　長谷川伊助二飛曹　臼井喜一二飛曹　大塚直行二飛曹　大野幸成二飛曹　山本（岸）敬祐二飛曹　寺下敏二二飛曹　大堀松助二飛曹　猪熊明二飛曹　小割晃二飛曹　以上一九名）・**第二国分◆神風第二草薙隊**（『九九艦爆』二機　高橋渡少尉　宮崎光夫二飛曹　高瀬義則二飛曹　田村諌雄二飛曹　以上四名）・**串良◆神風第二八幡護皇隊艦攻隊**（『九七艦攻』一〇機　芳井輝夫中尉　大崎国夫少尉　本間政彦少尉　村瀬稔少尉　石川芳行少

尉 富士原恒城少尉 古賀俊資少尉 堀之内久俊少尉 越智光少尉 井上時郎少尉 渡辺健二郎少尉 上野留雄上飛曹 嶺村長一上飛曹 石田清松一飛曹 室谷章二飛曹 高橋忠二飛曹 平間啓司二飛曹 山本一郎二飛曹 月森善次二飛曹 掘江佑次二飛曹 戸塚豊二飛曹 堤昭二飛曹 鴻巣三郎二飛曹 栗原勤二飛曹 繁田昭二二飛曹 豊田美春二飛曹 小杉秀吉二飛曹 水上義明二飛曹 合田一二郎二飛曹 山本茂二飛曹（以上三〇名）◆**神風常盤忠華隊**（『九七艦攻』六機 西森秀夫大尉 中西達二中尉 右高武男中尉 滝本義正少尉 横山保少尉 川野博章少尉 酒巻一夫少尉 田沢義治少尉 田辺武雄飛曹長 春原宗治上飛曹 石原勝上飛曹 高尾重夫上飛曹 横山安詔上飛曹 増子定正上飛曹 須藤岸雄二飛曹 奈良営太郎二飛曹 阿部正二飛曹 田中宏平二飛曹 以上一八名）◆**神風第二至誠隊**（艦爆『彗星』一機 津久井正夫少尉 町田三郎上飛曹 以上二名）◆**神風第二護皇白鷺隊**（『九七艦攻』三機 古谷純男候補生 福田茂生候補生 土屋（家）孝一候補生 菅田三喜雄候補生 野元純候補生 森久二飛曹 加藤昭夫二飛曹 田中謙四郎二飛曹 沢田久男二飛曹 以上九名）◆**神風第三正気隊**（『九七艦攻』一機 堀江荘次少尉 小田切徳一少尉 村田正作二飛曹 以上三名）

四月一三日（陸軍七部隊一八機一八名：海軍一部隊二機二名）

【陸軍】知覧◆第一〇三振武隊（『九九襲』一機 岩井定好伍長 以上一名）◆**第一〇七振武隊**（『九七戦』五機 大内清中尉 若林富作少尉 北村早苗少尉 井口清少尉 栗津重信 以上五名）・万世◆**第七四振武隊**（『九九襲』四機 野口鉄雄軍曹 山本了三伍長 森下良夫伍長 竹内貞一伍長 以上四名）◆**第七五振武隊**（『九九襲』一機 小野田努伍長 以上一名）◆**第一〇四振武隊**（『九九襲』五機 長嶺弥三郎少尉 武政和夫軍曹 松土茂伍長 山本忠義伍長 近森佳忠伍長 以上五名）・**喜界島◆第三〇振武隊**（『九九襲』一機 池田強伍長 以上一名）◆**第四六振武隊**（『九九襲』一機 小林貞三伍長 以上一名）

【海軍】石垣島◆神風第九大義隊（『零戦』二機 満田茂中尉 山崎隆二飛曹 以上二名）

四月一四日（陸軍一部隊二機二名：海軍五部隊四四機八五名）

【陸軍】喜界島◆第二九振武隊（一式戦『隼』二機 上川幟伍長 及川喜一郎伍長 以上二名）
【海軍】鹿屋◆第四神風神雷部隊桜花隊攻撃隊（『桜花』七機 川上菊臣上飛曹 真柄嘉一上飛曹 田村万策上飛曹 冨内敬二二飛曹 山崎敏郎二飛曹 佐藤忠二飛曹 町田満穂一飛曹 『一式陸攻撃』七機 澤柳彦士大尉 斎藤三郎中尉 竹内英雄少尉 梶原勝之少尉 岩崎良春少尉 重枝拓爾上飛曹 西光上飛曹 日比野但上飛曹 難波博通上飛曹 安間淳介上飛曹 金子秀一上飛曹 新沢秀春上飛曹 細越哲夫上飛曹 田中館利夫上飛曹 平川勇上飛曹 古谷誠一上飛曹 高橋貞浪上整曹 塚本巌一飛曹 辻栄二一飛曹 菅道一一飛曹 石井隆次一飛曹 高山邦治二飛曹 北本正信二飛曹 大坪春義二飛曹 松下秋雄二飛曹 長谷川正夫二飛曹 片岡貞夫二飛曹 月尾清一二飛曹 林芳市二飛曹 山本政一二飛曹 川瀬一男二飛曹 田中音市二飛曹 石本義春二飛曹 小黒寿夫二飛曹 栗岡嗣二飛曹 加藤豊彦二整曹 坂井一雪二整曹 君島勝三二整曹 菊地公雄二整曹 松浦弘飛長 高橋実男飛長 佐々木清飛長 三和茂飛長 酒井利男飛長 福田秀夫飛長 佐藤保勝飛長 里田義則飛長 大小田道次整長 以上五五名）**◆神風第一昭和隊**（『零戦』一〇機 大本正中尉 鈴木典信中尉 柏倉繁次郎少尉 平林勇作少尉 松村米蔵少尉 小野寺朝男少尉 佐々木八郎少尉 清水則定少尉 中村晴雄少尉 炭広秀夫二飛曹 以上一〇名）**◆神風第二神剣隊**（『零戦』九機 合原直中尉 西本松一郎少尉 津曲（田）徳哉少尉 赤司明三郎少尉 佐々木栄吉候補生 高橋正一候補生 山本城候補生 植村光男候補生 中林三郎二飛曹 以上九名）**◆神風第二筑波隊**（『零戦』三機 熊倉高敬中尉 一ノ関貞雄少尉 新井利夫二飛曹 以上三名）**◆神風神雷部隊第六建武隊**（『零戦』六機 中根久喜中尉 鈴木才司上飛曹 前田善光上飛曹 蓼川茂一飛曹 布施政治一飛曹 竹下弘二飛曹 以上六名）**・石垣島◆神風第十大義隊**（『零戦』二機 粕谷仁司中尉 三浦義信二飛曹 以上二名）

四月一五日　（陸軍二部隊二機二名：海軍一部隊二機二名）

【陸軍】喜界島◆第三〇振武隊（『九九襲』一機 今井實伍長 以上一名）**◆第四六振武隊**（『九九襲』一機 中林稠伍長 以上一名）

【海軍】第一国分◆**神風第三御盾隊六〇一部隊**（『零戦』二機 岸忍中尉 田中克次郎飛長 以上二名）

四月一六日　（陸軍一一部隊五一機五一名：海軍二一部隊一〇六機一九二名）

【陸軍】知覧◆第四〇振武隊（『九七戦』六機 石倉三郎少尉 東郷周一伍長 中上敬一伍長 滝澤真平伍長 片山淳伍長 岡清治伍長 以上六名）◆**第四二振武隊**（『九七戦』一機 篠田庸正少尉 以上一名）◆**第六九振武隊**（『九七戦』一機 本島桂一少尉 以上一名）◆**第七九振武隊**（『九八式直協偵』一〇機 山本研一少尉 田中富太郎少尉 清水義雄少尉 二村源八少尉 郷田士郎少尉 山田信義少尉 佐藤新平曹長 川島精（猪）之助軍曹 難波武士軍曹 上野實伍長 以上一〇名）◆**第一〇六振武隊**（『九七戦』九機 石田耕治少尉 安田義男少尉 清原勉少尉 丹下寿雄軍曹 宮之脇勇伍長 松原徳雄伍長 二宮淳一伍長 鈴木勇伍長 河東繁（朝鮮名不明）伍長 以上九名）◆**第一〇七振武隊**（『九七戦』九機 山本恵照少尉 細金政吉軍曹 間中進一郎軍曹 渡辺市郎軍曹 橋本孝雄伍長 平山巌伍長 隆矢誠二伍長 新井行雄伍長 玉澤和俊伍長 以上九名）◆**第一〇八振武隊**（『九七戦』一一機 古賀俊行少尉 小川齊少尉 真鍋照雄少尉 中村正軍曹 渡辺次雄軍曹 白倉聞治軍曹 八下田孝二伍長 沼田忠伍長 土屋嘉光伍長 井花敏男伍長 尾白文四郎伍長 以上一一名）◆**誠第三六飛行隊**（『九八式直協偵』一機 嶽山留次郎軍曹 以上一名）◆**誠第三八飛行隊**（『九八式直協偵』宇野栄一少尉 以上一名）・**万世◆第七五振武隊**（『九九襲』一機 梅村要二伍長 以上一名）・**台湾桃園◆誠第三三飛行隊**（四式戦『疾風』一機 持丸多喜夫少尉 以上一名）

【海軍】鹿屋◆第五神風神雷部隊桜花隊攻撃隊（『桜花』五機 宮下（本）良平中尉 城森美成一飛曹 折出正次一飛曹 江原次郎二飛曹 高田虎男二飛曹『一式陸攻』五機 村田昇上飛曹 峰（峯）森光雄上飛曹 大場昭男上飛曹 於方熊雄上飛曹 佐藤純上飛曹 中島賀次郎上飛曹 菅隆上飛曹 糸賀房夫一飛曹 大和弘一一飛曹 川崎俊雄一飛曹 稲垣敏弘一飛曹 磨田竜治一飛曹 猪瀬甫一飛曹 宇津木勝次二飛曹 小池孝吉二飛曹 柴田悦生二飛曹 大沢竜二郎二飛曹 藤吉英章二整曹 松本正夫二整曹 永沢諭飛長

伊藤高義飛長　今野米作飛長　堀川天地飛長　三村稲男飛長　中野堅之助飛長　渥美治夫飛長　梓直三飛長　寺田秀雄飛長　以上三三名）◆**神風第二昭和隊**（『零戦』四機　矢島哲夫少尉　神原正信少尉　草村昌直少尉　横山俊二飛曹　以上四名）◆**神風第三七生隊**（『零戦』三機　山田章少尉　町田俊三少尉　奥田良雄少尉　以上三名）◆**神風第四七生隊**（『零戦』九機　大石太少尉　山本雅省少尉　石橋石雄少尉　山岡正瑞少尉　根岸達郎少尉　樫本弘明少尉　江口昌男少尉　名古屋徹蔵少尉　西川要三少尉　以上九名）◆**神風第四昭和隊**（『零戦』二機　佐藤光男少尉　有村泰岳少尉　以上二名）◆**神風第四神剣隊**（『零戦』一機　長谷部寅祐二飛曹　以上一名）◆**神風神雷部隊第七建武隊**（『零戦』九機　森茂士上飛曹　中原正義一飛曹　本間由照一飛曹　大谷正行一飛曹　新井春男二飛曹　中尾正海二飛曹　中別府重信二飛曹　白井貞吉二飛曹　尾中健喜二飛曹　以上九名）◆**神風神雷部隊第八建武隊**（『零戦』五機　上田兵二一飛曹　佐藤善之助二飛曹　岩本五郎二飛曹　栗山虎男二飛曹　石田三郎飛長　以上五名）◆**神風第三神剣隊**（『零戦』三機　林田貞一郎飛曹長　小金井菊次郎二飛曹　工藤嘉吉二飛曹　以上三名）◆**神風第四神剣隊**（『零戦』一機　長谷部寅祐二飛曹　以上一名）◆**神風第三筑波隊**（『零戦』七機　中村秀正中尉　石井敏晴少尉　兼森武文少尉　山縣康治少尉　由井勲少尉　岡本眞二少尉　栗井俊夫少尉　以上七名）・**第一国分**◆**神風第三御盾隊六〇一部隊**（『零戦』二機　青木牧夫中尉　中村日出男二飛曹　以上二名）◆**神風菊水部隊第二彗星隊**（艦爆『彗星』三機　岩見健少尉　太田栄次郎少尉　外山正司少尉　石川定男上飛曹　棚田茂見飛長　以上五名）・**第二国分**◆**神風第三八幡護皇隊艦爆隊**（『九九艦爆』一八機　島澄夫少尉　萩（荻）原巌少尉　箕村正男少尉　松場進少尉　高橋健男少尉　石田力雄少尉　渡辺政則少尉　伊藤英次少尉　大木勇蔵少尉　木村一郎上飛曹　新井是一飛曹　耕作精一二飛曹　山本昭男二飛曹　名和貞二二飛曹　大橋芳明二飛曹　尾浪富夫二飛曹　宮田正義二飛曹　浅見育三二飛曹　桐野秋弘二飛曹　富山枝二飛曹　財部武夫二飛曹　石川耕弘二飛曹　久保督男二飛曹　以上二三名）・**串良**◆**神風第三八幡護皇隊艦攻隊**（『九七艦攻』二機　石見文男中尉　川畑泰少尉　田平光弘少尉　丸田哲助少尉　北沢誠治二飛曹　小河義光二飛曹　以上六名）◆

神風菊水部隊天桜隊（艦攻『天山』七機　村岡茂樹中尉　田熊克省少尉　日向善弘少尉　小山耕二少尉　小林啓吉少尉　只野岩太郎上飛曹　福山滝治上飛曹　正木美男一飛曹　屋敷源美一飛曹　安井正二二飛曹　村上哲男二飛曹　小室一二二飛曹　山崎憲進二飛曹　日下部文雄二飛曹　服部寿宗二飛曹　田上利康二飛曹　福永薫二飛曹　藤井英司飛長　川口成治飛長　田村鉄也飛長　佐伯昌夫飛長　以上二一名）◆**神風皇花隊**（『九七艦攻』四機　畑岩治中尉　吉田種三中尉　足立芳郎少尉　三好重成少尉　藤田州司少尉　吉池邦夫上飛曹　清水清人上飛曹　成谷広一上飛曹　遠藤徳敏二飛曹　片谷有造二飛曹　戸倉勝二飛曹　高橋賢光二飛曹　以上一二名）◆**神風第三護皇白鷺隊**（『九七艦攻』二機　原正候補生　栗原（村）敏夫候補生　山田眞一飛曹　入江義夫二飛曹　羽生国明二飛曹　大谷康佳二飛曹　以上六名）・**宮崎**◆**神風第六銀河隊**（陸爆『銀河』八機　橋本誠也中尉　大河原誠少尉　薬眞寺靖少尉　出山秀樹上飛曹　植垣義友上飛曹　道又重雄上飛曹　中西克己一飛曹　波多野進一飛曹　本山幸一郎一飛曹　斉藤三郎一飛曹　金内光郎二飛曹　笹井川正之二飛曹　鈴木憲司二飛曹　高橋豊二飛曹　中村行男二飛曹　本城勝志二飛曹　久野朝雄二飛曹　光石昭通二飛曹　頼元健治郎二飛曹　藤谷成美二飛曹　西兼登二飛長　北島治郎飛長　富士田富士弥飛長　大西月正飛長　以上二四名）・**出水**◆**神風第七銀河隊**（陸爆『銀河』四機　小林茂雄中尉　延沢慶太郎少尉　白（臼）井中作上飛曹　中居秀雄上飛曹　宮前俊三一飛曹　岩田渉一飛曹　岡田武教二飛曹　榎田重秋二飛曹　江藤賢助二飛曹　中村広光二飛曹　田中仙太郎飛長　山田正雄飛長　以上一二名）・**台湾新竹**◆**神風忠誠隊**（艦爆『彗星』一機　宮崎富雄大尉　住吉語少尉　以上二名）・**出撃地不明**◆**神風第三昭和隊**（『零戦』三機　笹本洵平少尉　中村栄三少尉　高野道彦二飛曹　以上三名）

（陸軍一部隊二機八名：海軍四部隊一六機二〇名）

四月一七日

【陸軍】鹿屋◆飛行第六二戦隊（四式重爆『飛龍』サクラ弾二機　加藤幸次（二）郎中尉　吉野英男見習士官　金子寅吉曹長　吉永卓仔軍曹　大橋愛志伍長　古俟金一伍長　伊（近）藤和康兵長　伊藤實兵長　以上八名）

【海軍】第一国分◆神風第三御盾隊二五二部隊（艦爆『彗星』五機 福元猛寛少尉 金縄熊義上飛曹 溜一二三二飛曹 岩崎豊秀二飛曹 福本晴雄二飛曹 平野正志（郎）二飛曹『零戦』一機 堀賢治二飛曹 以上七名）◆神風第三御盾隊六〇一部隊（艦爆『彗星』四機 和田守圭秀中尉 岡田敏男中尉 天谷英郎中尉 真島豊二飛曹 右田勇二飛曹 飯村清一飛長『零戦』三機 佐藤一志二飛曹 木内義秀二飛曹 唐賀雄二飛曹 以上九名）・出水◆神風第八銀河隊（陸爆『銀河』一機 田中茂幸二飛曹 吉川功二飛曹 以上二名）・石垣島◆神風第十二大義隊（『零戦』二機 斉藤信雄飛曹長 文谷良明一飛曹 以上二名）

四月一八日 （陸軍二部隊三機三名：海軍〇）

【陸軍】福岡上空◆飛行第四戦隊（『機種不明』一機 山本三男三郎少尉 以上一名）・石垣島◆飛行第一九戦隊（三式戦『飛燕』二機 倉澤和孝少尉 根本敏雄少尉 以上二名）

四月二二日 （陸軍一部隊一機一名：海軍〇）

【陸軍】南西マカッサル◆臨時防空戦闘隊（『機種不明』一機 白川良大尉 以上一名）

四月二三日 （陸軍八部隊四三機四三名：海軍一部隊三機三名）

【陸軍】知覧◆第七九振武隊（『九八式直協偵』一機 池田保男少尉 以上一名）◆第八〇振武隊（『九九高練』一一機 杉戸勝平少尉 川瀬明少尉 高橋弘准尉 平木義範（李允範）曹長 川上喜一郎曹長 上成義徳曹長 田畑與四郎曹長 永瀬一則軍曹 五十嵐慎二軍曹 中村鐵一伍長 大友勉伍長 以上一一名）◆第八一振武隊（『九九式高練』一一機 片岡喜作大尉 牟田芳雄少尉 牛渡俊治少尉 大場健治准尉 桐生猛曹長 難波隼人曹長 仲本政好曹長 松田富雄曹長 白石哲夫軍曹 岡山勝巳軍曹 鍋田茂夫伍長 以上一一名）◆第一〇五振武隊（『九七戦』七機 渡辺利廣少尉 中川昌俊少尉 林義則少尉 藤野道人軍曹 田渕哲雄伍長 陣内政治伍長 小野寅蔵伍長 以上七名）◆第一〇九振武隊（『九七戦』四機 菊地繁三郎少尉 平塚光雄伍長 助田五郎伍長 大石安一伍長 以上四名）◆誠第一七飛行隊（『九九襲』一機 長谷部良平伍長 以上一名）・台湾宜蘭◆飛行第一九戦隊（三式戦『飛燕』三機 小野博少尉 坂元茂

少尉　渡辺（部）国臣少尉　以上三名）・**台湾桃園◆誠第一一九飛行隊**（二式複戦『屠龍』五機　溜洋少尉　竹垣全少尉　山本茂伍長　永久要伍長　岩上要伍長　以上五名）

【海軍】第一国分◆神風第三御盾隊二五二部隊（『零戦』三機　金山英敏上飛曹　猪山政（昌）彦二飛曹　坂野行彦二飛曹　以上三名）

（陸軍二部隊二機二名：海軍〇）

四月二三日

【陸軍】知覧◆第一〇三振武隊（『九九襲』一機　大野一郎少尉　以上一名）・徳之島◆第一〇五振武隊（『九七戦』一機　日下弘實伍長　以上一名）

（陸軍二部隊五機一五名：海軍〇）

四月二六日

【陸軍】知覧◆第八一振武隊（『九九式高練』一機　橋本榮亮軍曹　以上一名）・健軍◆飛行第一一〇戦隊（四式重爆『飛龍』四機　今津文廣大尉　木原茂彌中尉　足立悦三少尉　吉川龍男少尉　山田薫准尉　出野次郎曹長　池内秀夫曹長　河村政雄曹長　青柳秀雄曹長　巽利貞軍曹　米谷光雄軍曹　中田五郎軍曹　佐藤武雄伍長　夏目五郎伍長　以上一四名）

（陸軍四部隊八機八名：海軍〇）

四月二七日

【陸軍】知覧◆第八〇振武隊（『九九式高練』一機　渡部正興曹長　以上一機）◆**第一〇九振武隊**（『九七戦』一機　武田次郎軍曹　以上一機）◆**誠第三六飛行隊**（『九八式直協偵』一機　下手豊司曹長　以上一名）・**台湾桃園◆誠第三三飛行隊**（四式戦『疾風』五機　橋場昇少尉　石原正嘉少尉　天野博少尉　内田雄二少尉　福井五郎少尉　以上五名）

（陸軍一二部隊四九機四九名：海軍九部隊一九機四一名）

四月二八日

【陸軍】知覧◆第六七振武隊（『九七戦』六機　市川敏邦少尉　網代一少尉　長沢徳治少尉　清水真三少尉　寺田浩一少尉　金子正男少尉　以上六名）◆**第七六振武隊**（『九七戦』六機　岡村博二中尉　境忠軍曹　中川芳穂伍長　鈴木啓之伍長　山口慶喜伍長　長谷川武弘伍長　以上六名）◆**第七七振武隊**（『九七戦』

八機　須山佳市少尉　中秀夫伍長　寺尾正通伍長　木村正碩（朝鮮名不詳）伍長　三枝英明伍長　本間忠男伍長　鈴木三郎伍長　長谷川榮七伍長　以上八名）◆**第一〇六振武隊**（『九七戦』三機　尾鷲二郎伍長　藤原勇伍長　榎本孝一伍長　以上三名）◆**第一〇八振武隊**（『九七戦』一機　川又保男軍曹　以上一名）◆**第一〇九振武隊**（『九七戦』二機　小林光太郎伍長　桐山勇伍長　以上二名）・**万世**◆**第一〇二振武隊**（『九九襲』一機　山口知三郎伍長　以上一名）**都城東**◆**第六一振武隊**（四式戦『疾風』八機　若杉潤次（二）郎少尉　岡本勇少尉　篠原穂津美伍長　香川俊一伍長　請川房夫伍長　田中英男伍長　長谷川三郎伍長　高野博戦死後軍曹　以上八名）・**宮古島**◆**誠第一一六飛行隊**（『九七戦』二機　五味大礎少尉　大橋茂伍長　以上二名）・**台湾台中**◆**誠第三四飛行隊**（四式戦『疾風』四機　安東愛明少尉　中村嘉明少尉　新山喬夫少尉　桑原孝夫少尉　以上四名）・**台湾桃園**◆**誠第一一九飛行隊**（二式複戦『屠龍』四機　森興彦少尉　中村潤少尉　山澤四郎伍長　木原正喜伍長　以上四名）・**台湾宜蘭**◆**飛行第一〇五戦隊**（三式戦『飛燕』四機　中村伊三雄中尉　小堀忠雄少尉　飯沼（澤）浩一軍曹　溝川慶三軍曹　以上四名）

【海軍】鹿屋◆**第六神風神雷部隊桜花隊**（『桜花』一機　山際直彦一飛曹　※ただし母機『一式陸攻』は生還　以上一名）・**第二国分**◆**神風第二正統隊**（『九九艦爆』六機　後藤俊夫中尉　小野喜市少尉　久保強郎少尉　山下久夫少尉　熊井常郎少尉　緒方忠幸上飛曹　阿部一之一飛曹　片寄従道一飛曹　伊東宣夫二飛曹　漆谷泰夫二飛曹　小野義明二飛曹　福田周幸二飛曹　以上一二名）◆**神風第三草薙隊**（『九九艦爆』三機　村田定雄少尉　正木蓄少尉　宮内栄候補生　下地恵尚候補生　寺戸安和二飛曹　梅沢一二三二飛曹　以上六名）・**串良**◆**神風第一正気隊**（『九七艦攻』二機　安達卓也少尉　岩崎久豊少尉　須賀芳宗少尉　桐畑小太郎上飛曹　菅沢健二飛曹　弥永光男二飛曹　以上六名）◆**神風八幡神忠隊**（『九七艦攻』三機　上保茂少尉　十河正澄少尉　清水吉一少尉　大石政則少尉　旗生良景少尉　赤堀彰司飛曹長　犬童（章）憲太郎上飛曹　赤堀彰司飛曹長　山西冨三郎二飛曹　三島昭二飛曹　以上九名）◆**神風白鷺赤忠隊**（『九七艦攻』一機　山田又市候補生　後藤惇候補生　水野健二二飛曹　以上三名）・**石垣島**◆**神風第十五大義隊**

（『零戦』一機 和田文蔵二飛曹 以上一名）・**台湾新竹◆神風忠誠隊**（艦爆『彗星』一機 国房大文夫中尉 大平歳澄上飛曹 以上二名）・**台湾宜蘭◆神風第十六大義隊**（『零戦』一機 今野惣助中尉 以上一名）

（陸軍四部隊一五機一五名：海軍五部隊二九機三二名）

四月二九日

【陸軍】知覧◆第一八振武隊（一式戦『隼』六機 小西利雄中尉 高村禮治少尉 多田六郎少尉 楠田信雄少尉 滝亘軍曹 井上啓軍曹 以上六名）**◆第一九振武隊**（一式戦『隼』五機 四宮徹中尉 平野俊雪少尉 井上忠彦少尉 角谷隆正少尉 小林龍曹長 以上五名）**◆第二四振武隊**（二式複戦『屠龍』三機 小沢大蔵中尉 福井与（與）一少尉 川田清美少尉 以上三機）・**徳之島◆第七七振武隊**（『九七戦』一機 金子誓伍長 以上一名）

【海軍】鹿屋◆神風神雷部隊第九建武隊（『零戦』一〇機 中西斎季中尉 多木稔中尉 西口徳次中尉 餅田信夫一飛曹 高橋経夫一飛曹 藤木正一一飛曹 北沢昇（昪）二飛曹 山本英司二飛曹 曽根信二飛曹 高瀬丁二飛曹 以上一〇名）**◆神風第四筑波隊**（『零戦』五機 米加田節雄中尉 山崎幸雄少尉 大塚章少尉 麻生摂（攝）郎少尉 片山秀男少尉 以上五名）**◆神風第五七生隊**（『零戦』四機 森丘哲四郎少尉 北村徳太郎少尉 晦日進少尉 土井定義少尉 以上四名）**◆神風第五昭和隊**（『零戦』八機 市島保男少尉 木部崎登少尉 小泉宏三少尉 外山雄二少尉 安田弘道少尉 吉永光雄二飛曹 川端三千秋二飛曹 藪田博二飛曹 以上八名）・**指宿◆神風第四魁隊琴平水心隊**（『零式水偵』二機 佐藤年正少尉 井上静夫少尉 安田友彦少尉 湯上和夫二飛曹 小住昭雄二飛曹 以上五名）

（陸軍一部隊一機一名：海軍〇）

四月三〇日

【陸軍】石垣◆飛行第一九戦隊（三式戦『飛燕』一機 栗田常雄軍曹 以上一名）

（陸軍一部隊二機二名：海軍〇）

五月一日

【陸軍】台湾花蓮港◆独立飛行第二三中隊（三式戦『飛燕』二機 片山勝義少尉 有吉敏彦軍曹 以上二名）

五月二日

【陸軍】出撃地不明◆第七二振武隊（『九九襲』一機 佐々木篤信階級不明 以上一名）

（陸軍一部隊一機一名：海軍〇）

五月三日

【陸軍】台湾花蓮港◆飛行第一七戦隊（三式戦『飛燕』四機 辻中清一少尉 斉（齊）藤長之進少尉 下山道康少尉 原一道曹長 以上四名）**台湾台中◆誠第三五飛行隊**（四式戦『疾風』五機 古本嘉男少尉 間庭福次少尉 遠藤秀山少尉 塚本（平）真伍長 村山政雄伍長 以上五名）**◆誠第一二三飛行隊**（二式複戦『屠龍』一機 西垣秀夫伍長 以上一名）**◆飛行第一〇戦隊**（二式複戦『屠龍』一機 北原弘次見習士官 以上一名）・**台湾竜潭◆飛行第二〇戦隊**（一式戦『隼』五機 宮田精一少尉 後藤常人少尉 島田治郎少尉 須見洋少尉 菊井耕造伍長 以上五名）

【海軍】台湾新竹◆神風振天隊（『九七艦攻』三機 村上勝己大尉 居村豊中尉 堀家晃中尉 森本賜中尉 森永茂中尉 高辻万里一飛曹 田中良光一飛曹 以上七名）**◆神風帰一隊**（艦攻『天山』一機 土山忠英中尉 清水清秀上飛曹 石場清一上飛曹 以上三名）

（陸軍一八部隊四四機四五名：海軍一〇部隊六〇機一二六名）

五月四日

【陸軍】知覧◆第一八振武隊（一式戦『隼』一機 秋富末治軍曹 以上一名）**◆第一九振武隊**（一式戦『隼』四機 林格少尉 松原武曹長 島袋秀敏曹長 向島幸一軍曹 以上四名）**◆第二〇振武隊**（一式戦『隼』一機 重政正男軍曹 以上一名）**◆第二四振武隊**（二式複戦『屠龍』一機 阿部正也少尉 片柳経曹長 以上二名）**◆第四二振武隊**（『九七戦』一機 岩崎辰雄少尉 以上一名）**◆第七七振武隊**（『九七戦』一機 相花信夫伍長 以上一名）**◆第七八振武隊**（『九七戦』六機 種田實少尉 佐藤利男少尉 瀬尾務少尉 河野博少尉 勝又勝雄少尉 吉田節郎少尉 以上六名）**◆第一〇五振武隊**（『九七戦』二機 山本儀吉伍長 石川正美伍長 以上二名）**◆第一〇六振武隊**（『九七戦』一機 袴田治夫伍長 以上一名）◆第一〇九振武隊（『九七戦』二機 槇（槙）田鉄男伍長 加藤虎男伍長 以上二名）・**万世◆第六六振武隊**

（『九七戦』三機 壷井重治少尉 荒川英徳少尉 毛利理少尉 以上三名）・**都城東◆第六〇振武隊**（四式戦『疾風』六機 柴田治少尉 平柳芳朗少尉 田中治伍長 若杉正喜伍長 吉水成明伍長 永田利夫伍長 以上六名）・**台湾台中◆誠第三四飛行隊**（四式戦『疾風』六機 二神孝満少尉 富山信也少尉 砂畑耕作少尉 小林富男少尉 荒木周作少尉 金澤宏少尉 以上六名）・**台湾八塊◆飛行第一〇八戦隊**（『九九軽爆』一機 高村光春見習士官 以上一名）**◆誠第一二〇飛行隊**（四式戦『疾風』三機 畠山富雄少尉 田中瑛二伍長 掘田明夫軍曹 以上三名）**◆誠第一二三飛行隊**（二式複戦『屠龍』一機 水越三郎伍長 以上一名）・**台湾宜蘭◆飛行第一九戦隊**（三式戦『飛燕』二機 長沼不二人少尉 橋本郁治軍曹 以上二名）**◆飛行第一〇五戦隊**（三式戦『飛燕』二機 原仁少尉 中島捗軍曹 以上二名）

【海軍】鹿屋◆第七神風神雷部隊桜花隊攻撃隊（『桜花』六機 大橋進中尉 上田英二上飛曹 内藤卯吉上飛曹 石渡正義上曹 中川利春一飛曹 永田吉春一飛曹 『一式陸攻』五機 菊地弘少尉 足立安行少尉 宝満克夫少尉 勝又武彦少尉 池田芳長上飛曹 広瀬三郎上飛曹 今野源四郎上飛曹 吉田満輝上飛曹 鳴（鴨）原武夫上飛曹 池永健治上飛曹 原田実上飛曹 星見秀一上飛曹 中川明一飛曹 藤村正一一飛曹 石本久夫一飛曹 浅見寅男一飛曹 小幡和人一飛曹 柳義信一飛曹 佐伯輝三一飛曹 遅沢芳郎一飛曹 野崎敬一飛曹 石川（井）豊司一整曹 木村只弘二飛曹 渋谷昌信二飛曹 佐藤俊夫二飛曹 三輪英昭二飛曹 富岡三郎二飛曹 石井力二飛曹 金原義五郎二飛曹 加藤吉郎二飛曹 高嶋昭二飛長 石川嘉輝飛長 渋谷実飛長 平井精雄飛長 川村合佐飛鳥 以上四一名）**◆神風第五神剣隊**（『零戦』一五機 磯貝巌中尉 加藤年彦少尉 小堀秀雄少尉 鈴木欣司少尉 足利益功少尉 三明正明候補生 林正俊候補生 藤井実候補生 宮崎勝一飛曹 茂木三郎一飛曹 保科三郎一飛曹 高藤昭一一飛曹 大田満一飛曹 武二夫二飛曹 高浪虎八二飛曹 以上一五名）・**串良◆神風第二正気隊**（『九七艦攻』二機 五十嵐正栄中尉 上田隆保候補生 有地慶信上飛曹 星野省平一飛曹 根岸幸一二飛曹 山田新八郎二飛曹 以上六名）**◆神風八幡神忠隊振武隊**（『九七艦攻』三機 金法芳磨少尉 大谷邦雄少尉 山鹿悦三少尉 鯉田登少尉 山本正司上飛

曹 堀井光雄一飛曹 小山久雄一飛曹 伊藤茂夫二飛曹 因（田）幡勝典二飛曹 以上九名）◆**神風白鷺揚武隊**（『九七艦攻』一機 白鳥鈴雄候補生 中西要候補生 朝生和男二飛曹 以上三名）・**指宿◆神風第一魁隊**（『九四水偵』六機 林元一少尉 宮村誠一少尉 渡部庄次少尉 河野宗明少尉 佐藤憲次少尉 碇山達也少尉 武井清少尉 中島之夫少尉 山口竜太少尉 玉木麻人少尉 中村正一一飛曹 岩佐忠男一飛曹『零式水偵』二機 野美山俊輔少尉 前原喜雄少尉 山本謹治少尉 舟津一郎少尉 飯塚英次上飛曹 金子清明二飛曹 以上一八名）◆**神風第四魁隊琴平水心隊**（『九四水偵』九機 橋本清水少尉 斉藤友治少尉 田中敬治少尉 山口久明少尉 四方正則少尉 碓本守少尉 中尾武徳少尉 中谷栄一少尉 矢野幾衛少尉 別所啓市少尉 林真喜三少尉 笹尾愛上飛曹 轟慧一飛曹 斎藤裕一飛曹 新山秀夫一飛曹 徳田昭夫一飛曹 高橋淳一二飛曹 宇野茂二飛曹 野村龍三三飛曹尉 関口剛史二飛曹『零水偵』一機 矢野弘一少尉 勝又徳二飛曹 以上二二名）・**台湾宜蘭◆神風第十七大義隊**（『零戦』八機 細川孜中尉 谷本（木）逸司中尉 大石芳男飛曹長 常井忠温上飛曹 田中勇上飛曹 鈴村（木）敏英一飛曹 近藤親登二飛曹 佐野一斉二飛長 以上八名）・**台湾新竹◆神風振天隊**（『九九艦爆』一機 清岡寛上飛曹 石田儀造一飛曹 以上二名）◆**神風忠誠隊**（艦爆『彗星』一機 南純之助上飛曹 大石保造一飛曹 以上二名）

（陸軍五部隊一二機一二名：海軍〇）

五月六日

【陸軍】知覧◆第四九振武隊（一式戦『隼』三機 藤喜八郎少尉 伊奈剛次少尉 小柳瞭伍長 以上三名）◆**第五一振武隊**（一式戦『隼』一機 鮫島豊少尉 以上一名）◆**第五五振武隊**（三式戦『飛燕』三機 中島英一少尉 北澤元治少尉 伊藤敏夫少尉 以上三名）◆**第五六振武隊**（三式戦『飛燕』四機 四家稔少尉 小山信介少尉 金子範夫少尉 池田元威少尉 以上四名）◆**第六七振武隊**（『九七戦』一機 幸田二郎戦死後中尉 以上一名）

（陸軍一部隊一機一名：海軍〇）

五月七日

【陸軍】大分上空◆飛行第四戦隊（『機種不明』一機 村田勉曹長 以上一名）

五月九日　（陸軍五部隊五機五名：海軍三部隊一一機一五名）

【陸軍】台湾台中◆誠第三三飛行隊（四式戦『疾風』一機　坂口英作少尉　以上一名）**◆誠第三四飛行隊**（四式戦『疾風』一機　前川豊少尉　以上一名）**◆誠第三五飛行隊**（四式戦『疾風』一機　浅井良脩少尉　以上一名）**◆誠第一二三飛行隊**（二式複戦『屠龍』一機　南出義光伍長　以上一名）**◆飛行第一〇戦隊**（二式複戦『屠龍』一機　野本幸平少尉　以上一名）

【海軍】台湾宜蘭◆神風振天隊（『九九艦爆』二機　片山崇中尉　難波江康仁上飛曹　鳥居信一飛曹　黒岩芳人一飛曹　以上四名）**◆神風第十八大義**（『零戦』五機　黒瀬順斉少尉　前田秀秋上飛曹　河合芳彦上飛曹　中島信次郎上飛曹　宮川孝義一飛曹　以上五名）**・台湾新竹・宜蘭◆神風忠誠隊**（『九六艦爆』二機　久保良介中尉　中野学上飛曹　後藤守男上飛曹　境三郎一飛曹　艦爆『彗星』一機　中田良蔵上飛曹　内田秀雄一飛曹　以上六名）

五月一〇日　（陸軍一部隊一機一名：海軍〇）

【陸軍】知覧◆第五二振武隊（一式戦『隼』一機　須藤保戦死後中尉　以上一名）

五月一一日　（陸軍一三部隊三六機三六名：海軍一〇部隊五〇機一〇三名）

【陸軍】知覧◆第四四振武隊（一式戦『隼』一機　岡本金吾少尉　以上一名）**◆第四九振武隊**（一式戦『隼』二機　高橋定雄伍長　小坂清一伍長　以上二名）**◆第五一振武隊**（一式戦『隼』七機　光山文博（卓庚鉉）少尉　野上康光少尉　荒木春雄少尉　豊田良一伍長　鈴木惣一伍長　島仁伍長　安藤康治伍長　以上七名）**◆第五二振武隊**（一式戦『隼』三機　下平正人軍曹　田中勝伍長　渡辺（部）幸美伍長　以上三名）**◆第五五振武隊**（三式戦『飛燕』三機　鷲尾克己少尉　森清司少尉　黒木國雄少尉　以上三名）**◆第五六振武隊**（三式戦『飛燕』三機　朝倉豊少尉　上原良司少尉　京谷栄治少尉　以上三名）**◆第六五振武隊**（『九七戦』三機　田中藤次郎少尉　石塚糖四郎少尉　桂正少尉　以上三名）**◆第七〇振武隊**（一式戦『隼』三機　佐久田潤少尉　渡辺輝義伍長　水川豊伍長　以上三名）**◆第七六振武隊**（『九七戦』三機

久富基作少尉 戸次政雄軍曹 小島英雄伍長 以上三名）◆**第七八振武隊**（『九七戦』一機 湯澤三寿少尉 以上一名）・**都城東◆第六〇振武隊**（四式戦『疾風』三機 倉元利雄少尉 堀元宮（官）一伍長 荒正彦伍長 以上三名）◆**第六一振武隊**（四式戦『疾風』三機 橋本初由少尉 山本隆幸伍長 沖山富士雄伍長 以上三名）・**沖縄◆誠第四一飛行隊**（『九七戦』一機 山田泰治軍曹 以上一名）

【海軍】鹿屋◆第八神風神雷部隊桜花隊攻撃隊（『桜花』三機 小林常信中尉 高野次郎中尉 藤田幸保一飛曹 以上三名 『一式陸攻』三機 鱸敬蔵中尉 古谷真二中尉 宮崎文雄少尉 中島眞鏡少尉 磯富次上飛曹 永田俊雄上飛曹 東川末吉上飛曹 石田昌美上飛曹 三浦一男上整曹 千葉登一飛曹 菊池国寿一飛曹 田中辰三一飛曹 長沢政信一飛曹 大河内一春一飛曹 髪櫛伊三一整曹 中内静雄二飛曹 竹内良一二飛曹 田中康夫二飛曹 中村豊飛長 秋葉次男飛長 木村好喜飛長 以上二四名）◆**神風神雷部隊第十建武隊**（『零戦』四機 柴田敬禧中尉 下里東一飛曹 佐藤啓吉一飛曹 田中保夫一飛曹 以上四名）◆**神風第五筑波隊**（『零戦』九機 西田高光中尉 岡部幸夫中尉 中村邦春少尉 福田喬少尉 森史郎少尉 町田道教少尉 諸井国弘少尉 吉田信少尉 石丸進一少尉 以上九名）◆**神風第六昭和隊**（『零戦』二機 根本宏少尉 黒野義一一飛曹 以上二名）◆**神風第七昭和隊**（『零戦』六機 小川清中尉 安則盛三中尉 茂木忠少尉 高橋三郎少尉 篠原惟則少尉 皿海彰一飛曹 以上六名）◆**神風第七七生隊**（『零戦』一機 上月寅男飛長 以上一名）◆**第六神剣隊**（『零戦』四機 牧野銈少尉 川野忠邦上飛曹 淡路義二一飛曹 斎藤幸雄一飛曹 以上四名）・**串良◆神風菊水雷桜隊**（艦攻『天山』一〇機 梅谷三郎中尉 今井全四（志）郎少尉 栗村正教少尉 安田太一少尉 石井正雄少尉 吉田兼二郎少尉 桝井敏夫少尉 本川譲治少尉 高野良治飛曹長 勝田久米雄飛曹長 中谷五郎上飛曹 中島平上飛曹 中内清上飛曹 才田紀久雄上飛曹 小島潔上飛曹 新井郷治上飛曹 児玉仁上飛曹 坪川武彦一飛曹 望月敝一一飛曹 田中敏男一飛曹 山岡智明一飛曹 稲沢邦彦一飛曹 小野静雄一飛曹 桑野正昭一飛曹 井上伊之助一飛曹 小林大介一飛曹 石橋憲司一飛曹 浪江秀雄一飛曹 大武節雄一飛曹 照山知男一飛曹 以上三〇名）・**宮崎◆神風第九**

銀河隊（陸爆『銀河』六機　鈴木円一郎中尉　村上守中尉　深井良中尉　山川芳男少尉　谷岡力上飛曹　北山博上飛曹　三宅文夫上飛曹　田中栄一上飛曹　小島弘上飛曹　俵一上飛曹　佐藤昇一飛曹　杉野三次一飛曹　松本学一飛曹　山根三男一飛曹　伊東勲一飛曹　吉田雄一飛曹　信本広夫二飛曹　長谷部六雄飛長　以上一八名）・**指宿◆神風第二魁隊**（『九四水偵』一機　山崎誠一少尉　坂本明少尉『零式水偵』一機　四方厳夫中尉　飯沼孟少尉　大日向景介一飛曹　以上五名）

（陸軍三部隊四機四名：海軍〇）

五月一二日

【陸軍】台湾八塊◆誠第一二〇飛行隊（四式戦『疾風』二機　萩野光雄軍曹　東局一文伍長　以上二名）

◆誠第一二三飛行隊（二式複戦『屠龍』一機　加治木利秋少尉　以上一名）**◆飛行第一〇戦隊**（二式複戦『屠龍』一機　碓井正雄少尉　以上一名）

（陸軍二部隊六機六名：海軍二部隊七機一四名）

五月一三日

【陸軍】台湾宜蘭◆誠第二六飛行隊（一式戦『隼』三機　藤嶺圭吉少尉　須藤彦一少尉　高田豊志伍長　以上三名）・**台湾八塊◆誠第三一飛行隊**（『九九襲』三機　山本薫中尉　五十嵐榮少尉　柄沢甲子夫伍長　以上三名）

【海軍】台湾宜蘭◆神風忠誠隊（『九六艦爆』六機　元木恒夫中尉　阿部仁太郎中尉　佐藤重男上飛曹　渡辺靖一飛曹　持田歳雄一飛曹　福元清則一飛曹　石原一郎一飛曹　柴田昌里一飛曹　兒（児）島与吉二飛曹　森増太郎二飛曹　駒場一司二飛曹　以上一一名）**・台湾新竹◆神風振天隊**（『九七艦攻』一機　植竹静男中尉　細谷芳郎中尉　大曲重賢一飛曹　以上三名）

（陸軍一部隊三機四名：海軍三部隊二二機二二名）

五月一四日

【陸軍】菊田◆司偵振武隊（『百式司偵』三機　山路實少尉　古山弘少尉　熱田稔夫軍曹　慶増和一戦死後少尉　以上四名）

【海軍】鹿屋◆神風神雷部隊第十一建武隊（『零戦』五機　日裏啓次郎中尉　楠本二三夫中尉　鎌田教一

一飛曹 花田尚孝一飛曹 古田稔一飛曹 以上五名）◆**神風第六筑波隊**（『零戦』一四機 富安俊助中尉 桑野実少尉 黒崎英之助少尉 西野実時少尉 時岡鶴夫少尉 荒木弘少尉 大喜田久男少尉 中村恒二少尉 小山精一少尉 折口明少尉 高山重三少尉 藤田鴨明少尉 大木偉央少尉 本田耕一少尉 以上一四名）◆**神風第八七生隊**（『零戦』三機 藤田卓郎中尉 橋本貞好一飛曹 荒木一英二飛曹 以上三名）

（陸軍〇：海軍二部隊四機一〇名）

五月一五日

【海軍】台湾宜蘭◆神風忠誠隊（『九六艦爆』二機 岩熊唯明中尉 深津進少尉 藤井俊彦一飛曹 渡辺貞雄一飛曹 以上四名）・**台湾新竹◆神風振天隊**（『九七艦攻』二機 沖山文忠中尉 鈴木達也中尉 岸圭武中尉 小原辰夫一飛曹 島元義春一飛曹 川中工一飛曹 以上六名）

（陸軍三部隊七機七名：海軍一部隊一機二名）

五月一七日

【陸軍】台湾花蓮港◆誠第二六飛行隊（一式戦『隼』四機 今野静少尉 辻俊作少尉 白石忠少尉 稲葉久光少尉 以上四名）・**台湾八塊◆誠第三一飛行隊**（『九九襲』二機 高畑保雄少尉 五来末義軍曹 以上二名）◆**飛行第一〇八戦隊**（『九九軽爆』一機 宮崎義次伍長 以上一名）

【海軍】台湾宜蘭◆神風忠誠隊（『九六艦爆』）一機 柿本茂少尉 萩本定七上飛曹 以上二名）

（陸軍二部隊一一機一一名：海軍〇）

五月一八日

【陸軍】知覧◆第五三振武隊（一式戦『隼』八機 三島芳郎少尉 小笠五夫少尉 近間満男少尉 山崎忠伍長 丸山好男伍長 星忠治伍長 土器手茂生伍長 梅野芳朗伍長 以上八名）・**台湾宜蘭◆飛行第一九戦隊**（三式戦『飛燕』三機 中村憲二少尉 飯野武一少尉 大立目公雄少尉 以上三名）

（陸軍三部隊一五機一五名：海軍〇）

五月二〇日

【陸軍】知覧◆第五〇振武隊（一式戦『隼』九機 速水修少尉 多田良政行少尉 小木曽亮助少尉 斉藤数夫少尉 柳清伍長 松尾登代喜伍長 松崎義勝伍長 大野昌文伍長 飯高喜久雄（夫）伍長 以上九名）・**菊池◆七八振武隊**（『九七戦』一機 坪谷邦彦戦死後中尉 以上一名）・**台湾八塊◆飛行第二〇四戦**

隊（一式『隼』五機　小林脩少尉　栗原義雄少尉　田川唯雄軍曹　井澤賢治伍長　大塚喜信伍長　以上五名）

（陸軍三部隊六機六名：海軍〇）

五月二一日

【陸軍】台湾宜蘭◆飛行第一九戦隊（三式戦『飛燕』二機　澤田卓三少尉　細見儀作軍曹　以上二名）・台湾台中◆誠第三四飛行隊（四式戦『疾風』一機　北原賢一少尉　以上一名）**◆飛行第二九戦隊**（一式戦『隼』三機　浅野史郎少尉　指方久軍曹　濱島長吉伍長　以上三名）

五日二四日

（陸軍四部隊一五機一二六名：海軍三部隊一九機三七名）

【陸軍】健軍◆第三独立飛行隊（『九七式重爆』八機　諏訪部忠一大尉　久野正信大尉　町田一郎中尉　酒井義男少尉　荒谷猛少尉　川守田啓志少尉　小林慎吾少尉　新妻幸雄少尉　青井輝行少尉　酒井敏夫少尉　瀬立武夫少尉　中原正徳准尉　木村正雄曹長　岡本秀男曹長　水上精孝曹長　長谷川道朗曹長　藤田長寿曹長　松尾光己曹長　蓑島茂曹長　宮岡進二曹長　岡本利正軍曹　小林茂軍曹　長瀬嘉男軍曹　石川高明軍曹　今田文夫伍長　以上二五名）**◆義烈空挺隊**（奥山道郎少佐　渡部利夫大尉　宇都木五郎中尉　阿部忠秋少尉　石山俊雄少尉　梶原哲己少尉　辻岡創少尉　原田宣章少尉　棟方哲三少尉　渡辺祐輔少尉　山城金榮准尉　宮越春雄准尉　前原軍治曹長　三浦歳一郎曹長　森井徳満曹長　諸井守曹長　山本久美曹長　山下武雄曹長　谷川鐵男曹長　松實留四郎曹長　横田候四郎曹長　西島菊二六曹長　今村美好曹長　井上洋曹長　池島欣三曹長　稲津勝曹長　石丸愛二曹長　尾身勢二曹長　大山清治曹長　蟹田茂曹長　北島信利曹長　新藤勝曹長　伊藤馨軍曹　飯田秀臣軍曹　門山操軍曹　金山清軍曹　小寺久士軍曹　佐藤啓吾軍曹　酒井武行軍曹　菅野敏蔵軍曹　関三郎軍曹　角田信夫軍曹　星権五郎軍曹　新井卓夫伍長　赤羽勇美之助伍長　長谷川公十伍長　高橋房治伍長　田村幸作伍長　田村文人伍長　辻岡克己伍長　津隈庄蔵伍長　豊田和孝伍長　越（諏）訪芳雄（夫）伍長　馬場本末吉伍長　宍戸昇二伍長　廣津吾一伍長　堀添綴伍長　松永県（鼎）伍長　宮本忠一伍長　三浦豊喜伍長　室井玉伍長　村瀬孝行伍長　村本静伍長　山谷勝次郎伍長　中本甚之助伍長

川崎秀義伍長　荒間俊寛伍長　石塚勇伍長　岩瀬孝一伍長　石割正人伍長　岩神勉伍長　遠藤重雄伍長　大月松雄伍長　大島一郎伍長　田中清一伍長　加藤逸二伍長　相田清伍長　河野博文伍長　上村親夫伍長　菊田千代治伍長　木内益美伍長　木谷豊二伍長　斉藤金作伍長　齊藤愛一伍長　坂下信也伍長　東海林友一伍長　岡本又重伍長　田村松之助伍長　以上八八名）**◆飛行第六〇戦隊**（四式重爆『飛龍』一機　杉森英男大尉　鈴木一男准尉　西原正博准尉　佐藤淑雄見習士官　具志堅秀夫曹長　奈須政夫軍曹　山本辰男曹長　以上七名）**台湾八塊◆誠第七一飛行隊**（『九九襲』六機　渡部辺正美軍曹　湯村泰伍長　畠山正典伍長　押切富家伍長　山本登伍長　中山静雄伍長　以上六名）

【海軍】鹿屋◆神風菊水部隊白菊隊（機上作業練『白菊』八機　野田勉中尉　小堀淳三郎少尉　高橋中少尉　力石権四郎少尉　佐々木威夫少尉　水野博上飛曹　木戸門一上飛曹　小倉敏男上飛曹　川端滋一飛曹　柴原繁一飛曹　菅原喜三一飛曹　佐々木重衡一飛曹　中根輝治一飛曹　能見博一飛曹　松本直二飛曹　荒東国夫二飛曹　以上一六名）**・串良◆神風徳島第一白菊隊**（機上作業練『白菊』九機　根本喜一少尉　須田治少尉　真野敏弘少尉　渕元五十雄少尉　藤原一男上飛曹　井上博上飛曹　高野利雄上飛曹　浦上博一飛曹　伊東勝義一飛曹　三浦松義一飛曹　栗木朝明一飛曹　平島栄一飛曹　江田耕二一飛曹　脇田七郎二飛曹　岡島勝二飛曹　寺井政雄二飛曹　成田松之助二飛曹　中岡安美二飛曹　以上一八名）**・指宿◆神風第十二航空戦隊二座水偵隊**（『零式水観』二機　檜和田直成中尉　山口昇二飛曹　江代照雄二飛曹　以上三名）

五月二五日　（陸軍一九部隊六五機七一名：海軍四部隊一一機三六名）

【陸軍】知覧◆第二六振武隊（四式戦『疾風』二機　小林位少尉　梅津末雄少尉　以上二名）**◆第二九振武隊**（一式戦『隼』二機　益子博伍長　美野輝雄戦死後少尉　以上二名）**◆第四九振武隊**（一式戦『隼』二機　南部吉雄少尉　黒川久夫少尉　以上二名）**◆第五〇振武隊**（一式戦『隼』二機　藤田典燈少尉　高橋暲少尉　以上二名）**◆第五二振武隊**（一式戦『隼』五機　市川實少尉　谷苗菊夫少尉　荒川宜治少尉　中原常信少尉　太田増信伍長　以上五名）**◆第五四振武隊**（三式戦『飛燕』六機　松本勲少尉

坂内隆夫少尉　大越通明少尉　内海京一郎少尉　三島邦夫少尉　葛西宏少尉　以上六名）◆**第五五振武隊**（三式戦『飛燕』二機　菊池誠少尉　佐伯修少尉　以上二名）◆**第五六振武隊**（三式戦『飛燕』二機　鈴木重幸少尉　小澤幸夫少尉　以上二名）◆**第七〇振武隊**（一式戦『隼』三機　藤田文六伍長　朝倉岩次伍長　三村龍弘伍長　以上三名）◆**第七八振武隊**（『九七戦』三機　内藤寛次郎少尉　土谷恭三少尉　樺島資彦少尉　以上三名）◆**第一〇五振武隊**（『九七戦』二機　服部武雄伍長　仲西久雄伍長　以上二名）・**万世◆第六六振武隊**（『九七戦』二機　伊東輝友少尉　後藤光春少尉　以上二名）◆**第四三二振武隊**（『二式高練』二機　増渕松男伍長　矢内廉造伍長　以上二名）◆**第四三三振武隊**（『二式高練』五機　大島浩少尉　浪川利庸少尉　大塚要少尉　上島博治少尉　三瀬七郎少尉　以上五名）・**都城東◆第五七振武隊**（四式戦『疾風』一一機　吉川富治少尉　戸澤吾郎少尉　唐澤鐵次郎少尉　伊東喜得少尉　山下孝之伍長　西田久伍長　高埜徳伍長　志水一伍長　桟武夫伍長　小林昭二伍長　青木清二伍長　以上一一名）◆**第五八振武隊**（四式戦『疾風』一〇機　宮尾勝彦少尉　西村潤二少尉　冨永靖少尉　高田光太郎少尉　上田徳少尉　高柳隆少尉　國吉秀俊軍曹　今村岩美伍長　藤山恒彰伍長　榮龍志伍長　以上一〇名）◆**第六〇振武隊**（四式戦『疾風』一機　向井忠伍長　以上一名）◆**第六一振武隊**（四式戦『疾風』一機　新井武夫伍長　以上一名）・**大刀洗◆飛行第六二戦隊**（四式重爆『飛龍』二機　福島豊少尉　溝田彦二少尉　山中正八見習士官　山下正辰伍長　永野和男伍長　大川實伍長　田中彌一伍長　高尾峯望伍長　以上八名）

【海軍】鹿屋◆第九神風神雷部隊桜花隊（『桜花』三機　磯部正勇喜上飛曹　秋吉武昭上飛曹　徳安春海一飛曹『一式陸攻』三機　永吉晃中尉　工藤正典少尉　小作明男少尉　登玉道郎上飛曹　山口正治上飛曹　山浦甲子郎上飛曹　河野常好上飛曹　石渡和作一飛曹　早坂敦郎一飛曹　藤原薫一飛曹　佐光勝美一飛曹　江西安治一飛曹　田村吉伝一飛曹　三宅六男一飛曹　相川和夫一飛曹　久保唯義一整曹　小野一宝二飛曹　田中秀夫二飛曹　中村盛男二飛曹　杉野次夫飛長　松枝金作飛長　以上二四名）◆**神風菊水部隊白菊隊**（機上作業練『白菊』一機　坂本俊実一飛曹　西久道二飛曹　以上二名）・**宮崎・第二美保◆神風第十銀河**

隊（陸爆『銀河』三機　小口博造中尉　吉田湊飛曹長　平野勇上飛曹　小山秀一一飛曹　岩品福三郎一飛曹　藤沢弥須雄一飛曹　鈴木喜久男一飛曹　越野時貞一飛曹　以上八名）第二国分◆神風第三正統隊（『九九艦爆』一機　安斉（斎）岩男上飛曹　鹿島昭雄二飛曹　以上二名）

五月二六日　（陸軍三部隊八機八名：海軍一部隊一機二名）

【陸軍】知覧・喜界島◆第二一振武隊（一式戦『隼』一機　水川禎輔中尉　以上一名）◆第七八振武隊（『九七戦』一機　田宮治隆少尉　以上一名）◆第一一〇振武隊（三式戦『飛燕』六機　田中隼人少尉　西村敬次郎伍長　小浦和夫伍長　中牟田正雄伍長　清澤廣伍長　大友昭平伍長　以上六名）

【海軍】鹿屋◆神風菊水部隊第三白菊隊（機上作業練『白菊』一機　春木茂一飛曹　岩下武二飛曹　以上二名）

五月二七日　（陸軍二部隊一四機一四名：海軍二部隊一六機三二名）

【陸軍】知覧◆第四三一振武隊（『九七戦』五機　渡部（辺）綱三伍長　廣岡賢載（李賢載）伍長　橋之口勇伍長　鮏川林三伍長　紺野孝伍長　以上五名）・万世◆第七二振武隊（『九七戦』九機　佐藤睦男中尉　新井一夫軍曹　久永正人伍長　早川勉伍長　知崎利夫伍長　高橋峯好伍長　高橋要伍長　千田孝正伍長　荒木幸雄伍長　以上九名）

【海軍】鹿屋◆神風菊水部隊白菊隊（機上作業練『白菊』九機　川田茂中尉　縄野恭平中尉　岩崎鉄也少尉　篠部克己少尉　牧ノ内幸雄少尉　渡世保少尉　市原重雄上飛曹　増田幸男一飛曹　橋（播）本隆夫一飛曹　今野作蔵一飛曹　佐藤新四郎一飛曹　河本茂男二飛曹　横山誠雄二飛曹　島田常次二飛曹　畠中政人二飛曹　後藤春夫二飛曹　木藤静雄二飛曹　安藤広二飛曹　以上一八名）・串良◆神風徳島第二白菊隊（『白菊』七機　田中正喜中尉　能勢寛治少尉　中野善弘少尉　市野義春少尉　佐藤四朗少尉　井上健吉少尉　荒木圭亮少尉　稲子多喜雄一飛曹　岩崎正男一飛曹　帯川文男二飛曹　石井正行二飛曹　井尻登良一二飛曹　安達昭二二飛曹　中尾照雄二飛曹　以上一四名）

五月二八日　（陸軍一五部隊四五機四六名：海軍二部隊七機一四名）

【陸軍】知覧◆第四五振武隊（二式複戦『屠龍』九機　藤井一中尉　中田茂少尉　鈴木邦彦少尉　小川彰少尉　伊藤好久伍長　宮井政信伍長　一口義男伍長　與國茂伍長　北村伊那夫伍長　小川春雄伍長　以上一○名）◆**第四八振武隊**（一式戦『隼』二機　鈴木誠一少尉　土屋光男伍長　以上二名）◆**第五○振武隊**（一式戦『隼』一機　磯田徳行伍長　以上一名）◆**第五一振武隊**（一式戦『隼』一機　市川豊伍長　以上一名）◆第五二振武隊（一式戦『隼』三機　横山正雄少尉　林田務伍長　小石順一郎伍長　以上三名）◆**第五四振武隊**（三式戦『飛燕』三機　高井政（正）満少尉　上垣隆美少尉　中西伸一少尉　以上三名）◆**第五五振武隊**（三式戦『飛燕』一機　大岩泰雄少尉　以上一名）◆**第七○振武隊**（一式戦『隼』三機　田片恒之輔伍長　河村英世伍長　浅見忠二伍長　以上三名）◆**第一一○振武隊**（三式戦『飛燕』一機　太田巌戦死後軍曹　以上一名）◆**第二一三振武隊**（『九七戦』二機　蘆田慎一伍長　松下禎義伍長　以上二名）◆**第四三一振武隊**（『九七戦』二機　堀川義明少尉　金田光永（金光永）伍長　以上二名）・**万世◆第四三二振武隊**（『二式高練』八機　舟橋卓次少尉　若尾達夫軍曹　柳田昌男軍曹　瀬谷隆茂軍曹　松本久成伍長　竹田源三伍長　一井福治伍長　影山八郎伍長　以上八名）◆**第四三三振武隊**（『二式高練』五機　倉田道次少尉　本多（田）勇三少尉　三浦宏少尉　石川敏夫少尉　宮里松永少尉　以上五名）・**都城東◆第五八振武隊**（四式戦『疾風』一機　紺田博少尉　以上一名）◆**第五九振武隊**（四式戦『疾風』三機　大竹俍一少尉　小川榮伍長　永添照彦伍長　以上三名）

【海軍】串良◆神風徳島第三白菊隊（機上作業練『白菊』四機　滝本幸一一飛曹　北光円一飛曹　門田善次二飛曹　山岸純一二飛曹　三宅四郎二飛曹　上村早苗二飛曹　為広二見二飛曹　以上七名）・指宿◆**神風第四魁隊琴平水心隊**（『零式水偵』三機　重信隆少尉　山口平少尉　桜井武少尉　岩坂秀夫上曹　細田真仁一飛曹　原光三二飛曹　小林護二飛曹　以上七名）

五月二九日　（陸軍二部隊六機六名：海軍一部隊二機四名）

【陸軍】御前崎上空◆飛行第五戦隊（『機種不明』一機　河田清治少尉　以上一名）・**台湾宜蘭◆飛行第二〇戦隊**（一式戦『隼』五機　武本郁夫少尉　石橋志郎少尉　大野好治少尉　森弘伍長　山田三郎伍長　以上五名）

【海軍】台湾新竹◆神風振天隊（『九七艦攻』二機　古川正崇中尉　笠井至中尉　伊藤信照一飛曹　伊藤忠一飛曹　以上四名）

五月三一日　（陸軍一部隊一機一名：海軍〇）

【陸軍】台湾台中◆誠第一五飛行隊（『九九軽爆』一機　半田金三伍長　以上一名）

六月一日　（陸軍二部隊三機三名：海軍〇）

【陸軍】万世◆第四三三振武隊（『二式高練』一機　小柳善克少尉　以上一名）・**台湾宜蘭◆飛行第二〇戦隊**（一式戦『隼』二機　猪股寛少尉　芦立孝郎伍長　以上二名）

六月二日　（陸軍一部隊一機一名：海軍〇）

【陸軍】都城東◆第二六振武隊（四式戦『疾風』一機　児玉直喜戦死後大尉　以上一名）

六月三日　（陸軍六部隊二七機二七名：海軍一部隊三機六名）

【陸軍】知覧◆第四四振武隊（一式戦『隼』一機　伊藤俊治軍曹　以上一名）**◆第四八振武隊**（一式戦『隼』四機　柴田信平少尉　堀恒治少尉　松本真太治軍曹　中島豊蔵軍曹　以上四名）**◆第一一一振武隊**（『九七戦』八機　掛井義則少尉　鈴木泰治少尉　若松藤夫伍長　渡里修一伍長　松浦幸義伍長　中山完成伍長　近藤豊伍長　木村賢次伍長　以上八名）**◆第一一二振武隊**（『九七戦』九機　福田勝治少尉　高村統一郎少尉　西崎重男少尉　福田治郎伍長　松村富治伍長　中野繁利伍長　高塚茂久伍長　北野恒雄伍長　新井義男伍長　以上九機）**◆第二一四振武隊**（『九七戦』四機　深田末義伍長　谷口積男伍長　佐々木暹伍長　橋正豊次伍長　以上四名）**◆第四三二振武隊**（『九七戦』一機　岡澤實伍長　以上一名）

【海軍】第二国分◆神風第四正統隊（『九九艦爆』三機　関島進中尉　野津誠少尉　前山富士生少尉　鳥

山政幸上飛曹　服部英明一飛曹　南里勇一飛曹　以上六名）

六月五日　（陸軍一部隊四機四名：海軍〇）

【陸軍】台湾八塊◆飛行第一七戦隊（三式戦『飛燕』四機　富永幹夫少尉　佐田通安少尉　稲森静二少尉　岡田正雄少尉　以上四名）

六月六日　（陸軍九部隊三三機三三名：海軍〇）

【陸軍】知覧◆第五四振武隊（三式戦『飛燕』一機　岡本一利少尉　以上一名）◆**第一〇四振武隊**（『九九襲』一機　宮川三郎伍長　以上一名）◆**第一一三振武隊**（『二式高練』一〇機　生駒寛彦少尉　高野正治少尉　村串六郎伍長　羽立光行伍長　中島璋夫伍長　坂口良介伍長　清原県（鼎）実（韓鼎実）伍長　北澤（沢）丈夫伍長　菊池秀雄伍長　泉田裕伍長　以上一〇名）◆**第一五九振武隊**（三式戦『飛燕』五機　瀬（頼）田克己少尉　松原新少尉　高島俊三少尉　伊川要三軍曹　西野岩根伍長　以上五名）◆**第一六〇振武隊**（三式戦『飛燕』三機　佐々木鉄雄少尉　新井利郎少尉　豊島光顕少尉　以上三名）◆**第一六五振武隊**（三式戦『飛燕』五機　和田照次少尉　渡辺静少尉　枝幹二少尉　杉本明少尉　中川勝少尉　以上五名）・**台湾台中◆誠第三三飛行隊**（四式戦『疾風』一機　草葉（場）道夫少尉　以上一名）◆**飛行第二九戦隊**（一式戦『隼』三機　中島三夫少尉　吉森茂軍曹　林田敏治伍長　以上三名）・**宜蘭◆飛行第二〇戦隊**（一式戦『隼』四機　及川真輔少尉　東勉伍長　遠藤昭三郎伍　吉川昭孝伍長　以上四名）

六月七日　（陸軍三部隊八機八名：海軍一部隊二機二名）

【陸軍】阪神上空◆独立飛行第八二中隊（『機種不明』一機　鵜飼義明中尉　以上一名）・**万世◆第六三振武隊**（『九九襲』六機　難波晋策（作）准尉　宮光男曹長　後藤与（與）二郎曹長　佐々木平吉軍曹　榊原吉一軍曹　服部良策軍曹　以上六名）・**喜界島◆第四六振武隊**（『九九襲』一機　伊原左源次伍長　以上一名）

【海軍】石垣島◆神風第二十一大義隊（『零戦』二機　橋爪和美一飛曹　柳原定夫二飛曹　以上二名）

六月八日

【陸軍】知覧◆第四八振武隊（一式戦『隼』二機 中島章少尉 伊藤甲子郎伍長 以上二名）◆**第五三振武隊**（一式戦『隼』一機 河井秀男伍長 以上一名）・**万世◆第一四一振武隊**（一式戦『隼』二機 平原太郎少尉 長井良夫少尉 以上二名）◆**第一四四振武隊**（一式戦『隼』二機岡田義人少尉 中島英彦少尉 以上二名）・**都城東◆第五九振武隊**（四式戦『疾風』六機 御宮司秀雄少尉 芦刈茂金少尉 田中平一少尉 野口肇太郎少尉 増岡武男伍長 近藤一一伍長 以上六名）

（陸軍五部隊一三機一三名：海軍〇）

六月一〇日

【陸軍】知覧◆第一一二振武隊（『九七戦』二機 真高郁夫伍長 杉山龍治伍長 以上二名）◆**第二一四振武隊**（『九七戦』一機 金井良吉戦死後少尉 以上一名）

（陸軍二部隊三機三名：海軍〇）

六月一一日

【陸軍】知覧◆第五六振武隊（三式戦『飛燕』一機 川路晃少尉 以上一名）◆**第一五九振武隊**（三式戦『飛燕』一機 磯部十四男伍長 以上一名）◆**第二一五振武隊**（『九七戦』一機 麻生隆少尉 以上一名）・**万世◆第六四振武隊**（『九九襲』九機 渋谷健一大尉 巽精造少尉 稲垣忠男少尉 斉藤正敏軍曹 加藤俊二軍曹 稲島竹三軍曹 井上清軍曹 森高夫伍長 岸田盛夫伍長 以上九名）

（陸軍四部隊一二機一二名：海軍〇）

六月一九日

【陸軍】万世◆第一四四振武隊（一式戦『隼』一機 薄井義夫少尉 以上一名）

（陸軍一部隊一機一名：海軍〇）

六月二一日

【陸軍】都城東◆第二六振武隊（四式戦『疾風』四機 相良釟郎中尉 木村清治中尉 永島（嶋）福次郎少尉 西宮忠雄少尉 以上四名）

（陸軍一部隊四機四名：海軍三部隊一三機二五名）

【海軍】鹿屋◆神風菊水部隊第二白菊隊（機上作業練『白菊』五機 古賀一義中尉 井上幸胤中尉 針生房吉中尉 佐久間潔上飛曹 宮沢茂雄一飛曹 有賀康男一飛曹 掛川諒一二飛曹 粟倉一雄二飛曹 藤本

利雄二飛曹 河野直義二飛曹 以上一〇名)・**串良◆神風徳島第四白菊隊**(『白菊』三機 北脇博夫中尉 井上国平中尉 水無瀬勇少尉 末次直輔少尉 萩原満三少尉 大住博也上飛曹 以上六名)・**指宿◆神風第十二航空戦隊二座水偵隊**(『零式水観』五機 野路井正造中尉 乙津和市少尉 山口輝夫少尉 相馬昂少尉 内田徹一飛曹 小林清吉一飛曹 根上行介一飛曹 中島照二二飛曹 立山敏教二飛曹 以上九名)

六月二二日 (陸軍二部隊一一機一一名:海軍二部隊一五機三九名)

【陸軍】都城東◆第二七振武隊(四式戦『疾風』六機 川村勝中尉 奈良又男少尉 矢口剛少尉 原田栞少尉 高橋毅少尉 熊澤弘之少尉 以上六名)**◆第一七九振武隊**(四式戦『疾風』五機 金丸亨中尉 江福保郎少尉 濱田斉伍長 松尾秀雄伍長 太田外茂行伍長 以上五名)

【海軍】鹿屋◆第十神風神雷部隊桜花隊(『桜花』四機 篠(藤)崎俊英中尉 山崎三夫上飛曹 堀江真上飛曹 片桐清美一飛曹『一式陸攻』)四機 稲ヶ瀬隆治中尉 根本次男中尉 三浦北太郎中尉 伊藤正一中尉 岡本繁上飛曹 千葉芳雄上飛曹 立川徳治上飛曹 山下幸信上飛曹 鳥居義男上飛曹 南藤憲上飛曹 樫原一一上飛曹 土井惟三一飛曹 佐藤貞志一飛曹 樋口武夫一飛曹 木村茂一飛曹 三木淑男一飛曹 竹田広吉一飛曹 飛鷹義矢一飛曹 村山省作一整曹 中島佐吉一整曹 藤木政戸二飛曹 杉田竜馬二飛曹 牛浜重則二飛曹 坂本由一飛長 但木正飛長 明神福徳飛長 大熊堅飛長 北村義明飛長 以上三二名)**◆神風第一神雷爆戦隊**(『零戦』七機 高橋英生中尉 川口光男中尉 金子照男少尉 溝口幸次郎少尉 河晴彦少尉 石塚隆三少尉 伊東祥夫少尉 以上七機)

六月二五日 (陸軍一部隊三機二四名:海軍三部隊一三機二二名)

【陸軍】南西バリクババン◆七生神雷隊飛行第六一戦隊(四式重爆『飛龍』三機 中島要少佐 吉谷正之大尉 新道定信大尉 山中嶺一郎中尉 前間久重少尉 衛藤親思〈海軍少尉〉 前田正八准尉 山打一雄准尉 細江源之助曹長 加藤清八郎曹長 谷義美曹長 田中公福曹長 馬場重男曹長 真仲康四曹長 中村雅治曹長 尾川延雄〈海軍飛曹長〉 内倉龍三軍曹 大栗清一郎軍曹 加藤与一軍曹 河村銀之軍曹 立原

幹一軍曹 高田政三軍曹 根木禎二軍曹 大杉良〈海軍上飛曹〉以上二四名）

【海軍】串良◆神風徳島第五白菊隊（機上作業練『白菊』七機 三浦猛輝少尉 岡田清少尉 高木敏夫上飛曹 水戸丈夫上飛曹 菅野繁蔵上飛曹 木田由男一飛曹 緒方秀一一飛曹 高沢敬次一飛曹 隅倉悦二二飛曹 山口清三郎二飛曹 木塚梅夫二飛曹 前野博之二飛曹 沢原昭夫二飛曹 今西登志男二飛曹 以上一四名）・**指宿◆神風琴平水偵隊**（『零式水観』五機 椎根正中尉 加藤重信一飛曹 久次勝美一飛曹 佃辰夫二飛曹 高口一雄二飛曹 小酒悟郎二飛曹 以上六名）・**奄美大島◆神風第十二航空戦隊二座水偵**（『零式水観』一機 田所昇少尉 松永篤雄二飛曹 以上二名）

六月二六日 （陸軍二部隊三機三名：海軍○）

【陸軍】熊野灘・大阪上空◆飛行第二四六戦隊（『機種不明』二機 音成貞彦大尉 原実利軍曹 以上二名）・広島上空◆**飛行第五六戦隊**（『機種不明』一機 中川裕少尉 以上一名）

六月二七日 （陸軍○：海軍一部隊一機一名）

【海軍】古仁屋◆神風琴平水偵隊（『零式水観』一機 杉田巽二飛曹 以上一名）

六月二八日 （陸軍○：海軍一部隊一機二名）

【海軍】古仁屋◆神風琴平水偵隊（『零式水観』一機 竹安末雄上飛曹 中村毅二飛曹 以上二名）

七月一日 （陸軍一部隊四機四名：海軍○）

【陸軍】都城東◆第一八〇振武隊（四式戦『疾風』四機 宇佐美輝夫伍長 新田祐夫伍長 木下武彦戦死後中尉 村木伊三男戦死後曹長 以上四名）

七月三日 （陸軍○：海軍一部隊一機二名）

【海軍】奄美大島◆神風第十二航空戦隊二座水偵隊（『零式水観』一機 須藤竹次郎中尉 桑原辰夫二飛曹 以上二名）

七月一九日 （陸軍三部隊六機六名：海軍○）

【陸軍】台湾花蓮港◆飛行第二〇四戦隊（一式戦『隼』四機　織田保也少尉　塚田方也軍曹　笠原卓三軍曹　渡井香伍長　以上四名）・**台湾八塊◆誠第七一飛行隊**（『九九襲』一機　中島尚一伍長　以上一名）

◆誠第三一飛行隊（『九九襲』一機　藤井清美少尉　以上一名）

七月二五日　（陸軍〇：海軍一隊四機八名）

【海軍】木更津◆神風第七御盾隊第一次流星隊（艦攻『流星』四機　森正一大尉　郡田英男中尉　小沢長三郎中尉　向島重徳飛曹長　斎藤七郎上飛曹　石川泰三上飛曹　関口洋上飛曹　本田只美一飛曹　以上八名）

七月二六日　（陸軍一部隊二機三名：海軍〇）

【陸軍】南西ブケット沖◆七生昭道隊（『九九襲』二機　山本玄治曹長　徳永勇夫曹長　木村俊郎伍長　以上三名）

七月二八日　（陸軍一部隊一機一名：海軍〇）

【陸軍】スワ砲台沖◆七生昭武隊（『九七戦』一機　中村安雄少尉　以上一名）

七月二九日　（陸軍〇：海軍一部隊五機五名）

【海軍】宮古島◆第三竜虎隊（『九三中練』五機　三村弘上飛曹　原優一飛曹　佐原正二郎一飛曹　庵民男一飛曹　近藤清忠階級不明　以上五名）

七月三〇日　（陸軍〇：海軍一部隊二機二名）

【海軍】宮古島◆第三竜虎隊（『九三中練』二機　川平誠一飛曹　松田昇一飛曹　以上二名）

八月〇九日　（陸軍一部隊一機三名：海軍二部隊一三機二五名）

【陸軍】陸中海岸上空◆第二五五神鷲隊（『九九軽爆』一機　吉村公男中尉　渡辺秀男少尉　石井博伍長　以上三名）

【海軍】百里原◆神風第四御盾隊（艦攻『彗星』七機　榊原靖中尉　北村久吉中尉　田中幸三中尉　遠藤

良三上飛曹 原嶋久仁信上飛曹 遠山明上飛曹 板橋泰夫上飛曹 広島忠夫一飛曹 増岡輝彦一飛曹 原田敏夫一飛曹 岩部敬次郎一飛曹 萬善東一一飛曹 渋谷文夫二飛曹 以上一三名）**木更津◆神風第七御盾隊第二次流星隊**（艦攻『流星』六機 林憲正中尉 茨木松夫中尉 笹沼正雄中尉 横塚（堺）新一上飛曹 曽我部讓上飛曹 島田栄助上飛曹 田中喜芳上飛曹 吉野賢示一飛曹 搾（榨）和夫一飛曹 小松文男一飛曹 高須孝四郎一飛曹 野辺貞助一飛曹 以上一二名）

八月一三日　（陸軍四部隊六機七名：海軍三部隊一〇機一八名）

【陸軍】下田南洋上◆第一練成飛行隊（『機種不明』一機 後藤秀男軍曹 以上一名）◆第三九八神鷲隊（『九五式中練』二機 本田続曹長 小松重英伍長 以上二名）・**犬吠崎東方洋上◆第二〇一神鷲隊**（二式複戦『屠龍』二機 小川満中尉 横山善次少尉 藤田重喜伍長 以上三名）◆**飛行第一〇師団神鷲隊**（『機種不明』一機 鶴岡弘少尉 以上一名）

【海軍】百里原◆神風第四御盾隊（艦爆『彗星』四機 小城亜細亜中尉 平野享中尉 三橋栄治中尉 森保上飛曹 武内良之一飛曹 今井勲一飛曹 生津賢裕一飛曹 加藤康夫二飛曹 以上八名）・**木更津◆神風第七御盾隊第三次流星隊**（艦攻『流星』四機 砂川啓英中尉 上大迫克己中尉 元八郎中尉 山中誠少尉 弘寺富士人上飛曹 西森良臣上飛曹 田中憲一一飛曹 酒向公二一飛曹 以上八名）・**喜界島◆神風第二神雷爆戦隊**（『零戦』二機 岡島四郎中尉 星野実一飛曹 以上二名）

八月一五日　（陸軍〇：海軍二部隊九機一八名）

【海軍】百里原◆神風第四御盾隊（艦爆『彗星』八機 谷山春男中尉 水上潤一中尉 勝原通利中尉 山本好人上飛曹 岩谷樟上飛曹 川合寿一上飛曹 永田与四雄一飛曹 田島平三一飛曹 田上初治一飛曹 田中喬一飛曹 藤本嶺一飛曹 溝口和彦一飛曹 矢上保一飛曹 弘光正治一飛曹 新井唯夫二飛曹 泉川白二飛曹 以上一六名）・**宮崎◆神風第七御盾隊第四次流星隊**（『流星』一機 中内理一飛曹 縄（網）田准二一飛曹 以上二名）

八月一九日

【陸軍】「満州　新民屯」附近◆神州不滅特別攻撃隊（『九八式直協偵』もしくは『二式高練』九機　北島孝次少尉　谷藤徹夫少尉　大倉巌少尉　岩佐輝夫少尉　波多野五男少尉　日野敏一少尉　馬場伊与次少尉　今田達夫少尉　二ノ宮清准尉　以上九名）（陸軍一部隊九機九名：海軍〇）

海軍最後の特攻は、八月一五日の神風第四御盾隊と神風第七御盾隊第四次流星隊の二隊となっている。敗戦直前の特攻である。この特攻を何故止められなかったのか、痛恨の極みである。ところで、海軍は敗戦の八月一五日の午後五時、すなわち敗戦詔勅の五時間後に宇垣纒（中将　第五航空艦隊司令長官）直率による特攻を実施している。これを本稿では「宇垣特攻」としておく。当然に「宇垣特攻」が海軍最後の神風特攻となるべきであるが、どの文献や記録にも公式の特攻として記録されていない。ところで、宇垣纒とは本稿第四章で記した梓特別攻撃隊を指揮した人である。この人が八月一五日の敗戦詔勅の後に、多くの部下をともない司令官特攻を実施している。このことは次章で記す。

日本陸海軍最後の航空特攻は、八月一九日の陸軍による神州不滅特別攻撃隊によるものである。実はこの特攻も資料によっては記していないものもある。筆者の『特攻データベース』（筆者作成）は先述したように各資料の「足し込み」としていることから神州不滅特別攻撃隊もここでは公式の特攻としているが、この隊の扱いも資料編纂者によっては様々であることを附記しておく。ところで、この特攻では異例なことが起っている。谷藤徹夫（少尉　特別操縦見習士官※　年齢不詳）には新妻がいた。その名を「朝子」という。その妻が特攻機に乗り込み殉死をしている。さらに大倉巌（少尉　特別操縦見習士官　年齢不詳）機にもひとりの女性が乗り込み殉死している。大倉巌との関係は不明だが、その名を「スミ子」と言う。それまでの特攻に女性が乗ることは、勿論ない。あるはずがない。敗戦後の混乱がこのような異例をもたらしたのであろう。特攻というよりも無理心中のような気がしてならない。尚、この神州不滅特別攻撃隊の詳細は特攻観音（東京都世田谷区下馬四丁目九番四号）境内の碑に刻み込まれている。しかし、殉死した二人の女性の名はそこにはない。毎日新聞社編『別冊一億人の昭和史 特別攻撃隊 日本の戦史別巻④』（毎日新聞社 一九七九）がわずかに二人の女性の消息を伝えている。（※陸軍の空中勤務者養成制度、海軍飛行予備士官と同等）

以上の日本陸海軍の特攻出撃総計はつぎのとおりとなる。ただし、戦死者数と出撃数は先述の日付ごとの足し込み数値であるが、出撃部隊数は、同じ部隊であっても日を違えて出撃している。ゆえに日付ごとの足し込みは延数となることから、出撃部隊数は実数で記していることを断っておく。

	出撃部隊数	戦死者数	出撃機数
陸軍	一七七部隊	一、四五六名	一、一八二機
海軍	二二七部隊	二、五一一名	一、四〇七機
合計	四〇四部隊	三、九六七名	二、五八九機

つぎに、日本陸海軍の特攻隊出撃状況を時系列でグラフ（次頁）にしておきたい。年別、月別、さらに旬日別の集計となっている。陸海軍別に記しておく。灰色グラフ（後）は特攻戦死者数、白色グラフ（前）は出撃機数である。

陸海軍とも月によって出撃数にばらつきがある。ひとつの山は一九四四年一一月から一九四五年一月である。この時期はフィリピンにおける捷号作戦への対応である。もうひとつの山は一九四五年四月から六月にかけての沖縄作戦に対応している

つぎに、特攻隊員の戦死年での満年齢をグラフ（二九二頁）で示しておきたい。

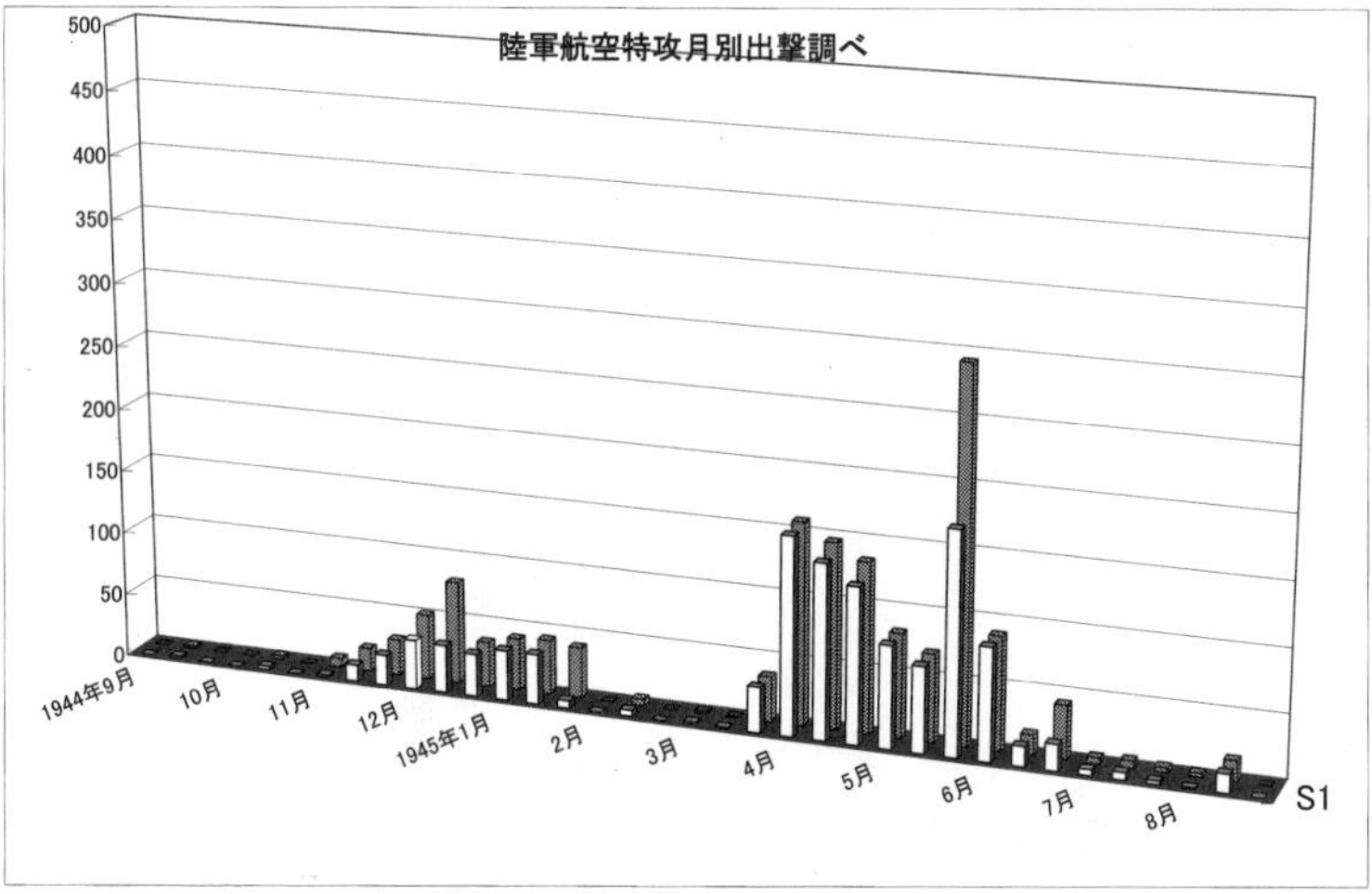
陸軍航空特攻月別出撃調べ
500
450
400
350
300
250
200
150
100
50
0
1944年9月
10月
11月
12月
1945年1月
2月
3月
4月
5月
6月
7月
8月
S1

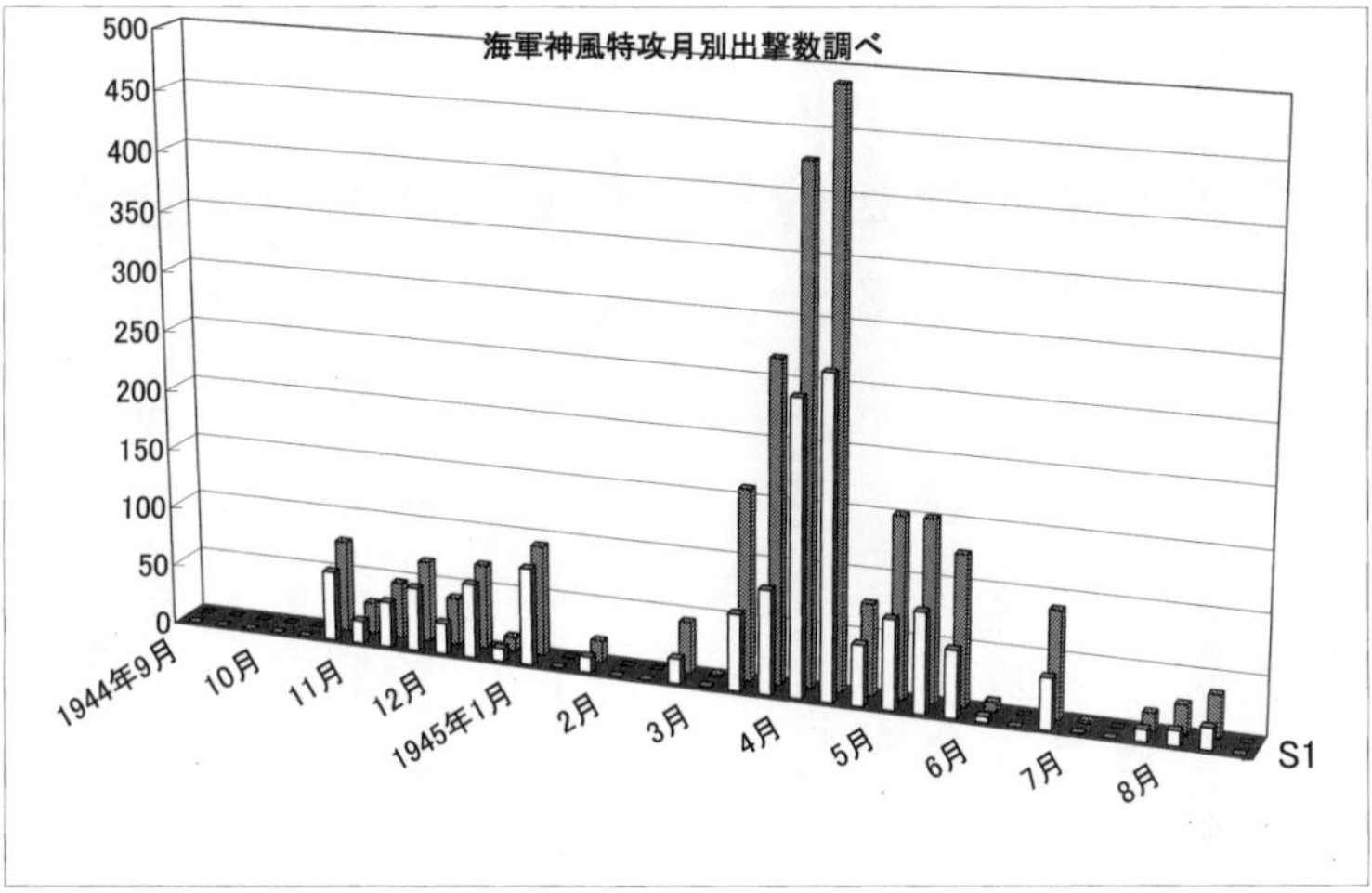
海軍神風特攻月別出撃数調べ
500
450
400
350
300
250
200
150
100
50
0
1944年9月
10月
11月
12月
1945年1月
2月
3月
4月
5月
6月
7月
8月
S1

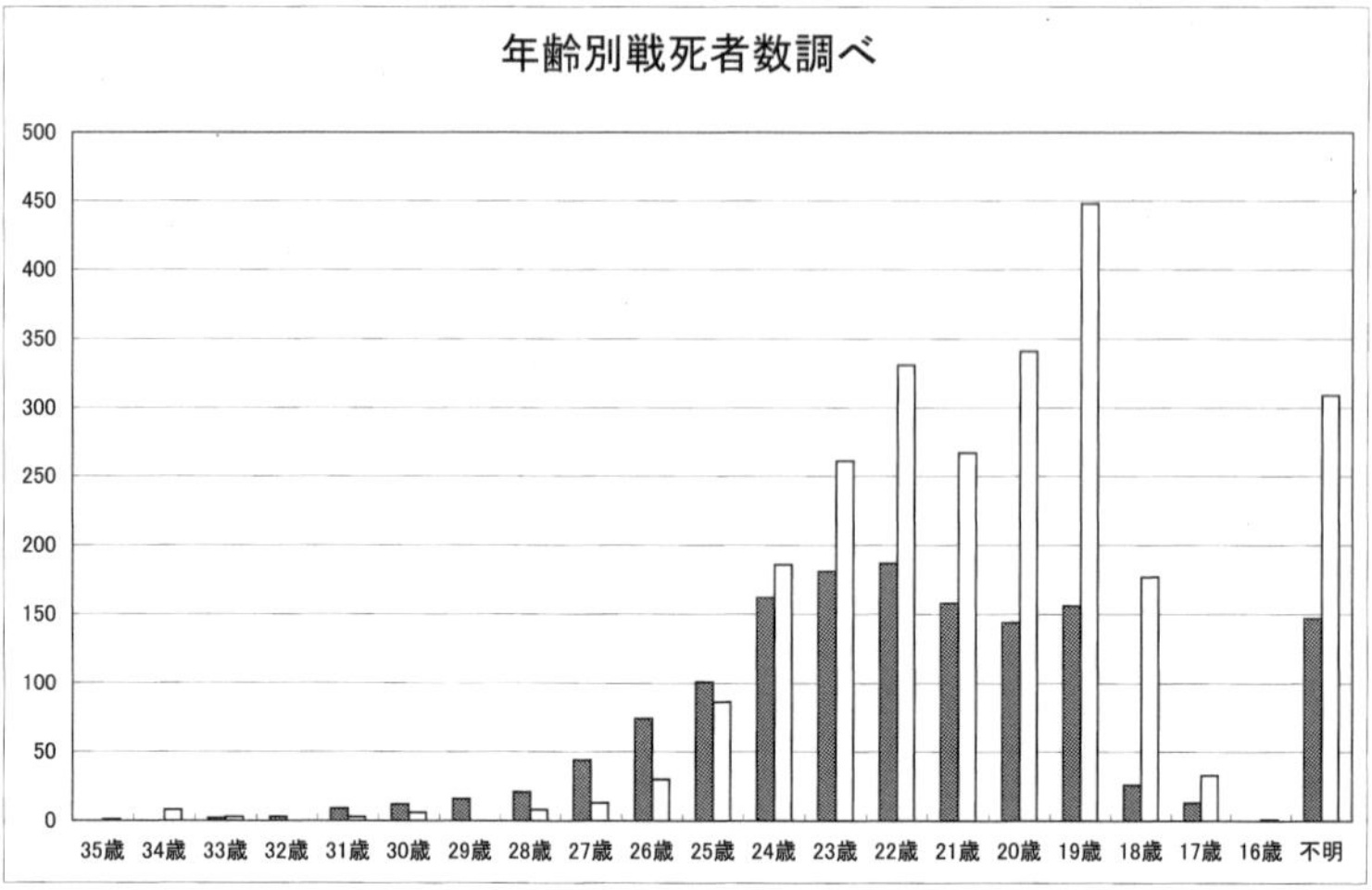

左側灰色が陸軍、右側白色が海軍である。陸軍での平均年齢は二二・五歳、最多年齢層は二二歳である。海軍での平均年齢は二一・二歳、最多年齢層は一九歳となっている。海軍の方が年齢が低い、これは海軍の場合は操縦や偵察以外に若い電信員も搭乗することの結果であるようだ。因みに、電信員の特攻戦死者数は二九〇名、そのうち年齢の判明している人たちは二五四名で、最高齢は三一歳、最年少は一六歳、平均は一九・六歳となった。この人たちが、海軍の戦死年齢を押し下げているように考えられる。

最後に、これらの膨大な特攻出撃の結果がどうであったかを数値で記しておきたい。すなわち「戦果」である。このことについては拙著『元気で命中に参ります―遺書からみた陸軍航空特別攻撃隊』（元就出版）に計算方法も提示しながら詳述しているのでご参考としていただければ幸いであるが、本稿ではその結論だけを述べておきたい。この「戦果」の数値分析については、主な出典を森本忠男『特攻―外道の統率と人間の条件』（文藝春秋）とし、その記載数値を筆者が集計したものである。その結果、連合国軍の被害状況はつぎのとおりとなった。

命中艦　一八七隻（ただし延べ　内沈没五四隻）
損傷艦　三一八隻（ただし延べ）
米軍戦死者数　一四、一五四名（ただし筆者推測）
米軍戦傷者数　二〇、四七二名（ただし筆者推測）

特攻の命中率であるが、

直接的な体当たり成功率　八・二パーセント
至近命中による成功率　一・三パーセント
間接的に損傷を与えた率　一二・八パーセント

となった。ご参考とされたい（今井健嗣『元気で命中に参ります』元就出版社）。

これらの分析をしながら筆者は感嘆することがある。そこで思い切った私見を述べさせいただきたい。それは、この時期の圧倒的な戦力差の中で、日本陸海軍の特攻隊員は実によく戦ったということである。上記の数値からも航空特攻という、ごく限られた領域の戦争では、日本軍特攻隊員は圧倒的に優勢な連合国軍と互角に戦ったのでないかと考えている。否、見方によっては、日本軍特攻隊員は連合国軍に勝利していたのではないかと考えられないでもない。そのように感じている。

第六章——「志願」と「命令」の間

第一項　特攻は「命令」!?

海軍神風特攻の最も厄介な課題について筆者なりの試論を最後に述べておきたい。その試論とは、海軍神風特攻が「命令」であったのか、それとも「志願」であったのかの難問である。特攻から生還した元航空特攻隊員を含む旧陸海軍関係者には「志願」説を主張する人たちが多い。戦時中は特攻現場にいた人たちである。特攻出撃した人もいる。この人たちの「志願」説は特攻現場経験者の意見であるが故に重い。一方、「命令」説はジャーナリストや評論家に多い。その多くは敗戦後に構築された論であるように感じている。しかしながら、緻密な取材に基づいているものもあり傾聴に値するものも多い。両者ともにそれぞれに深い意味合いがある。ところで筆者は後者の「命令」説に属する者である。筆者は、海軍神風特攻は「命令」であったと考える。そこで、管見の限りを尽くし、筆者なりに、この難問に迫ってみたい。本質に迫れる自信はない、せめて傍証なりとも記しておきたい。

神風特別攻撃隊の嚆矢は、通史によると一九四五年一〇月二五日の敷島隊によるものであるとされている。そこで、最初の特攻隊と言われている神風敷島隊がどのように編制されたのか、その経緯を簡単に述べてみたい。敷島隊の編制を命じたのは大西瀧治郎（中将）だといわれている。この人はそれまでは海軍省軍需局長であった。一九四五年一〇月一七日にフィリピン・マニラの第一航空艦隊司令長官に異動している。フィリピンでの劣性な航空戦を打開するには大西をおいて他に無いという人事であったらしい。東京からマニラ着任までの間に大西の頭を支配していたのは「体当たり」戦法であったと言われている。戦闘機に爆弾を懸架して人もろともに体当たりをする特攻作戦である。今の戦局を打開するにはこれしか方法はないと思いつめていたらしい。この辺りの事情は多くの作家が触れているので筆者の下手な記述は控えたい。その大西瀧治郎はマニラ着任の旬日を経ずして特攻隊編制を玉井浅一（大佐）と猪口力平（大佐）に命じている。この詳細は猪口力平／中島正『神風特別攻撃隊の記録』（雪華社）に詳しい。一九四四年一〇月二〇日の夜のことである。よく引用されるシーンである。拙著『元気に命中に参ります』（元就出版社）にも引用した。大変に重要な意味合いを含んでいることから、煩わしくはあるが、本稿でも採り上げておきたい。

「どうだろう、おれは関を出してみようと思うんだが？……」と、玉井副長は私（猪口）に言った。私は兵学校の教官時代に接した関生徒の面影を思い出しながら、関大尉について、玉井副長の概略の話を聞き、
「よかろう」と、この人の人選に同意したのであった。

別室ですでに休んでいる関行男（大尉）が起された。部屋に入ってきた関行男に、
玉井副長は（略）「ついてはこの攻撃隊の指揮官として、貴様に白羽の矢を立てたんだがどうか？」

と涙ぐんでたずねた。関大尉は唇を結んで何の返事もしない。両膝を机の上につき、オールバックにした髪を両手でささえて、目をつむったまま深い考えに沈んでいった。身動きもしない。一秒、二秒、三秒、四秒、五秒……と、彼の手がわずかに動いて、髪をかき上げたかと思うと、静かに頭を持ち上げていった。

「ぜひ、私にやらせて下さい」

すこしのよどみもない明瞭な口調であった。

玉井中佐も、ただ一言、

「そうか！」と答えて、じっと関大尉の顔をみつめた。


この様にして神風敷島隊長は関行男と決められた。とにかく、神風特別攻撃隊敷島隊の編成の際、隊長関行男の選定は、同書をどのように読み込んでも「志願」とは判断できない。「命令」としか言いようがない。「白羽の矢を立てる」という表現そのものが「命令」と言っているのと同じである。

つぎに、神風敷島隊の下士官隊員の選定の様子はどうだあったか。


玉井副長の脳裏には、（略）すでに『第九期（ママ）飛行練習生（予科練甲種十期―引用者注）の搭乗員から選ぼう』という考えがうかんでいた。九期（ママ）飛行練習生と玉井副長との間には、前々から切っても切れない深い縁があったからである。（略）玉井中佐は自然彼らに対して親が子を思う「可愛くて可愛くてたまらない」というような深い関係を持っていて、何とかよい機会を見つけ、彼らを立派なお役にたたせてやりたいと考えていたし、彼らの方も玉井中佐には親に対するような心情を持ちであったとしている。関行男の部下となる下士官隊員も志願であったとは言い難い。「何とかよい機会を見つけ」、「彼らを立派なお役にたたせてやりたい」は命令と同義語である。

猪口力平／中島正『神風特別攻撃隊の記録』（雪華社）は、どちらかと言えば「志願」説で貫かれている。しかし、特攻の嚆矢と言われている神風敷島隊は、どこをどう読んでも「志願」とは言いがたい。

とにかく神風敷島隊は、第一航空艦隊司令長官大西瀧治郎の命令のもとに編制され出撃したといってよいだろう。すなわち命令による出撃である。ところで、この特攻命令が大西瀧治郎ひとりで決定されたと通説では言われているが、そうではないという説もある。海軍軍令部による組織決定であり、大西瀧治郎はその決定に従った単なる実行者であると言う説もある。そうかもしれない。しかし、このことについては筆者の力の及ぶところではない。

つぎからは、海軍神風特攻が「命令」であったことのいくつかの傍証をしておきたい。

《特攻マニュアルより》

「軍機　七六三空機密第一号　第三特攻隊攻撃部署　第七六三海軍航空隊」と表題のついた『戦闘詳報』がある。表紙欄外には「処分法　用済後焼却ノ事、機上携行ヲ禁ズ」と脚注されている。また、「接受／一九一二七／一航艦司」の収受印がある。一九四四年（昭和一九）一二月七日に第一航空艦隊司令部が受領したものと推測する。これを収録する『海軍特別攻撃隊戦闘記録』（アテネ書房）の解説によると、「これは戦闘詳報ではなく、昭和一九年一二月に第七六三海軍航空隊から第三特攻隊として第一航空艦隊司令部に提出された書類と思われる。特別攻撃隊の標準的な編制、攻撃方法などを解説している」と脚注されている。内容は海軍神風特攻のマニュアルとなっている。前述の神風敷島隊出撃一ヶ月後の文書である。そこに書かれている内容から、特攻は「命令」であったことの筆者なりの傍証をしておきたい。
まず目次であるが、

第一項　攻撃要綱
第二項　戦闘方針
第三項　特攻隊編制
第四項　攻撃計画
第五項　通信計画
第六項　防禦保安

とある。そこで第一項「攻撃要綱」と第二項「戦闘方針」をそのまま引用したい。

第一項　攻撃要綱
皇國ノ興廃ヲ決スル大東亜ノ決戦段階ニ際シ現下ノ難局ヲ打開シ必勝ノ血路ヲ啓開スル唯一ノ道ハ唯々一人千殺一機能《よく》一艦必沈ノ決定的戦法ニ依ルノ外ナシ　茲《ここ》ニ於テ本特攻隊ハ御稜威ノ下天佑ヲ確信全員ヲ挙ゲテ殉忠護国ノ至誠ニ徹シ体当攻撃ヲ以テ物量ノ優秀ヲ恃ム敵侵攻兵力ノ軀軸タル機動部隊ノ主力ヲ覆滅シ以テ敵ノ侵攻ヲ完全ニ打破挫折セシメントス（傍線・ルビ—引用者）

現況を打開するのは「一人千殺」の特攻以外にないとしている。すでに特攻は作戦となっていると解釈できる。

第二項　戦闘方針
兵力配備ハ敵機動部隊ノ奇襲及敵基地航空兵力ノ連襲制圧ヲ考慮シ極力分散配備トシ攻撃ハ最寄基地ヨリスル遠距離先制奇襲攻撃ヲ以テ本領トス情況已ムヲ得ズ近距離ニ近接セル敵部隊ニ対シテハ各分散基地ヨリ挟撃ニ依リ之ヲ覆滅ス

特攻運用機は敵からの秘匿のために分散配備し、遠距離からの奇襲が理想であるとしている。これからも、特攻は思いつきによる作戦ではなく、正式な作戦となっているように窺われる。つぎの記述はさらに具体的だ。

「第三項　特攻隊編制」では、「第一編成（遠距離攻撃ノ場合）」として、特攻機は「銀河特攻機（一区隊二機×二区隊＝四機）、偵察と戦果確認には「彩雲偵察一～二機」としている。また「一、銀河ノ機数ハ敵空母隻数ニ比シ同数乃至3/2ノ機数ヲ指向ス　二、彩雲ノ機数ハ銀河ノ機数並攻撃方法ヲ考慮シ決定ス」としている。すなわち、遠距離からの特攻攻撃の場合は、特攻機として陸爆『銀河』四機を単位として、戦果確認と偵察は艦上偵察機『彩雲』を使用するとしている。また、『銀河』の機数は敵艦船数の同数か、もしくは一・五倍として、艦上偵察機『彩雲』の機数は適宜としている。「第二編成（近距離攻撃ノ場合）」では、特攻機は「銀河特攻機（一区隊一機）」、「紫電（零戦）直掩（一区隊二機）」を単位としている。これをさらに四区隊編制し一つの部隊とするとしている。すなわち、近距離の特攻攻撃の場合は、特攻機として陸爆『銀河』が四機、そして直掩の局地戦闘機『紫電』もしくは『零戦』が合計八機、さらに「制空隊」として局地戦闘機『紫電』もしくは『零戦』の八機以上が妥当であると記している。さらに「一、銀河ノ機数ハ敵機動部隊ノ推定隻数ニ比シ同数乃至3/2ノ機数ヲ指向ス　二、直掩戦闘機ハ銀河一機ニ対シ二機ヲ附スル立前（建前―引用者注）トシ状況ニ依リ之ヲ附セザルコトアリ　三、制空隊ハ敵情ニ應ジ強襲ヲ予期セラル場合協力セシム」とし、欄外脚注には「(註) 近距離攻撃遠距離攻撃ノ区別ハ戦闘機ノ行動能力ヲ基準トシ味方戦闘機ノ行動範囲内ニ於ケル攻撃ヲ近距離攻撃トス」とある。特攻機数は敵艦船と同数もしくは一・五倍、直掩機は特攻機一機にたいして二機、この直掩機と別の制空隊は、特攻が強襲 (敵の邀撃が予想される攻撃) となった場合は、ただちに特攻機を直掩せよとしている。また、近距離とは味方戦闘機の航続距離内としている。因みに直掩である局地戦闘機『紫電』の行動半径は七一五㎞であった。

ただし、この編制表は、その後の海軍神風特攻の実際とはかなり違っている。特攻機として陸爆『銀河』を指向しているが、その後の特攻は『零戦』を主体とした様々の機種で編制されている。このことは第三章で見てきたとおりである。また、直掩戦闘機の必要を記しているが実際の神風特攻ではこの直掩が段々と少なくなっていく。

つぎに「第四項　攻撃計画」では、

一、遠距離攻撃要領

極力敵ヲ遠距離ニ発見シ先制攻撃ヲ以テ可及的敵艦載機ノ収容中ヲ襲イ一挙ニ艦機供ニ覆滅スルヲ主眼トシ薄暮黎明攻撃ヲ重視ス、其ノ外状況ニ依リ第一特攻隊第二特攻隊ノ攻撃ニ策應シ強力ナル制空隊ノ推進掩護ノ下昼間強襲ヲ決行ス

遠距離で敵を発見し航空母艦が飛行機を収容しているとき奇襲せよ、薄暮か黎明が好いとしている。それ以外には昼間の強襲もありえるとしている。つぎの「(八) 体当り攻撃要領」が興味深い。

(一) 高高度接敵后進入降下爆撃要領ニ依リ降下角度四五度附近ヲ以ッテ体当攻撃スルヲ理想ト

ス
(二)進入方向ハ可逆的船首船尾線方向又ハ之ニ直角トス
照準点ヲ左ノ通定ム
甲板照準(進入方向船首船尾線方向)ノ場合甲板船首船尾線上船首ヨリ1/3艦長ノ部位
舷側照準(進入方向船首船尾線ニ直角)ノ場合吃水(喫水―引用者注)線ノ稍上方船首ヨリ1/3艦長ノ部位
(三)降下角度使用気速 突進開始高度 照準点ノ標準左ノ如シ
(図 省略 引用者注)
(四)突進中偵察員ハ目標ニ対シ機銃掃射ヲ実施ス
(五)敵kdb(機動部隊―引用者注)上空に到達セバ迅速に目標ヲ定メ躊躇スルコトナク直ニ突入ヲ開始ス此ノ場合ニ於イテ逡巡セバ敵防禦砲火並戦闘機ノ餌食トナル怖大ナリ

敵を発見したら、四五度の角度で急降下をし、敵艦の進行と同方向での突入は前三分の一の部位、敵艦進行方向と直角に突入の場合は艦首より三分の一の喫水のやや上部を狙え、偵察員は敵艦に機銃を撃て、そして突入は躊躇していけない、直ちに突入せよ、としている。とにかく具体的だ。「第五項 通信計画」では、特攻攻撃時の呼び出し符号と略附を記している。例えば「ク連送」(モールス信号トン・トン・トン・ツー)は「我敵戦闘機ト交戦中」という具合だ。「第六 防御保安」では、増槽(増加燃料タンク)の投棄要領と、爆装した特攻機の離陸は慎重に行うよう注意している。

このマニュアルは神風特攻が「命令」であったと言っている訳ではない。しかしながら神風特攻が「志願」であったことを窺い知る記述も一切ない。このマニュアルが書かれた一九四四年(昭一九)

年一二月時点では、特攻はすでにひとつの「作戦」として位置付けられていることになる。その編制マニュアルは具体的だ。攻撃方法も具体的だ。あきらにひとつの攻撃作戦として纏められている。このマニュアルをもって神風特攻が「命令」であったと言うつもりはないが、一九四四年（昭一九）一二月の神風特攻初期の段階ですでに神風特攻は正式な作戦として位置づいていたことをうかがわせている。

《台湾新竹基地より》

前項のマニュアルが書かれた（一九四四年一二月）半年後の一九四五年（昭二〇）五月は、沖縄戦で特攻が続行されていた。この時期の様子を先述の猪口力平／中島正『神風特別攻撃隊の記録』（雪華社）はつぎのように記す。

> この点、本土特攻隊（沖縄戦―引用者注）はめぐまれていなかったともいえる。彼ら（神風特攻隊員―引用者注）の周囲にいる人々から、手の届かないところにいる偉大なものとして、荒神のように遇せられた傾向があったからである。そのために志願制度の不適切なことと相まって、一部にはみずから荒神をもって任じ、いかにも英雄めいた不遜な態度をとったり、蛮勇をふるったりするものが現れたのは遺憾である。

猪口力平／中島正『神風特別攻撃隊の記録』（雪華社）は全体として特攻「志願」説を採っている。一九四四年一〇月から一一月にかけてフィリピンでの神風特攻は、隊員たちの嬉々とした「志願」によるものであったことを詳細に記している。しかしながら同著の「第五部沖縄における神風特別攻撃作戦」では、海軍神風特攻の「志願」が怪しくなっていく。むしろ「命令」と言った方がいいような記述となっている。「志願制度の不適切」と率直に「志願」の曖昧さを認めている。一九四五年三月から六月にかけての沖縄戦は「志願」が崩れていたことを暗示している。

このこと傍証する興味ある資料がある。「第五基地航空隊 新竹攻撃部隊戦闘詳報 第一号」(『海軍特別攻撃隊戦闘記録』アテネ書房)と題された『戦闘詳報』である。台湾海軍航空隊司令部の作成で、「昭和二十年五月十八日」の作成である。この『戦闘詳報』は一九四五年(昭和二〇)四月一七日から五月一五日にかけて、台湾新竹基地から発進出撃した特攻隊の総括的な報告書となっている。この『戦闘詳報』からも海軍神風特攻は「命令」であったことを見ておきたい。『戦闘詳報』は「本作戦期間中ニ於ケル故障機ノ状況左ノ通」としてつぎの一表を記している。

確かに、「引き返し」率が高い。この『戦闘詳報』は「引き返し」が多いのは、飛行機の老朽化も

本作戦期間中ニ於ケル故障機ノ状況左ノ通

機種	総出撃機数	故障ノ為引返シ或ハ不時着セル機	同上ノ出撃数ニ対スル百分比
彗星	一四	八	五七・一%
月光	一七	八	四七・〇%
天山	六七	九	一三・四%
九九艦爆	一一	二	一八・一%
九七艦攻	一〇	三	三〇・〇%
合計	一一九	三〇	二五・二%

さることながら、台湾新竹での特攻隊員の資質が著しく劣るからと結論付けている。つぎの記述が気になる、「特攻隊員ノ士気沈滞」として次のように記す。

（二）特攻隊員ノ士気沈滞

当部隊指揮下特攻隊員中ニハ特攻隊命名以来既ニ二～三ヶ月ヲ経過シ当部隊指揮下編入前特攻攻撃ヲ実施サラレタルモ機材ノ不良或ハ敵ヲ発見シ得ズシテ引返シタルモノ相当アリ而モ之等特攻隊員中ノ一部ニハ素質ニ於テ極メテ見劣リシ　眞ニ悠久ノ大義ニ生キイントスル精神ニ乏シク同一人ニシテ攻撃ニ出発スルモ発動機ノ不調、天候ノ不良等ヲ克服シ飽ク迄モ特攻々撃ヲ敢行セントスル意気込不足ニシテ中途ヨリ引返シ或ハ途中基地ニ不時着セルコト両三度ニ及ベルモノアリ一部ニ於ケル斯ル気風ハ必然的ニ特攻隊員全体ニ蔓延シ其ノ士気ヲ沈滞セシメ各特攻隊員指揮官ノ細心綿密ナル計画指導ニモ拘ラズ数回ニ亘リ実施セラレタル対機動部隊及対沖縄周辺敵艦船特攻々撃ハ大部分不成功ニ終レリ

特攻隊員に資質において見劣りする者がいる、特攻精神が出来ていないとしている。「引き返し」が再三におよぶ人もいたようだ。だから特攻攻撃は不成功に終ったと嘆いている。そして次の「七戦訓」では、フィリピンでの神風特攻隊員（一九四四年一〇月頃）は優秀であったことを記したうえで、半年後の特攻隊員（一九四五年五月頃）の現状を次のように憂えている。

然ルニ其ノ後戦局ノ推移ニ応ジ特攻隊員ノ任命モ次第ニ変遷シ来リ其ノ人物技倆等ノ如何ニ拘ラズ機種ニ依飛行隊員全員特攻隊員ヲ任命セラレ或ハ夜間行動力無キ為特攻隊員ヲ任命セラルルモノ等多数生ジ来レリ　当部隊指揮下ニ編入セラレタル特攻隊員ハ殆ンド全部右ノ如状況ニ依リ特攻隊員ヲ任命セラレタルモノニシテ一部ニ於テハ眞ニ特攻隊指揮官或ハ特攻隊員トシテ相応シキ搭乗員アル反面一部ニハ其ノ人物識量精神力等ニ於テ極メテ見劣リスル者アリ数度ニ亘リ対機

動部隊及対沖縄周辺敵艦船特攻々撃ニ於イテ克服シ得ベカリシ発動機不調ヲ理由トシテ引返シ或途中基地ニ不時着シ又機動部隊索敵攻撃ニ於テ零戦特攻隊ガ略々指令攻撃地点ニテ敵ヲ発見攻撃セル状況ニ於テスラ尚且敵ヲ発見シ得ズ或ハ所命以外ノ索敵ヲ実施セル為敵ヲ発見セズシテ引返セルモノ極メテ多数ニ及ベリ（傍線―引用者）

フィリピン・レイテ戦の特攻隊員と違い、一九四五年（昭二〇）五月時点の特攻隊員は甚《はなは》だ見劣りがする、「引き返し」が多くなったと嘆いている。幾つかの気になる記述がある。そのひとつは「人物技倆等ノ如何ニ拘ラズ機種ニ依飛行隊員全員特攻隊員ヲ任命セラレ或ハ夜間行動力無キ為特攻隊員ヲ任命セラルルモノ等多数生ジ来レリ」という箇所だ。要するに人格や技量に関係なく飛行隊全体を特攻隊としたこと、そして、夜間飛行の出来ない技術未了者を特攻隊員に任命したとしている。少し説明がいる。この時期の通常攻撃は昼間ではなく夜間に行われていた。昼間に堂々と編隊を組んで攻撃できる状態ではなかった。日本本土の制空権すら連合国軍に制圧されていた。だから、通常攻撃に限らず特攻さえも夜間の少数編制での攻撃に頼らざるを得ない状況になっていた。ところで、通常攻撃の夜間飛行は誰にでも出来た訳ではない。高度な飛行技術が要求される。このことから、この一文は、特攻は技術未了者への有無を言わさない航空隊丸ごとの「命令」だといっているのと同じであると読める。ふたつめは「発動機不調ヲ理由トシテ引返シ」はエンジン不調を口実とした「特攻忌避」のあったことを暗示していると考えられる。そして「或ハ所命以外ノ索敵ヲ実施セル為敵ヲ発見セズ」は、神風特攻隊員の勝手な行動により、作戦そのものがすでに成り立っていないことを暗示している。この士気の低下に関して、『戦闘詳報』はその原因を記していない。しかし、その解決方法を記している。ひとつは、特攻隊長は部下の教育指導に専念すること、ふたつは、特攻隊員への温情主義を廃して、通常の搭乗員と同等に扱う等を記している。これは興味ある一文である。この「士気の低下」と「特攻忌避」については次項に譲りたい。とにかく、『戦闘詳報』の記述は特攻が「命令」であったことを暗示している。

《『桜花』より》

以上、『戦闘詳報』から神風特攻は「命令」であったことの傍証を示してきたが、これ以外にも「命令」であったことを髣髴とさせる事例がある。それは特攻専用機『桜花』である。『桜花』についてはすでに第三章で述べたので重複は避けたい。『桜花』は飛行機ではない。ミサイルである。爆弾そのものである。今日のミサイルは無線誘導、巡航誘導、赤外線誘導、光学誘導など機械的な装置で無人で目標に照準される。『桜花』はこれら機械的な無人誘導ではなく有人による誘導である。要するに有人ミサイル爆弾そのものである。この『桜花』から海軍神風特攻は「命令」であったと言っておきたい。

この有人ミサイルの発案は大田正一少尉（文献によっては「太田」「光男」と記すものがある）と言われている。逼迫した戦局打開には有人によるミサイル攻撃以外に勝利への道はないと言う青年士官の憂国の志による必死の訴えである。そこで大田の頭文字をとって「㊅金物」（マル大金物）として開発が進められたという。実はその開発時期が問題だ。一九四四年（昭一九）八月に大田光男の発案があり、直ちにその案が採用され極秘に「㊅金物」が開発されたという。大西瀧治郎による神風敷島隊編制よりも二ヶ月前に、すでに特攻専用機が開発されている。特攻は大西瀧治郎の発案だと言われているが、それよりもすでに二ヶ月前に特攻専用機『桜花』が開発されていたのである。

『桜花』は一見、ひとりの海軍士官の「志願」による発案であるように受け取られる。しかし、それを採用するかどうかは海軍という組織の問題である。しかも、ひとつの兵器開発には多くの金と人が投入される。決して一海軍士官の思い付きだけで決定されるものではない。『桜花』は確かに憂国の士による発案が最初であったかもしれないが、それをひとつの兵器として開発したのは海軍の組織決定である。そんな当たり前のことを先ず確認しておきたい。

さらに『桜花』を開発したのは海軍航空技術廠である。略して空技廠と言われていた。一九三二年（昭七）に飛行機の研究、設計試作、飛行実験を目的として海軍の研究機関の一つとして創設された。民間メーカーでは出来ない最先端の飛行機技術の開発を担うものである。『桜花』はその最先端を担う空技廠で開発されたのである。このことから、海軍には組織全体を通してすでに特攻への確かな意志があったことになる。

通常の戦闘機などによる特攻ならまだ「志願」という要素があったかもしれない。しかし、『桜花』は海軍という国家を形成するひとつの組織が、しかも自前の最先端の航空機研究機関である航空技術廠で特攻専用機として開発されたものである。そして、その特質はまさしく人間ミサイルであった。一式陸上攻撃機の胴体下に懸架され、目標上空で搭乗員は『桜花』操縦席に滑り込む。そして、一式陸上攻撃機から一旦切り放されたら、『桜花』には一〇〇％生還の道はない。ただひたすらに目標に向っていくだけの代物である。だからミサイルである。機械の誘導に替わって人間が誘導するところが今日のミサイルと違うところであり、『桜花』開発は海軍の組織的な「決定」であり、まぎれもなく「命令」であることの何よりの証拠である。

こんな反論があるかもしれない。たしかに海軍は『桜花』を開発した。しかしそれに乗るか乗らないかは「志願」によるものであり、強制した訳ではない、わけても『桜花』搭乗員は「志願」により募集しており、「命令」があった訳ではないと。確かにそうである。『桜花』特攻の「志願」は一九四四年（昭和一九）九月頃にすでに始まっている。各航空隊では搭乗員が集められ、長男と妻帯者は列外に出るように命令したあとで、この兵器（『桜花』の存在はまだ秘匿されていた）への「志願」を募ったという。決して強要ではなかったようだ。あくまでも「志願」という形をとっている（文藝春秋編『人間爆弾と呼ばれて―証言・桜花特攻』)。ところで筆者が問題にしたいのは『桜花』は、まさしくその「志願」が前提となっていることである。志願があって、その上で『桜花』が開発されたのではない。『桜花』がまず先に在って、その上で志願を募集したのである。「志願」して欲しいという期待、言い換えれば、これは長男や妻帯者以外は「志願」せよという「命令」の一種であると考えられる。『桜花』は神風特攻が「命令」であったことの何よりの象徴的な証拠であると考える。

《二人の司令官より》

さらに、もう一つ、特攻が「命令」であった証拠がある。それは大西瀧治郎(敗戦時は海運軍令部次長 中将)の割腹自殺にあると考える。大西瀧治郎は敗戦の日(八月一五日)に割腹による自決をしている。介錯を断った一五時間の苦痛の果ての絶命である。壮絶な自決である。大西の自決は今日においても色々に評価が別れる。しかし、日本古来の古風な美学の実践ではある。その時点での責任の取り方であろう。この割腹こそが、何よりも海軍神風特攻は「命令」によるものであったことを傍証していると考える。

この人は一九四四年(昭和一九)一〇月に、フィリピンのレイテ沖海戦の折に、最初の海軍神風特攻を編成し出撃を命じた人である。このことはすでに述べた。その大西瀧治郎は敗戦直前の日々を軍令部次官室で寝泊まりをしていたという。そのことを気遣った側近が、週に一度は奥さんの家庭料理を食べてはどうですかと帰宅を薦めたところ、大西はつぎのように言ったという。草柳大蔵『特攻の思想 大西瀧治郎伝』(文藝春秋)より引用させていただく。

「そんなこと、言ってくれるな」(略)「君、家庭料理どころか、特攻隊員は家庭生活も知らないで死んでいったんだよ。六百十四人もだ」(略)

「君、そんなこと言うもんだから、いま若い顔が浮かんでくるじゃないか。おれはなあ、こんなに頭を使って、よく気が狂わんものだと思うことがある。しかし、これは若いひとと握手したとき、その熱い血がおれにつたわって、おれを守護してくれるんだ、と思わざるをえないよ」

彼はそういってから、すこし間をおいて、妻の淑恵に「家庭料理はくえないよ、若い人に気の毒だものな」と、もう一度、念を押すようにいった。

「こんなに頭を使って、よく気が狂わんものだ」（注「気が狂う」、今日には差別表現のひとつであるといわれている）の一言にも特攻司令官の錯乱に近い苦悩を読みとることが出来る。確かに「狂わん」ばかりの苦悩であったであろう。このことは察して余りある。つぎは大西の遺書である。

特攻隊の英霊に曰《もう》す　善く戦ひたり　深謝す　最後の勝利を信じつつ肉弾として散華せり然れ共其の信念は遂に達成し得ざるに至れり　吾死を以て旧部下の英霊と其の遺族に謝せんとす
次に一般青年に告ぐ
我が死にして軽挙は利敵行為なるを思ひ　聖旨に副ひ奉り自重忍苦するの戒ともならば幸なり隠忍するとも日本人たるの衿持《（ママ）》（矜持―引用者注）を失う勿れ　諸子は国の宝なり　平時に処し猶ほ克く特攻精神を堅持し、日本民族の福祉と世界人類の和平の為、最善を尽せよ（ルビ引用者）
海軍中将　大西瀧治郎

「特攻隊の英霊に曰《もう》す　善く戦ひたり　深謝す」の一語に、この人の気持ちが率直に表れているように筆者には感じる。

副官として大西瀧治郎に仕え、レイテ沖海戦の神風特攻では大西の特攻統師を目の当たりにした門司親徳（主計大尉、東京帝国大学卒業、敗戦後は丸三証券社長等を歴任）は特攻を命じる大西と命ぜられる特攻隊員との間に気持での「ズレ」はなかったとしている。『回想の大西瀧治郎』（前掲）より引用させていただく。

私の知る限り、長官（大西─引用者注）は、俺もあとから行く、とか、お前たちばかり死なせない、というような言葉を、口に出したことはなかった。若い人たちを煽動するような言葉になることを、極力抑えていたように私には感じられた。記憶に残る言葉としては、自分は指揮官だから、みんなと一緒に行けない、という言葉であった。特攻隊員一人一人をじっと見つめて、この若者は、国のために死んでくれるのだと、手を握った長官の姿は、その人と一緒にそのとき自分も死ぬのだ、という印象であった。長官は、特攻隊員と共に、何回も何回も死んだのであった。

草柳大蔵『特攻の思想　大西瀧治郎伝』（文藝春秋）は大西瀧治郎を「列外に出なかった人」と表現している。草柳はつぎのように解説する。

「主流にいた」とはすこし違うが、消極的な意味では「閑職」につかなかったと言うことである。すこし難しい。筆者なりに解釈すれば、体制内には居るが、出世より「本道」（あるいは「筋」）を重んじ、そして、「仕事一途」を選ぶ真面目な人々としておきたい。そして、草柳は大西瀧治郎とともに「列外に出なかった人」の一群に戦死した特攻隊員も充てている。
大西瀧治郎は、妻淑恵に遺書を残している。ここにも大西の性格がよく表れている。引用する。

一、家系其の他家事一切は、淑恵の所信に一任す。淑恵を全幅信頼するものなるを以て、近親者は同人の意志を尊重するを要す。

一、安逸を貪ることなく世の為人の為につくし天寿を全くせよ。

一、大西本家との親睦を保続せよ。但し必ずしも大西の家系より後継者を入るゝの要なし。

之でよし百万年の仮寝かな

大西の割腹には特攻統帥の全ての苦悩が凝縮されているように思われる。「之でよし百万年の仮寝かな」には、割腹でさえ、まだ償えない責任を感じているかのようだ

これらの一連の遺書は、大西瀧治郎の神風特攻への限りない責任感を彷彿とさせる。真面目な人だ、この人は神風特攻の全責任をとって敗戦のその日に割腹自決した、一五時間苦しんだ果ての壮絶な自決である。何故⁉ その理由は自分が神風特攻を「命令」したからに外ならなかったからであると考える。隊員の「志願」なら自決する必要がない。自決は特攻を「命令」した、この人の固有の責任の取りかたである。大西瀧治郎の割腹こそが、特攻が「命令」であったことを如実に物語っているように思われる。筆者は大西瀧治郎の自決をこの様に考えている。

ついでながら。以上のことに関連して陸軍航空特攻の菅原道大第六航空軍司令長官（中将）のことに触れておきたい。菅原は一九四五年（昭和二〇）の沖縄戦における陸軍航空特攻を統帥した人である。菅原道大は大西瀧治郎と違って自決しなかった。その理由はこの人の特攻「志願」説に根拠があるように考えられる。この人は終始一貫して陸軍航空特攻は「志願」であることを貫いたようだ。もし特攻が軍による「命令」であるならばそれは天皇の命によるものとなる、しかし、生還を期し得ない特攻を天皇の名のもとで行うことは適切ではない、「十死零生」の特攻を天皇の責任に帰してはな

らない、あくまでも兵士の殉国の志による「志願」による行動であるべきである、との考えであったらしい。陸軍には、航空特攻について甲案（天皇の判断を仰いだうえでの正規の部隊編成として実施）と乙案（現場の指揮官判断で第一線将兵の意思によって実施）の二案が検討され、乙案が採用されたと言われている（生田惇『陸軍航空特別攻撃隊史』ビジネス社）。要するに天皇への責任が及ばない処置である。海軍ではこのような議論は殆《ほとん》ど無かったとされているが、陸軍では甲案と乙案の真剣な論議があったようだ。同じ航空特攻であっても陸軍と海軍とに違いがある。とにかく陸軍では特攻は「志願」であることにこだわっている。このことは当然に菅原道大に反映していたと考えてよい。

敗戦直後には、菅原道大にも特攻統帥の責任から自決の意思はあったようだ（佐藤早苗『特攻の町知覧』光人社）。しかし、終戦処理に奔走することにより自決のタイミングを逸している。そして、ある時からは特攻戦死者への顕彰が自己の仕事であるとの自覚から、特攻戦死者家族への巡礼を旅している。菅原が自決しなかったのは、自決すれば特攻統帥の責任は当然に菅原自身に帰することになる。しかし、菅原道大がそのことだけで自決を思いとどまったと考えるのは単純にすぎる。むしろ、自分が自決することは特攻が「命令」であることの心証となり、そのことは結果として天皇に責任が及ぶことになる（深堀道義『特攻の真実』原書房）。菅原はそう考えたのではないかというのが筆者の推測である。このように考えれば菅原の自決忌避の筋がとおる。

敗戦後の菅原道大への評価は芳しくない。特にジャーナリズムの世界ではすこぶる悪い。大西瀧治郎のように「潔く」自決しなかったことによるものと考える。「おめおめと生き永らえた」という心情的な鬱憤のようなものがその背景にあると思われる。確かに菅原道大にとって分が悪い。しかし、この人が自決をしなかった理由は、自分の身上はともかく、天皇に累が及ぶことを恐れたことに拠るのではないだろうか。もし自決をすれば特攻が「命令」であったことの心証となる。自分が自決すれば結果として天皇が特攻を「命令」したことになる。そうはさせてはならい。菅原には、どうしても

「志願」を貫きとおさねばならない理由《わけ》があったことになる。敗戦後を一貫して寡黙を守ったこと、そして敗戦後の生活は清貧のかぎりであったことなどの理由がここから見えてくる。この人は陸軍将軍としての筋を敗戦後も貫いたことになる（深堀道義『特攻の真実』原書房）。九五歳までのこの人の生涯が切なく哀しい。ただし、菅原の「志願」説をもって陸軍航空特攻が「志願」であったとの証左とはならない。事実はその逆であったと筆者は考えている。

以上のことはあくまでも筆者の推測である、あるいは考え過ぎの荒唐無稽の謗《そし》りを受けるかもしれない。しかし、菅原道大が世の酷評に耐えて生き永らえ、寡黙を通したことは、特攻は「志願」でなければならない哲理が貫いていたからに他ならないと考える。世の批判を受け止め、清貧に生き永らえることにより、この人はこの人なりの特攻の責任を貫き通したことになる。むしろ生き永らえることにより自決よりも辛い道を選んだことになる。

菅原道大は特攻が特攻隊員による「志願」であることから自決を選ばなかった。「命令」でないことから責任をとる必要がない。と言うことは、大西瀧治郎の自決は神風特攻が紛れもなく「命令」であったことの何よりもの証左となる。「命令」であったが故に、その責任の全てを一身に負い自決したものと解釈できる。大西瀧治郎と菅原道大、このふたりの対照的な生と死に陸海軍航空特攻の一端が垣間見える思いがする。

第二項　特攻「忌避」!?

大阪市都島区の釣上治三（予科練特乙　二〇〇五年一一月逝去）は、二〇〇五年四月の筆者との面談の折り、一九四五年（昭二〇）八月一三日、横浜航空隊の上官から、八月一七日に九州鹿屋からの特攻出撃に同意して欲しい旨の「命令」があったと言う。敗戦があと二日遅れていたら、釣上の命もなかったことになる。この証言は神風特攻が「命令」であったことを示唆している。しかし、一方、「若い小さな命でもお国のために従ってやるなら異存はなかった」、さらに「いさぎよく死ぬのは怖くはなかった。お国のためなら」と、その心境を筆者に語った。

神風特攻は、海軍という組織から見れば、明らかに「命令」だと筆者は考えている。しかしながら、特攻隊員個々の心情からみて命令であったと言えるかどうかは、また別問題である。たとえ「命令」であったとしても、この人たちが従容として死地に赴いた。泣き叫ぶこともなく、誰かを怨むこともなく、身の不孝を悔やむことも無く、それがごく当たり前のごとくに特攻出撃していった。この人たちが自明のこととして特攻を受け入れた動機付けは何であったのだろうか。日本が今置かれている戦局、その中で自分が成すべき使命と責任、このような冷静な認識が、この人たちをして特攻に向いしめたのであろう。これは組織上の「命令」とは全く違った、この人たちの個々の心情によるものである。このことから、神風特攻は一方では「志願」であったと言ってもよいのではないかと考えている。このことは、この人たちの残した遺書を読めば一目瞭然である。従容として特攻を受け入れている。この「志願」については次項であらためて詳述したい。その前に、まことに唐突ではあるが、「特攻忌避」について、まず触れておきたい。この「特攻忌避」が特攻の「志願」と深く連動しているように思うからである。

爆弾を抱えての体当たりは想像を遥かに超えた行為である。簡単に覚悟が決まる訳ではないだろう。当然に苦悶もある、逡巡も起る。二十歳前後の少年や青年に、瞬時にすべてを悟り、全てを達観するなどそう簡単にできるものではない。むしろそれが出来たことが不思議である。押っ取り刀で機上の人となっても、父母、弟妹の顔が瞼に浮んだかもしれない。離陸はしたものの天候が心配でエンジン音がいつもとは違って聞えたかもしれない。目標海域が近づくにつれ段々と自信が薄れていったかもしれない。その刹那のこの人たちの心境は想像を絶する。当然に特攻忌避が生起する。しかしながら、敗戦後の各種文献資料には特攻忌避を窺える記述や証言は少ない。このことに余り触れたくないような気分がどこかに在るのかもしれない。そうであるだけに「特攻忌避」は、特攻が「命令」であったのか「志願」であったのかを考察するうえでの重要な事項と考える。大変に冷酷なようであるが、この「特攻忌避」について筆者なりの分析をしておきたい。ところで、この「特攻忌避」の理由であるが、無理な「命令」に対する反抗として起ると考えるのが自然であるが、筆者はそれだけではないと考えている。「命令」よる反発もあったかもしれないが、それとは全く違った理由で生起しているようにも考える。このことをまず分析しておきたい。

このことの課題解決のために、ここでは陸軍航空特攻の沖縄戦でのデータを基に分析を試みたい。本稿は言うまでもなく海軍神風特攻を記すものである。しかしながら、上記の厄介な課題解決のためには陸軍航空特攻のデータが分り易い。煩わしくはあるが、しばらく陸軍航空特攻に依拠することをご辛抱いただきたい。

陸軍航空特攻の沖縄戦（一九四五年三月から七月）では「振武隊」と冠する特攻隊が七七部隊、「誠隊」と冠する特攻隊が二〇部隊、合計で九七部隊が出撃している。陸軍の場合、各部隊は中隊編成をとっている。すなわち各隊は一二機前後の編成で、さらに実戦部隊とは切り放された全く別の部隊として編成されている。ここが海軍神風特攻と違う。海軍はそれぞれの実戦航空隊がそのまま神風特攻隊として任命されている。要するに、実戦航空隊の中から、その都度に特攻が任命され、それぞれに固有の部隊名が冠せられている。これに対して陸軍の場合、実戦部隊とは全く別に「振武隊」、「誠隊」と冠せられて特攻隊を編成し、さらに各隊は中隊編成（一二機前後）としている。部隊編成に関して言えば陸軍航空特攻が分り易い。

筆者は前著『元気で命中に参ります』（元就出版社）で陸軍航空特攻に「特攻忌避」があったことを分析した。一旦出撃したものの途中での「引き返し」である。ところで、途中で引き返す場合、二つの理由があるというのが筆者の仮説である。ひとつはエンジントラブルによる止むを得ない「引き返し」、もうひとつは人間的要素による「引き返し」、すなわち「特攻忌避」である。離陸したものの精神的な何等かの理由による逡巡である。この「特攻忌避」は当然起り得るものと考える。それでは、エンジントラブルなどによる機体故障の「引き返し」と、人間的要素による「特攻忌避」による引き返しを、どこでどのように判断するかが問題となる。

そこで筆者が前著『元気で命中に参ります』で採った方法は、当時の陸軍機の日常的な稼働率を割り出し、その稼働率によって判断しようとするものである。稼働率とはその部隊の保有する飛行機のその時々での有効使用率である。陸軍航空特攻の場合は先述したように一二機の中隊編成であるが、その時々でこの一二機全部が全て飛行可能であった訳ではない。エンジンの故障、機体の損傷などでその瞬間に飛行不可能なものが結構に多かったのである。とくに敗戦直前の陸軍機の稼働率は低かったと考える。筆者は陸軍航空特攻の平均稼働率を六二・五％としておきたい。これはひとつの目安としての仮説数値であって当時の陸軍機の全てが六二・五％であった訳ではない。この平均稼動率六二・五％の根拠であるが、陸軍航空特攻の第六六振武隊長後藤光春は「日記」を残している。詳細は省くが、その日記の記述から、第六六振武隊の九七式戦闘機（陸軍のBランク機種）の五二日間に亘る平均稼働率を計算したところ六二・五％となった（拙著『元気で命中に参ります』元就出版社）。

この六二・五％をとりあえずの基準として、各特攻部隊の第一回目の出撃に際して、その瞬間に何機が出撃したかを検証した。すなわち、六二・五％以上で出撃していった場合には、たとえ「引き返し」があっても、その原因はエンジントラブル等による不可抗力のものとする。反対に六二・五％以下での出撃の場合は、エンジントラブルなどの不可抗力な原因もさることながら、中には人間的要素による理由、すなわち「特攻忌避」により出撃稼働率を低くしたのではないかという可能性を推測しておきたいと言うものである。

中隊一二機の六二・五%は七・五機となる。そこで、本稿ではこれを「八機」として、ひとつの部隊が第一回目の出撃の際、一二機のうち八機以上で出撃したのなら、残り四機がたとえ出撃できなかったとしても、それはエンジントラブルなどによる不可抗力の原因に依るものと仮説しておく。

第六六振武隊の場合、五二日間の通常稼働率は六二・五%であったことは前述のとおりである。ところで、この部隊の第一回目の出撃の場合、その時点の稼動機は八機であった。ここでは一応この八機を母数としておく(残り四機は何等かの故障であったようだ)。稼動機八機のうち二機が出撃していった。このことから第一回目の出撃時の稼働率は「八機」を母数とした場合でさえ三七・五%となる。同じ計算で第二回目の出撃の際は二二・二%となった。日常の稼働率六二・五%と比べて出撃時の稼働率が相当に低い。出撃前は「盛装」と表して特攻機は完全整備される。当然に日常の稼働率よりも出撃時の稼働率の方が高くなってよいはずである。しかしながら、「盛装」状態の稼働率は八機を母数とした場合でさえ三七・五%〜二二・二%となっており、通常の稼働率(六二・五%)を下回っている。これは矛盾である。筆者はここに「特攻忌避」という可能性を推測した。

この稼働率三七・五%から二二・二%を実際の出撃機数に割り戻すと「三機」となった。そこで第一回目の出撃時に三機以下で出撃した部隊の場合、その「引き返し」の原因はエンジントラブルだけではなく、人間的要素すなわち「特攻忌避」によるものと仮説しておく。

ここで断っておきたい。「特攻忌避」は当然に起こり得る事態である。特攻隊員全員が出撃の瞬間に短い人生の終りを達観できた訳ではない。二〇歳前後の若者に瞬時の悟りを期待する方が無茶である。出撃の瞬間には当然に心理的な逡巡が起こるであろう。自分では覚悟を決めたつもりでも、遺書の書き残しへの不安、遺品の整理の不安、天候の不安、突入時の不安など何かと気になることもある。そんなときなにかの拍子で逡巡が起る。そして「特攻忌避」となる。この瞬間での特攻隊員たちの心理は察するに余りある。しかし、陸軍航空航空特攻は、そんな逡巡と「特攻忌避」を抱えつつも、つぎつぎと出撃していった。データの基となった第六六振武隊も二回の出撃で隊長の後藤光春を含む五名が戦死している。

話を戻す。「振武隊」、「誠隊」を冠する九二部隊の陸軍航空特攻隊のうち、第一回目の出撃の際に、二四部隊が「八機以上」で出撃している。これを以下「Aグループ」とする。「特攻忌避」の無いと推測するグループである。つぎに三〇部隊が「三機以下」で出撃している。すなわち「特攻忌避」があったと推測できる部隊である。これを以下「Bグループ」とする。この「三機以下」の部隊が結構に多い。

そこで、つぎにこのA・Bグループで、隊長の「属性」について調べてみたところ、ひとつの際立った違いのあることが分った。隊長の「属性」という唐突な定義であるが、すこし説明を要する。

Aグループの隊長の出身階層（ここでは、これを「属性」と表現する）であるが、陸軍士官学校出身者が七名、特別操縦見習士官出身（海軍の飛行予備学生に相当、「学徒出陣」等）が三名、幹部候補生出身が八名、少尉候補生出身が六名となっている。陸軍士官学校は海軍では海軍兵学校に相当する。当時の若者の憧れでありきびしい選考を経て採用されている。また、陸軍特別操縦見習士官は海軍では海軍飛行予備学生に相当する。この人たちは、元大学生などの経済的にも学力的にも恵まれた人たちであった。分りやすく言えば陸士も特操も「エリート」である。一方、幹部候補生と少尉候補生は、両者とも陸軍下士官の現役兵の中から選考を経て陸軍士官学校に採用され士官に昇進した人たちである。現役兵からの士官任用制度である。この人たちも「エリート」の一角を占めていることにはかわりがないが、陸軍士官学校や特別操縦見習士官のようにストレートに士官になったのではなく、多くの経験と苦労を重ねてきた叩き上げの士官であり、努力家である。ここに注目をしたい。この人たちの軍隊生活は長い。さらにすでに実戦の経験をしている人もいる。そして個々の年齢も相当に高い。Aグループでの幹部候補生出身、少尉候補生出身の最高齢は三〇歳、最低齢は二四歳である。軍隊の甘いも酸いも知り尽くした人たちである。そこで一つの仮説を立てたい。それはこの人たちを隊長とした部隊の隊内凝集能力は高かったのではないかという推測である。Aグループ全体では、これら幹部候補生出身や少尉候補生出身の隊長が五八％を占めている。

次にBグループを分析したい。筆者が「特攻忌避」が多かったのではないかと推測するグループである。ここでは陸軍士官学校出身が二〇名、特別操縦見習仕官が三名、幹部候補生出身が三名、少尉候補生出身が〇名、不明四名となっている。幹部候補生出身、少尉候補生出身が少ない、もしくはゼロである。一方、陸軍士官学校と特別操縦見習士官で全体の七七％を占めている。年齢も若いし、軍隊生活が豊富であった訳ではない。ましてや実戦を経験している人などは一握りであっただろうと推測できる。さらに叩き上げの幹部候補生出身や少尉候補生出身者と比較した場合は、部隊内での凝集能力はまだまだ不十分であったと推測できる。

実は、出撃時の稼働率の多寡は、この隊長の「属性」にも相当に影響されているのではないかというのが筆者の仮説である。陸軍航空特攻では、叩き上げの幹部候補生や少尉候補生は経験豊かであるが故に、部下である隊員の心理を斟酌し、若い人たちをよく指導できたのではないかと推測する。一方、陸軍士官学校出身者や特別操縦見習士官出身者は、部下の指導性という点ではまだまだ未熟であったと推測する。このことが、出撃時の稼働率の多寡に影響しているように感じている。

元陸軍飛行第六六戦隊の情報将校（空中勤務者）であった苗村七郎（元陸軍少尉 大阪府枚方市在住）は隊長の人格により特攻隊の出撃稼働率は違ったと証言する。経験豊かで勇気のある隊長であるほど部下に慕われ尊敬され、また、その部隊の士気は高くなり出撃稼働率が高かったという。筆者は今ここで、陸軍航空特攻隊で隊長を務めた人たちの「人格」や「人間性」を分析しているのではない。そんなことは不可能である。しかし、今日に残るデータから、この苗村七郎の言う内容を傍証したいと思う。そこで筆者は隊長の「属性」に注目をしたのである。軍隊経験豊富で実戦経験があり、さらに飛行技術抜群が加われば、そこに部下の尊敬が生れてくるのは必然であろう。そのことが部隊内の凝集性を高め、また士気を高める作用となっていくものと推測する。とにかく、隊長を中心とした人間関係が豊富であればあるほど、その部隊の士気は旺盛であったと筆者は推測する。そのためには隊長の「人格」が大きな要素となるが、本稿では隊長の内面的な「人格」を分析できる資料がない。そこで、外的な判断材料になるのが隊長のもつ経歴や出身階層という「属性」であると考えた。Aグループの「特攻忌避」の少ないと見られる隊長の「属性」は士官学校、特別操縦見習士官、または幹部候補生、少尉候補生出身などその「属性」は多彩である。一方Bグループの隊長は士官学校と特別操縦見習士官出身者に偏っており、幹部候補生出身者や少尉候補生出身者が少ない。そこで結論であるが、幹部候補生出身、少尉候補生出身という「属性」から醸し出されるこの人たちの特性が部隊内の凝集性を高め、人間関係の内面を緊密にしたのではないだろうか、こんなことが出撃時の稼働率に大きく作用したのではないかというのが筆者の仮説である。特攻は決して「命令」だけで説明できるものではない。整然とした、また凛とした出撃風景が果して強要され「命令」されて出来るものであるだろうか。そうではなく、司令官や隊長たちを中心とした人間集団としての信頼性、その信頼性から生れる集団の確固たる凝集性、さらに、そこから生れる士気の高まりが、「志願」と言う雰囲気を醸し出したのではないかと考えられる。

ここで断っておきたい。士官学校出身者や特別操縦見習士官が人格面で劣っていたと言っているのではない。また、幹部候補生出身者や少尉候補生が人間性で優っていたと言っているのではない。これらはその人たちのもつ人間性であり、必ずしも「属性」によってのみ育まれるものではない。それぞれの部隊の隊長の特性分析は不可能である。そこで本項では外面での「属性」に依拠し、ひとつの推論を試みたにすぎないことを、あらためて断っておきたい。

ついでながら、誠に唐突ではあるが、ここで触れておきたいことがある。本稿を草し始めて気になっていることであるが、特攻からの生還者の証言が案外と少ないと言うことである。むしろ皆無に等しい。「特攻忌避」に関わってこのことを記しておきたい。

戦死と生還は紙一重である。自分の搭乗機が不調となり、意志とは裏腹に生還して人たちもいるであろう。この人たちの心境は複雑である。自分が生き残ったことの喜びと、死んでいった戦友への「申し訳なさ」がない交ぜとなり、この人たちを寡黙にしているのではないかと考えている。一方「特攻忌避」による生還の場合はもっと複雑であろう。今以て「罪」の意識に苛《さいな》まれているのかもしれない。このことが益々この人たちをして寡黙にしているようにもみえる。縷々述べてきたように「特攻忌避」はその人の意志によるものと言うよりは、その瞬間のたたまの環境によるものであると筆者は考えている。だから仕方のないことであると後世を生きる我々は考える。しかし、その当時を経験して人たちにとっては、それだけでは済まされない何物かがあるのかもしれない。敗戦六一年が経った。この人たちもすでに後期高齢者となっている。しかし、未だに特攻の生と死の狭間を恐れおののいているかのようだ。この人たちの心境は察して余りある。

第三項　特攻は「志願」!?

長々と陸軍航空特攻について述べてきた。そこで、今まで述べてきたことを海軍神風特攻に当てはめてみたいと考える。神風特攻の「志願」について、ふたりの人物を通して考察しておきたい。

《大西瀧治郎の場合》

海軍神風特攻の嚆矢は一〇月二五日の神風敷島隊の出撃であると言われていることは何度も触れた。その数日前に、第一航空艦隊司令長官大西瀧治郎は隊員たちに訓示をしている。その時の印象を大西瀧治郎の副官である門司親徳は『回想の大西瀧治郎』（光人社）でつぎの様に記している。

「この体当たり攻撃隊を神風特別攻撃隊と命名し、四隊をそれぞれ敷島、大和、朝日、山桜と呼ぶ。日本はまさに危機である。この危機を救いうるものは、大臣でも、大将でも軍令部総長でもない。それは若い君たちのような純真で気力に満ちた人たちである。

みんなは、もう命を捨てた神であるから、何の欲望もないであろう。ただ自分の体当たりの戦果を知ることができないのが心残りであるにちがいない。自分はかならずその戦果を上聞（天皇への報告―引用者注）に達する。一億国民に代わって頼む。しっかりやってくれ」

はじめは普通であったが、訓示が進むにつれて、大西中将の身体は小刻みに震え、その顔が蒼白くひきつったようになった。見ていても異様な姿であった。訓示を聞いていて、私は、眼の底がうずいたが、涙は出なかった。甘い感激や感傷ではなく、もっと行くところまで行った突き詰めた感じであった。稲垣カメラマンは、撮影をとめられたのか、動くことができなかったのか、映画もとらず、直立して訓示を聞いていた。

チグハグな違和感が感じられず、純一な雰囲気であったのは、大西中将が自分は生き残って特攻隊員だけを死なせる気持がなかったからにちがいない。はっきりした言葉には出なかったが、それは私にも分かったし、搭乗員にはもっと敏感に伝わったようである。命ずる方と命ぜられる方にズレがなかった。

「命ずる方と命ぜられる方にズレがなかった」、この一言に深い意味合いがあるように思う。大西瀧治郎の幾つかのエピソードを記す。神風特攻開始のかなり以前のことである、大西瀧治郎は宴席で芸者を殴っている。何が不満なのか膨れっ面をする芸者を嗜《たしな》める意味で殴ったらしい。このことが当時の新聞に大きくとり挙げられ、大西は海軍大学入校という超エリートへの道を棒に振っている。しかし、当の大西はそんなことは意に介していなかったようだ。要するにエリートからはみ出した豪胆の性格であったようだ。フィリピン着任後のことでのことである。大西は空襲の最中に飛行場の隅に胡座《あぐら》をかいてその空襲の模様を特攻隊員とともに悠然と見学していたという。度胸が座っている。また、飛行場附近の崖を降りる際、身体を横にしてゴロゴロと丸太が転がるように降りていったという。無邪気な子どもの振る舞いである。大西には一切の我儘はなく形式主義を嫌ったという。こんなエピソードを門司親徳『回想の大西瀧治郎』(光人社)は愛情豊かに記している。大西は「人間臭い」人であり、人間としての優しさに溢れていたという。

門司親徳は特攻を命令する大西瀧治郎と特攻隊員との間に「ズレ」がなかったとしている。実はこの「ズレ」のない一体感が特攻隊員をして従容として特攻に向わせた一つの重要な要件であったように筆者は考える。大西瀧治郎の登用はまさに海軍神風特攻の嚆矢においては、この上もない的確な人事であったということだ。

筆者は、前項で陸軍航空特攻での隊長と隊員との間でしっかりとした絆があれば、その部隊の出撃稼働率が高かったと推測した。森岡清美『決死の世代と遺書』(新地書房)は特攻隊員が生と死の葛藤に耐え得たのは「死のコンボイ」すなわち戦友の絆であったとしている。死ぬのは一緒であることを誓い合った「コンボイ」（戦友）の強い絆が熾烈な生死の葛藤を乗り越えさせたとしている。神風特攻敷島隊にも、命令する大西瀧治郎と命令される神風敷島隊長関行男をはじめとした隊員たちの間に「ズレ」がなかったのであろう。階級を越えた一体感のようなものがすでに瞬時に形成されたのかもしれない。そして、そのことは大西瀧治郎の人格なり作戦遂行への真摯な態度が大きく反映したように思う。たしかに、フィリピンにおける特攻は大西瀧治郎の人格や現場の指揮官の人格などが作用し、特攻隊員の「志願」といえる側面が強かったのかもしれない。

しかし、日が経つにつれてこの「志願」も怪しくなっていく。このことはすでに述べた。そこで、本章の第一項「特攻は命令!?」で引用した、台湾海軍航空隊司令部作成の「第五基地航空隊 新竹攻撃部隊戦闘詳報 第一号」と題された『戦闘詳報』の続きを述べておきたい。筆者は前項で、この『戦闘詳報』を引用し、一九四五年五月時点での特攻隊員の士気について述べた。この時期になると士気は望むべくも無く低くなっていたようだ。とにかく、特攻の引き返しが多かったようだ。すなわち「特攻忌避」を窺わせている。

『戦闘詳報』は士気の低下の原因を述べていない。しかし、その対処療法については丁寧に述べている。前項（三〇四〜三〇五頁）の引用箇所にひきつづいて「以上ノ経過ヨリ見テ特攻隊ノ取扱ニハ左ノ諸項ニ留意スルヲ要ス」以降を引用する。

一、特攻隊指揮官ニハ他ノ任務ヲ与フル事ナク専心特攻隊ノ教育指導ニ当ラシムルヲ要ス
特攻隊ハ其ノ使用極メテ機微ナル点アル為指揮官タルモノハ各隊員個人個人ニ就キ其ノ日常行動ハ勿論其ノ精神的方面ニ於テモ深ク内部迄観察研究ノ上之ヲ指導教育スルヲ要シ之カ為ニハ特攻隊指揮官ヲシテ特攻隊教育ニ専念セシムルヲ要ス

本務カラ持チタル飛行機隊指揮官ノ指揮下ニ特攻隊ヲ編入スルハ幹部不足ノ現状ニ於テ止ムヲ得ザル処置ト雖《いえど》モ特攻隊ノ指導教育ニハ十全ヲ期シ難シ

二、特攻隊員ト雖モ一般搭乗員ト特ニ差別的待遇ヲ与フルコトナク厳格ニ指導教育スルヲ要シ温情主義ハ禁物ナリ

特攻隊員ハ必死必殺ノ体当リ攻撃ヲ実施シテ始メテ特攻隊員トシテ其ノ崇高ナル精神ヲ称揚セラレルモノニシテ特攻隊員トシテ命名セラレタリト雖モ特攻々撃ヲ実施スル迄ハ一般搭乗員ト何等異ル所ナシ然ルニ特攻隊員ヲ命名セラレタル者ノ内ニハ其ノ真意ヲ解セズ特攻隊員タルコトニ単ナル優越感ヲ感ジ日常ノ言語動作等ニ衒気アルモ心中更ニ烈々タル闘魂ナク一旦攻撃ニ出発スルモ何等カノ理由ヲ見付ケテ中途ヨリ引返セルコト再三ニ及ベル者アリ

「一」では「特攻隊指揮官」すなわち特攻隊長は部下の教育指導に専念すべきだとしている。部下の日常行動や精神面にもっと係われとしている。筆者（私）流に解釈すれば、この時期の司令部もしくは特攻隊長と、特攻隊員との間には日常生活において精神的な絆がなかったということだ。これが部隊の士気に影響しており、そのことが「引き返し」の大きな理由と解釈できる。

「二」では隊員への「温情主義」がこの人たちの「優越意識」に繋がっている、このことが「引き返し」が「再三」に及ぶ理由だとしている。筆者流に解釈すれば、特攻隊長もしくは司令部と特攻隊員との間で、この時期には一体感がすでに無くなっているということだ。命令する者と命令される者との間に「ズレ」が出てきたのであろう。そこで命令する者に「後ろめたさ」がまとわりつく。これが「温情主義」になったと解釈できる。一体感のない目的意識を共有できない組織は軍隊に限らず弱体なものとなる。因みに『戦闘詳報』はこの項の結論をつぎのように言っている、

特攻隊員タルコトニ殊更ニ誇ヲ感ジ或ハ優越感ヲ感ズル理由ナシ　故ニ特攻隊員指揮官タル者ハ此ノ点ヲ各特攻隊員ニ充分認識セシメ誤レル観念ヲ排除セシムルト共ニ如何ニセバ特攻隊員トシテ御役ニ立タシメ得ルヤヲ専心研究指導スルヲ第一トシ誤レル温情主義ニ拠リ特攻隊員ヲ精神的ニ堕落セシメザルヲ肝要トス（傍線─引用者）

指揮官は「特攻隊員トシテ御役ニ立タシメ得ルヤヲ専心研究指導」せよと言っている。これは士気の低下は指揮官に責任があると言っているものと読める。この時期の特攻隊は、隊長としての指導性に欠けるものが特攻の指揮を執り、また、司令部では、特攻隊員との一体感がないことから温情主義に陥り、このことが却《かえ》って特攻隊員の士気を低下させていたようだ。上記の引用はあくまでも台湾での「第五基地航空隊　新竹攻撃部隊」のことである。しかし、この時期（一九四五年五月）の特攻隊員は先述の猪口力平／中島正『神風特別攻撃隊の記録』（雪華社）にもあるように、士気低下は台湾に限らずどの部隊においても蔓延していたことを彷彿とさせる。特攻隊員の「志願」は望むべくもない。

それでは次に、特攻隊長と特攻隊員との一体感が特攻「志願」の雰囲気を醸し出し、特攻出撃の稼働率を高めたと考えられるひとつの事例を見ておきたい。第五航空艦隊司令長官宇垣纒（第三章前出）による特攻の場合である。ここでは、これを「宇垣特攻」としておく。

《中津留達夫大尉の場合》

宇垣纒は本稿第四章で詳述した梓特別攻撃隊を統帥した人だ。この人が八月一五日、敗戦詔勅後の一七時、大分基地より特攻出撃している。合計一一機の艦爆『彗星《すいせい》』による出撃となった。宇垣の当初の要求は三機による出撃であったという。艦爆『彗星』は複座である。だから宇垣を含めて六名の出撃となる。宇垣の司令長官特攻に当初は反対した参謀たちは宇垣の決意が固いのを知り、それではと五機の『彗星』を用意した。二機が追加された。ところで最終的には一一機の出撃となった。機数が増えたのは宇垣纒の出撃に賛同した搭乗員たちの「志願」であったと言われている。宇垣は「そうかいっしょに死んでくれるか」と感激している。ところで、この「志願」には長官特攻に対する無言の「強要」が掛かっているとも言われている。そうであろう。このことは後に触れる。

宇垣纒は中津留達雄（大尉）の操縦する艦爆『彗星』の後部座席に搭乗する。中津留達雄は「宇垣特攻」の隊長である。ところで、ここでのテーマは宇垣纒ではなく、この中津留達雄である。この人をとおして海軍最後の幻の特攻である「宇垣特攻」から「志願」の光景を見ておきたい。中津留機には偵察員の遠藤秋章（飛曹長　海軍飛行予科練習生）がすでに後部座席に搭乗していた。宇垣は遠藤に「降りよ」と命令している。しかし遠藤は泣きながら座席にしがみつき降りようとはしなかったという。宇垣機は三名の搭乗となった。一一機の出撃であることから隊員は本来なら二二名であるが二三名の出撃となった。

「宇垣特攻」出撃の情景を蝦名《えびな》賢造『最後の特攻　覆面の総指揮官　宇垣纒』（中央公論文庫）より引用させていただく。

「命令とは違うのではないか」

と、一瞬瞳を曇らせた。五機出動と命令されていたのだったが、十一機全機がエンジン試動を行っている。しかも二十二名の搭乗員が、日の丸の鉢巻き姿で列線に待機していたからであった。

中津留大尉は困惑しきったような表情で答えた。

「私は五機出動を命令したのですが、部下が命令をきかないのであります。長官が特攻をかけられるというのに、五機と限定するのはもってのほかである。出動可能の十一機を全部飛ばせるべきだ、もしどうしても命令が変更されないようなら、われわれは命令違反を承知で、ついてゆくといってきき入れないのであります」

じっときいていた宇垣長官は、二度も三度もうなずき、首をたれた。あの涙をおとさぬ宇垣長官の瞳に微かに濡れるものが見られた。

「よろしい。命令を変更する。艦爆十一機をもって、ただいまより、沖縄の敵艦隊を攻撃する」

宇垣長官の返事をかたずを呑んで待ち受けていた搭乗員二十二名は、「ありがとうございました」と敬礼して、それぞれの搭乗機に駆けていった。

宇垣長官が一番機の中津留大尉の偵察員席に座乗しようとした席には、すでに偵察員の遠藤飛曹長が乗り込んでいた。遠藤飛曹長は「交代せよ」という宇垣長官の言葉に対して、自分の席をとられまいと必死にしがみついた。ついに二座の艦爆機に三人座乗せざるをえないようになった。偵察席上の宇垣長官は手を振り、みずから出撃命令を下した。

宇垣纒『戦藻録　宇垣纒日記』（原書房）の巻頭に出撃直前の写真が掲載されている。その中の一枚（写真）、それを見ると宇垣はすで後部座席に座乗している。偵察員の遠藤秋章は胴体付根の左翼上で、四角い燃料缶のようなものを重そうに抱きかかえ、それを後部座席に「よいしょ」といった感じで積み込もうとしているように見える。一体これは何であろうか。写真のキャプションは「燃料缶をかかえて長官の傍へ乗りこむ遠藤飛曹長」とのみ記している。『彗星』の燃料タンクは左右主翼の中にある。給油は地上で外部から行われる。満載五三八リットルである。飛行中に座席から給油できる構造にはなっていない。だから小さな燃料缶の積み込みは全く意味がない。つぎからは筆者の推測である

が、遠藤はこの「燃料缶」をすでに座乗している宇垣の股間に置き、それを自分の座席代わりにしたのではないだろうか。「燃料缶」である理由は、突入の爆発効果を少しでも高めたいと考えたのであろう。遠藤は燃料缶を座席代わりにし、丁度《ちょうど》宇垣の膝の上に座るような恰好で出撃したのではないかと推測する。縛帯（シートベルト）による座席への着装が必須だが、この姿勢では縛帯着装も不可能であろう。狭くて不安定な後部座席で遠藤は、宇垣を必死に庇《かば》いながら両手両足ふんばって身体の安定をとったのであろう。遠藤にとっては、最後の最後まで気苦労と気遣いばかりの窮屈な戦死となったようだ。

八月一五日一七時に「宇垣特攻」は、このようにして大分基地を離陸している。しかし、一一機のうち三機がトラブルで生還している。宇垣直師の司令官特攻は八機となった。この時の稼働率は七三％である。前項での「Aグループ」に属する稼働率である。この八機が最後の神風特攻となった。

宇垣機の操縦員中津留達雄（大尉）は海軍兵学校出身である。「その性格は温厚だが、ものすごいねばりと烈々たる気迫の持ち主であった」と森史朗『敷島隊の五人　海軍大尉関行男の生涯』（光人社）は記す。

宇垣機は「ワレ突入ス」の打電をしたといわれている。そして、米水上機母艦に命中したとも言われている（安延多計夫『ああ神風特攻隊』光人社、蝦名《えびな》賢造『最後の特攻　覆面の総指揮官　宇垣纒』中央公論文庫）。しかし、連合国被害に詳しい森本忠夫『特攻』（文藝春秋）には、この日の連合国側の被害を記していない。宇垣直師の『彗星』隊八機が連合国艦船に体当たりしたどうかは資料により違いがある。

豊田穣『海軍軍令部』（講談社文庫）によると、宇垣機は南西諸島の伊平屋島に激突したとしている。敗戦詔勅後の出撃である。天皇の意志に反する出撃となる。宇垣纒は最初から突入の意志はなく出撃は自決のつもりであったとする説である。中津留達雄はベテランの艦上爆撃機搭乗員である。空母や戦艦を島と間違えるはずがない。
もし伊平屋島に激突したのなら、自決であった可能性は高い。宇垣纒ほどの人物である。その時点での冷静で沈着な判断はあったであろう。「死に場所」を求めての自決説は十分に考えられる。しかし、もしそうであるなら、中津留達雄や遠藤秋章らの若い搭乗員を道連れにしたことにどんな意味があったのであろうか。自決なら一人でやるべきであっただろう。それはともかく、「宇垣特攻」は、司令長官宇垣纒への敬慕が背景にあり、中津留達夫大尉率いる全機の出撃になったと言われている。

ところで、城山三郎『指揮官たちの特攻』（新潮社）は、「宇垣特攻」について、違った見方をする。城山三郎によると、五機出撃の予定が、全機一一機の出撃となったのは、宇垣纒の司令官特攻への共感などではなく、部下たちの中津留への敬慕によるものであったする。もっと言えば、ひとりひとりの志願であったこと暗示している。

主計科士官だった川淵秀夫は、当時の中津留大尉の印象について、
「部下に優しくハンサムだし、がっちりとして、まさに美丈夫という言葉がぴったりでした」
（城山三郎『指揮官たちの特攻』）

たしかに、写真に残る中津留達雄はふくよかな顔立ちである。目元も涼しく優しそうだ。七三に分けた長髪はおよそ軍人といった感じではない。人柄も大変に優しかったと城山は記す。

この人の下でなら、どんなことにも耐えよう、どんなことでもしよう。そう思わせてくれていた中津留大尉であったが、それにしても美保での彗星隊の訓練は、怖いほど凄まじかった。

宇佐で習った九九艦爆が安定のよい航空機であったのに比べ、彗星は九九艦爆の最高時速三八〇キロ（ただし初期の量産型の場合―引用者注）に対し五八〇キロと、戦闘機に劣らぬ高速。爆弾も九九艦爆の倍の重さを積む。

それほど操縦の難しい彗星に、美保では三機編隊を組ませ、急降下・急上昇はもとより、宙返り、横転、錐もみなど、やらせる。

一機でさえ怖いことを、三機が組んでやれば、危険は三倍どころではない。

だが、それは猛訓練のための猛訓練ではなく、それをやり抜かねば、特攻そして特攻死が成就しないからである。


部下には優しいが、いざ訓練となると「怖いほど凄まじい」指揮官となる。実は、そういう人ほど部下に親しまれ信頼されたという。そして、一九四五年八月一五日の出撃となる。当初の出撃機数は宇垣の命令により五機であった。

そこで中津留は五機の搭乗員の編成割りを書いて貼り出すと、大騒ぎになった。外された隊員たちが、なぜ外すのか、なぜ残すのか、と。

中津留の下で、死物狂いの編隊飛行をくり返すなどして、格別に連帯感の強い隊員たちであった。

（城山三郎『指揮官たちの特攻』）


この人たちは敗戦を目の前にして死に急いだことになる。何故そうなったのか。城山三郎によると五機出撃の予定が一一機の出撃になったのは、宇垣司令長官への共感というよりは、中津留達夫への部下の敬慕によるものであったことを暗示している。すなわち、ひとりひとりの志願であったということだ。筆者は城山三郎の説に全幅の賛意を持つ。一方、その城山説とは違った、筆者なりの心象風景を、ここに、ついでながら記しておきたい。

この瞬間のこの人たちには、やはり「男の意地」のようなものがあったと推測する。同時に「恥」の意識があったのかもしれない。宇垣纒が特攻に出ようとしている。長官ひとりで特攻をさせるのは部下としての「恥」である。武士のなすべきことではない。第五航空艦隊司令長官宇垣纒にそこまでの決意があるのなら、「されば我も」と勇み立つのも自然なような気もする。

つぎからは、筆者の想像である。

特攻隊員は自分たちを「武士《もののふ》」と自負していた。「生き恥をさらす」よりも「死に花を咲かせたい」のが、まさに武士の道である。そんな時代背景の中で宇垣纒に随《したが》ったと考えるのが自然であろう。

宇垣纒から「交代せよ」と言われた遠藤秋章も、あるいは本心は「交代したかった」のかもしれない。しかし、気持ちとは裏腹に『彗星』の後部座席に身体が凍りつき動けなくなったとしても不思議ではない。「交代せよ」と言われて、そう簡単に降りられるものでもない。周りの「眼」もある。席を譲ったとしても、つぎの瞬間には「降りた」ことの後悔と、さらに無念と恥の意識が洪水の如く遠藤秋章を襲うであろう。遠藤自身がそのことを十分に知っている。座席にしがみつき「男の意地」の華を咲かせたいと考えるのは至極当然の成行きのように思われる。しかも、遠藤秋章は隊長中津留達夫機の偵察員である。他のペアーとは違った使命感の自覚があったに違いない。遠藤秋章には「降りなかった」ことへの百パーセントの後悔があったかもしれない。しかし、それを凌駕する百パーセント以上の誇りがこの人をして特攻に向いしめたと筆者は想像する。

この人たちは真面目であり真摯であり、任務の自覚が旺盛であり責任感が強かったが故に、「卑怯な真似」が出来なかったのである。この人たちの人間としての豊かさが、この人たちをして死に急がせたのである。

ところで、海軍では特攻戦死者には連合艦隊告示で部隊名と隊員名が布告される。しかし、宇垣纒と死をともにした一六名の搭乗員は「昭和二十年八月十五日正午以降突入せるを以て布告に記載なし」(猪口力平/中島正『神風特別攻撃隊の記録』雪華社)とされている。本来なら出撃後に命名される部隊名もない。また、特攻戦死の特典である二階級特進もない。要するに一七名の戦死者は公式の海軍神風特攻とは認められていない。宇垣を除く一六名の氏名をつぎに記す。

中津留達雄(大　尉　海軍兵学校出身出身)
遠藤秋章(飛曹長　海軍飛行予科練習生出身)
伊東幸彦(中　尉　海軍軍兵学校出身)
大木正夫(上飛曹　海軍飛行予科練習生出身)
山川代夫(上飛曹　海軍飛行予科練習生出身)
北見武雄(中　尉　海軍兵学校出身)
池田武徳(中　尉　飛行予備学生出身)
山田勇夫(上飛曹　海軍飛行予科練習生出身)
渡邊　操(上飛曹　海軍飛行予備練習生出身)
内海　進(中　尉　海軍飛行予備学生出身)
後藤高男(中　尉　海軍飛行予科練習生出身)
磯村　堅(少　尉　海軍飛行予備学生出身)
松永茂男(二飛曹　海軍飛行予科練習生出身)
中島英雄(一飛曹　海軍飛行予科練習生出身)

藤崎孝良　（一飛曹　海軍飛行予科練習生出身）
吉田　利　（一飛曹　海軍飛行予科練習生出身）
（猪口力平　中島正『神風特別攻撃隊の記録』雪華社／蝦名賢造『最後の特攻機』中公文庫より）

特攻を統帥する司令官、あるいは部隊を指揮する隊長の気質如何によって、その部隊の士気が違ったのではないかと言うのが本項のテーマである。大西瀧治郎のように司令官が特攻隊員と一体感をもち、そして特攻隊長が中津留達雄のような経験豊かな信頼できる人であるほど、その部隊の士気が高く「志願」という環境を作っていったのではないかと筆者は推測する。言い換えれば、司令官が無能力で、隊長が経験未了の指導力不十分な部隊である程「特攻忌避」の可能性が出てくるということであり、生還の可能性が高いということだ。反対に、その部隊が優秀であり、結束が強い程、特攻からの生還は低くなるという矛盾を含むことになる。拙著『元気で命中に参ります―遺書からみた陸軍航空特別攻撃隊―』（元就出版社）を読んでいただいた戦後世代のある女性が筆者にこう言った、「この時代、本当に優秀な人たちが、戦争で死んでいったのですね」。そうかもしれない。戦時において有能な人たちは平時においても優秀な人たちであったに違いない。この人たちは真面目で勇気があり、真摯で礼儀正しく、任務を自覚し責任感が強かった。それ故に敗戦を待たずして、否、すでに敗戦であったにもかかわらず死に急いだことになる。痛恨の極みである。

この人たちを特攻に向いしめたのは、確かに中津留達雄への「敬慕」と部下たちの「志願」であったと筆者は考える。この人たちの出撃時の稼働率が高かったのは、隊長である中津留達雄への信頼と部隊内の結束が強かったことによると考える。しかしながら、筆者はこの人たちを特攻へと誘《いざな》った直接的な要因は、やはり宇垣纒の「命令」にあると考える。この時、宇垣が毅然とした同行拒否の態度を採っておれば、この人たちは死に急ぐことは無かったはずだ。まして、自己の責任を大西同様に自分ひとりで始末したのなら、この人たちの「志願」も有効にはならなかったであろう。真偽のほどは定かではないが、特攻出撃の直前に、宇垣との同行を懇願するこの人たちに向って「じっときいていた宇垣長官は、二度も三度もうなずき、首をたれた。あの涙をおとさぬ宇垣長官の瞳に微かに濡れるものが見られた」と伝えられている。そして「命令を変更する」として、この人たちにあらためて特攻出撃「命令」を下している。これが事実なら、この瞬間の宇垣の曖昧さがこの人たちの「志願」を有効にしてしまったのである。自分一人による責任への始末という毅然とした態度が宇垣にあったのなら、この人たちのことだ、宇垣の真意を読み取り整然と行動していたかもしれない。大西瀧治郎は自分ひとりで責任を始末した。一方、宇垣纒は若い人を道連れに自分を始末した。どちらか正しかったかは今日的には一目瞭然である。「宇垣特攻」は今日においても評価は芳しくない。しかしながら、その当時に立ち返って、その瞬間の宇垣を取り巻く環境や状況、そして当事者たちの心理状態などを考慮した時に、宇垣のとった行動にはそれなりの根拠はあったのかもしれない。宇垣ほどの人物だ、その時点での精一杯の熟考はあったであろう。若い人たちの「熱情」に動かされたという側面も否定はできないであろう。宇垣なりの苦悶のうえでの文字通りの命を掛けた始末であったと信じたい

だからこそ、特攻は、やはり「命令」によるものであったことを最後に言っておきたい。隊長である中津留達雄への部下たちの敬慕が既にあった。そのことによる部隊内の士気の高まりが既にあった。そして、これらが「志願」という環境を十分に醸成していたと考える。しかし、これだけで「特攻出撃」とは勿論ならない。そこに宇垣の「命令」があった。この人たちの従容とした、そして整然とした出撃は「命令」によるものに他ならない。だから、宇垣の「命令」がなければこの日の特攻は実効性をもつことはなかった。前項で陸軍の菅原道大のことに触れた。実は陸軍でも敗戦の日、菅原による司令官特攻の計画が部下たちによって計画されたらしい（高木俊郎『特攻基地 知覧』角川文庫）。し

かし、菅原道大はこの司令官特攻を毅然と拒否している（深堀道義『特攻の真実』原書房）。その瞬間に若い人たちの命が助かった。

おわりに——特攻隊員の生活空間

本稿を終えるにあたって特攻隊員の様々な生活空間について述べておきたい。まず特攻隊員の給与である。この人たちの給与はどれ程だったのであろうか。

当時の少尉の月額は陸海軍とも七〇円（一九四三年ごろ）であった。海軍では海軍兵学校出身者や飛行予備学生出身者らがこれに当る。年齢的には二一歳から二三歳程度となる。一方、下士官の場合、海軍一等飛行兵曹で三〇円、二等飛行兵曹は二〇円であったようだ。飛行予科練習生出身がこれに当る。年齢的には一七歳から二〇歳未満である。この俸給以外に航空加俸と食費がついたようだ。航空加俸が月額三五円、食費は二〇円五〇銭（一九四四年ごろ）、ただし手取りからは食費は天引きされていたという。ちなみに一九四五年（昭和二〇年）頃には、海軍の一等飛行兵曹で航空加俸等を加えた給与は九〇円であったと永末千里『白菊特攻隊』（光人社）は記している。

さらに意外なことであるが、特攻隊員による生命保険の加入が結構に多い。一九四三年（昭和一八年）三月頃から、国策として戦時死亡傷害保険の加入が奨励されていたようだ。保障期間は一年で掛け金は月三円程度、補償金は千円から五千円であったらしい（生田惇『陸軍特別攻撃隊史』ビジネス社）。海軍飛行予備学生出身の陰山慶一は『海軍飛行科予備学生よもやま物語』（光人社）で、本人が掛けていた保険金は一五円で補償額は五千円、期間は一年であったとしている。一九四五年（昭和二〇年）

頃のことと推測する。

特攻隊員の食事は、食糧難の当時にしては結構に良かったようである。搭乗員の食事は他の兵と比べて元々良かった。特攻隊員はそれ以上の食事であったようだ。一級のご馳走であったと言っていいだろう。

海軍では通常の食事以外に搭乗員特配としてキャラメル、押し出し式の虎や羊羹、絞り出しチョコレート、パイナップル缶詰などが出たようだ（陰山慶一『海軍飛行学校予備学生』光人社）。また、機上での航空弁当には五目ずしや「おはぎ」が出たようだ（永末千里『白菊特攻隊』光人社）。食事についての印象的な話を紹介したい。永末千里『白菊特攻隊』（光人社）より引用する。永末千里は自著の中で予科練同期の長濱敏行の手記を紹介している。以下はその概要である。

一九四五年五月二五日、海軍神風特別攻撃隊神雷部隊に出撃命令が出た。『桜花』の部隊である。手記の主である長濱敏行（予科練出身）は母機の『一式陸攻』の副操縦員である。『桜花』搭乗員は操縦席の後部座席で出撃待機する。長濱は振り向いてその『桜花』搭乗員の様子を窺っている。

ふと後ろを振り返ると、桜花搭乗員は腕組みをして端然と瞑想している。彼は死を目前にして、何を思い何を考えているのだろうか。思わず目をそむけた。

しかしこの日、長濱機は天候不良で引き返している。再度の出撃は六月二二日であった。この日、長濱機のエンジンは調子が悪かった。オイル漏れである。帰還かそれとも前進かの議論が機内であった。機長はあくまで前進の意志であった。しかしあまりにも無謀であることを悟ったのか、機長は反転を命じ『桜花』を投棄した。長濱はこの時も『桜花』搭乗員を振り返り様子を窺っている。『桜花』

搭乗員は瞼を閉じたまま終始無言であったと記している。
　つぎの瞬間に前方でオレンジ色の火だるまとなった飛行機がクルックルと落ちていくのが見えた。僚機の『一式陸攻』がグラマン戦闘機に撃墜されたのである。長濱機は雲の中に逃れ生還した。

　この日の出撃で飛鷹義夫《(ママ)》一飛曹はついに還らなかった。私は命からがら生還することができた。出撃の日の航空弁当は五目寿司とおはぎであった。それにビワの実が添えられていた。毎年、ビワの実が黄色に色づく梅雨の季節になると、当時の状況が眼前に彷彿とする。目的を一つにして生死をともにした同期の友の面影が強烈に蘇る

引用の「飛鷹義夫」は飛鷹義矢のことであろう。予科練出身、一九四五年六月二二日戦死、享年二七歳、母機の『一式陸攻』搭乗員であった。この日のこの人たちの消息は第四章の六月二二日欄を参照されたい。ともかく、戦友である「飛鷹義夫」の戦死と、黄色のビワの実と、毎年六月という季節の巡り合いが、長濱敏行の生涯の胸の疼きとして残った。一瞬のビワの実が生涯の胸の疼きとなる程に特攻出撃は峻烈であった。

　次に日本海軍における鉄拳制裁について記しておきたい。このことは第二章三項の真継不二夫のところで触れているが、以下、もう少し具体的に記しておきたい。

　日本軍では、階級の上級者、あるいはたまたま先に軍隊に入った者、すなわち先任者が部下を殴っている。いわゆる鉄拳制裁である。何故、こんなにまでして制裁をしなければならなかったのか、その精神構造を疑いたくなる程に鉄拳制裁をしている。「声が低い」「聞こえない」と難癖を言っては殴り、態度が悪いといっては殴り、方言が気にいらないと言っては殴り、とにかく殴るのには理由はい

らなかった。正当な意見も上官への反抗であるとして制裁の理由となった。
ところが、不思議なことではあるが、海軍神風特攻隊員の遺書などには、この制裁のことは誰一人として一行も書いていない。制裁に不満を言えば、それが又制裁の種となりかねない。書けないのが当然である。それにしても、どの遺書にも鉄拳制裁のことは一行も記されていない。あたかもそんなことがなかったかのような印象を与えている。制裁は確かにあった。しかし、だれも書いてはいない。その理由の一端は永末千里『白菊特攻隊』(光人社)の記事の中にあった。以下引用させていただく。

(略)当時のことを考えてみると、殴られることは日常茶飯事であった。だから、直接、自分に関係した事件はべつとして他人が殴られることなどいちいち気にしてはいられなかったのである。(略)ところが、こんな制裁もたびかさなると慣れになり、肉体的に痛みは残っても精神的効果は薄れていったのである。だから数えきれないほど殴られていながら、とくに直接、自分に関連のふかい事例しか記憶に残っていないのであろう。

ところで、この鉄拳制裁には別の意味があったようだ。森史朗『敷島隊の五人』(光人社)から引用する。日本軍最初の特攻隊である第一神風敷島隊の隊長は関行男である。その関行男も後輩や部下に壮絶な鉄拳制裁をしている。その関行男から制裁を受けた海軍兵学校後輩の二階堂春水の証言である。

弾丸雨飛の中で冷静に職務を全うするためには、兵学校で毎夜瞬き一つせず唸るように飛んでくる一号生徒の鉄拳を平然と受けとめるあの一年の教育が不可欠である、ということだ。冷静に戦況を見きわめ、指揮官として正しい判断を下すためには、あのような鍛え方が必要なのだ。私はそう思って、関さんの修正を受けていた。むしろ自分は、積極的に鍛えてくれる関さんのやり方を大きな愛情だと思って、飛行学生の時代をすごしたのだ。

鉄拳制裁は、命を惜しまない軍人を作っていくための必要な教育手段であったようだ。はじめからその意図があったかどうかはともかく、結果として相当な教育効果があったようである。

換言すれば、理不尽で非人格的な、そして惨めな鉄拳制裁を受けるよりも、あっさりと死ぬことの方がうんと楽であるという精神構造を作り上げていったのではないかと筆者は推測する。そして、この鉄拳制裁の一つの結末が航空特攻であると筆者は考える。生きて惨めな辱めを受けるより、特攻で華々しく戦死するほうが、よほど楽な選択であったのだろう。特攻思想を一旦培った隊員には、その背景にあった鉄拳制裁など、もうどうでもよく、遺書にも書き残す必要もないように感じられる。

鉄拳制裁は、ただただ殴ることが目的であったような気がする。教育的効果は単なる「結果」にすぎない。前述の森史朗『敷島隊の五人』(光人社)によると、海軍兵学校では制裁に三つのタイプがあったようだ。「その一、果敢に殴るが決して下級生には憎まれないタイプ」、「その二、お嬢さんタイプで、下級生に号令をかけるのさえ面映そうなタイプ」、「その三、病的で殴ることに快感を覚えるタイプ」。この三つのタイプのうちで、はじめの第一と第二のタイプに意外と勇者がいたという。関行男の鉄拳制裁を受けた前述の二階堂春水は決して下級者には鉄拳制裁をしなかったと森史朗『敷島隊の五人』(光人社)は記す。

海軍兵学校出身者による鉄拳制裁については、予備学生出身者からの批判は痛烈である。この人たちは兵学校出身者から制裁を受ける側にあった。それでは、予備学生は鉄拳制裁をしなかったのか。ちがう。第一章で紹介した森丘哲四郎は部下に鉄拳制裁している。そのことを『日記』(一九四五・三・二)に残している。

五分隊の宮武一家、誰に恐れを感じようか。巡検後、五分隊総員にて一杯の盃を交わすこと数時。従兵の修正、主計科先任下士の修正、五分隊の酒の量は何時でも出すように。元の第九分隊、今の第十分隊総員起し、学生長の名の下に修正す。若き搭乗員の魂、礼節を注意せり。

毎日の如く飲酒す。酒は強くなった。

前後の記述から、森丘らの「修正」すなわち鉄拳制裁には何の理由もない。ただ酒を飲んで部下を殴っている。寝ている部下を「総員起し」で殴っている。殴る方はそれでよい、殴られる方はたまったものではない。

しかしながら、後世を生きる筆者には、また当事者経験のない筆者には、このことについての是非を論ずることは控えたい。ただ、そういう時代であったということだ。そういう時代を皆が精一杯生きたと言うことを肝に銘じておきたい。殴る方も殴られる方も、その時代を、そして短い人生を精一杯生き抜いたということだ。

最後に特攻隊員と女性との関係性について記しておきたい。特攻隊員と女性とを語る資料は少ない。もともと男と女の秘め事に関わることでもあり、形で残る資料は少ないのが当然である。特攻隊員はいずれも若い青少年である。女性との関係性も当然にあっていい。しかし、それもごく限られたものであったようだ。本稿第一章の佐々木八郎や森丘哲四郎の日記を見ても、この人たちの女性との関係性は想像の域を出ず拙いものであったことを彷彿とさせている。林市造にいたっては母が恋人であるかのような錯覚さえ感じる。宅嶋徳光には「八重子さん」という恋人がいた。宅嶋はこの人に毅然とした態度をとっている。「八重子さん」の幸せだけを祈っている。そして、その「八重子さん」を超越した国民への愛を記している。以上の四名は飛行予備学生である。この人たちには、海軍に入る前にはあるいは女性との接触はあったであろう。中には妻のいた人もいた。恋人のいた人もいたであろう。窪島誠一郎『無言館戦没画学生「祈りの絵」』（講談社）には、アジア太平洋戦争で戦死した、美術系専門学校卒業者の人たちの絵が収録されている。風景画や自画像に混じって、妻や恋人をモデルした見事な肖像画や裸婦が描かれている。この人たちの短かった生が切なくいとおしい。収録されている絵のなかには飛行予備学生の遺作はないが、とにかく、この人たちには女性と接触できる機会があった。しかしながら、予科練出身者はどうであろうか、この人たちは高等小学校卒業もしくは中学校在学中に軍隊に入っている。男ばかりの世界である。戦死した予科練出身の特攻隊員の殆どは二十前後、十八歳や十七歳の少年もいた。この人たちには大人としての性と愛は、そもそも無かったのではないかと想像する。それでは、女性との関係性が全くなかったのかと言えば、そうとも言えない。

今村茂男は予備学生出身である。自著『神風特攻隊員になった日系二世』（草思社）で、士官任官後に「われわれは一人ひとりそれぞれ女性と床に入った」と証言している。また、予科練出身の若い『桜花』搭乗員たちも、度々訓練基地を「脱外出」（無許可の外出）して、夜明けまで女性と一夜を明かしたとする証言も多い（文藝春秋編『人間爆弾と呼ばれて―証言・桜花特攻』文藝春秋）。女性との関係性も色々あっていい。その関係性も「性」の段階なら慰めになったのかもしれない。しかし、これが「愛」に昇華した時点で、この人たちの苦悶がはじまる。その苦悶から逃げるかのように、この人たちは女性との「愛」を拒否している。佐々木八郎は女性にはもともと淡白であったようだ。森丘哲四郎は儚《はかな》い恋心を酒に紛らわせている。林市造は母に理想の女性を見出している。林だけではない鷲見敏郎（少尉　神風第一七生隊　大阪商科大　予備学生出身　四月六日戦死　二四歳）も日記（白鷗遺族会編『雲ながれる果てに』河出書房新社）につぎのように記している。

〝女〟未知、しかしそれもよろし永遠の恋人我が母を熱愛すればこそ　母のごとき　典型的な女性を見出すことは不可能なりき

こんなひとつひとつの「愛」が切なく、いとおしく、哀しく、そして、いじらしい。

その拙い恋のひとつを鈴木勘次『特攻からの生還』（光人社　二〇〇五）より引用させていただく。鈴木勘次（予科練甲種　一九二五年生　生還）、吉川功（予科練甲種　二等飛行兵曹　一九歳）、田中茂幸（予科練甲種　二等飛行兵曹　一九歳）は、神風第八銀河隊のペアであった。一九四五年四月一七日、九州出水基地より出撃している。三名を乗せた陸爆『銀河』は、体当たり直前に撃墜され、吉川功と田中茂幸は戦死し、鈴木勘次は奇跡的に米軍に救出され敗戦後を生還することになる。その鈴木勘次が戦死直前の田中茂幸の儚い恋を語る。田中茂幸の恋は拙くとも、毅然とした振る舞いであった。

時期は一九四五年（昭和二〇）三月中旬から四月の出撃までの間と推測する。出撃も旬日に控えた頃である。田中茂幸には思いを馳せる女性ができたようだ。その日、田中茂幸はその女性に逢うことを残りの二人に告げて基地を出た。このペアはもともと茶目っ気たっぷりのヤンチャ坊主である。田中茂幸の逢瀬をこっそりと見てやろうと、残された鈴木と吉川は後をつけた。夜である木立の茂る場所であった。田中はそんな月明かりの中で女性を待っている。「きたぞ！」と吉川が身をふせた。

「きたぞ！」吉川が低く叫んで、さらに身をふせた

黒い影は無限の憶いをこめて何事か訴えるかのように近づいた。その影が田中の前で停まった。月の光で青白く二人を浮かび上がらせた光景は、ロマンチックというよりは、むしろ、静寂の中の凄惨な気魄を感じさせる。

（略）二人は影絵のように黒く、彫像のように、その場に、たちすくんでいる。二人はなにを考えているのだろうか。二人の黒い空間は静まりかえったまま数秒、いや数分が過ぎていった。

そして、つぎの瞬間、木立に隠れるふたりは意外な光景を目撃することになる。

なんとも驚いた。異常な努力で自己を支えていたかのように、田中が挙手の礼を残して、急ぎ足で、まっすぐに闇の中に消え去ってしまったのだ。「なんということか」思いもかけぬことであった。手もふれようとせず！

これ以上、保ちつづけられない純潔を、一切ゆだねるという態度で、懇願する女の気持ちを踏みにじったのだろうか。また、いたたまれなくなって、逃げ出したのだろうか。

あまりにも、あっけなく、消え去った黒い影に、のこった影が、睡眠状態から現実にもどったかのように、二歩、三歩と宙を踏むようによろめいた。吉川の目がうつろだ。娘が狂ったように笑いだし、田中と同じように挙手の礼をし、反対の方へ逃げ出した。

これを記す鈴木勘次にとっては、六〇年の時空を超えた深い意味合いがこの光景の中に凝縮しているように思われる。

もうひとつ、古川正崇（飛行予備学生出身 中尉 神風振天隊 一九四五年五月二九日戦死 二三歳）の和歌一編を再録しておきたい。この一編の歌が、その当時の神風特攻隊員の性と愛の切なさを端的に歌っているような気がする。

花一つ手折らむこともなきままに　桜は春の風に散るなり

人生も女性も、全てを達観して、この人たちは特攻機上の人となった。その瞬間にも憂いや煩悩があったであろう。しかし、一方では、エンジンの轟音の中で、出撃の喧騒の中で、さらに自分たちが果たすべき使命感の熱情の中で、この現世の欲望も消え去り、その瞬時に「無」に等しい純粋無垢な悟りの境地に達していたのではないかと考えるのは筆者の独りよがりの想像だけではないであろう。

最後に遺書二通を紹介し本稿の頁を閉じたい。まず白鷗遺族会編『雲ながるる果てに』(河出書房)より、

出撃の準備を急いでいる私の飛行機の傍で一筆したためます。

私の足跡は廿有余年の昔の故郷から、今この野いばらさえも柔らかな春の若草の野末までつづいてきました．そしてここで終ります。

何もしてさしあげられなかった不肖お許し下さい。でも国の為になって男の意地が立てばそれでよいと思います。

そぞろ感傷をさそう春の雲に眼を放てば、満ちたりた気持が睡気をさそいます。

日の丸鉢巻に縫い込んだ教え子の遺骨の肌ざわりに、いつしかしらず祈る心の湧き出だします。

出撃の命が下りました。隊長は地球を抱いてぶっ倒れろといいます。私も学生達にそう教えました。

では皆様御健闘を祈ります。

昭和二十年四月六日正午　　　　　　　　　　たかし拝

「出撃の準備を急いでいる私の飛行機の傍で一筆したためます」とある。まさに出撃直前の絶筆である。しかしながら文章には乱れがない。しっかりと自分の任務を直視している。そして優しさに満ちあふれている。「そぞろ感傷をさそう春の雲に眼を放てば、満ちたりた気持が睡気をさそいます」は「無」の境地そのものである。特攻出撃の直前を「満ちたりた気持」で「睡気」を誘うとしている。溢れるような使命感、充溢した責任感、明晰な現状認識、こんな透徹した精神性が、この人をして、このように言わしめているように思う。若麻績 隆、少尉、大正大学出身、一三期飛行予備学生、一九四五年四月六日、第一・八幡護皇隊艦攻隊員として特攻戦死、享年二三歳。

もう一通を小島敬三編『海軍飛行豫科練習生 遺書・遺詠・遺稿集（一）』（財団法人 海原会）より引用する。一九四四年（昭和一九）一〇月のレイテ沖海戦時の遺書である。だから神風特攻隊員の遺書としては初期の頃のものである。


父母上様、喜んで下さい。勲はいい立派な死に場所を得ました。

今日は最後の日です。皇国の興廃此の一戦に在り、大東亜決戦に南海の空の花と散ります。

大君の御盾となって、分隊長を初め共に潔ぎよく死につき、七度生まれかわり宿敵を撃滅せん。

ああ男子の本懐これに過ぐるものが又と有りましょうか。

これも皆、長い歳月強くなれよと育てて下さった父母上と、又、我が子の様に育て御指導下さった分隊士先輩方々の賜と、或は又、血のにじむ様な訓練の賜と深く深く、感謝致して居ります。

二十三年の幾星霜、良く育てて下さいました。厚く御礼申し上げます。

今度がその御恩返しです。勲は良くも立派に皇国のために死んで呉れたと誉めてやって下さい。

本当に兄弟の中で私は幸せ者でした。喜んで居ります。弟も立派な軍人として御奉公出来る様にして下さい。お願い致します。

もう何も思い残すことはありません。

父母上様、今度白木の箱でかへります。靖国神社で会いましょう。長い間有難う御座居ました。呉々も御身御大切になさいます様。

ああ、雄々しきその名も、彗星艦爆隊。

我等、第五義烈隊特別攻撃自爆隊（今日の記録では第二神風義烈隊となっている―引用者注）、向う所は敵空母へ急降下。

最後の影をカメラに収めていただきましたので、何れゆっくりニュース映画で見て下さい。笑って艦爆隊十六勇士の姿を見てやって下さい。

ああ、玉と砕けん特別攻撃。最後の夜

十月二十六日　〇一〇〇

於マニラ　勲

父上様
母上様

咲くもよし　散るも又よし　桜花《さくらばな》（ルビ引用者）

遺書には使命感が横溢している。特攻隊員に選ばれたことを誇りとしている。そして、父母へは自分を育ててくれた限りない感謝が語られている。さらに、これまでの人生の満足感に溢れている。身を桜に託し、抗《あらが》いがたい時代の風に身を任せ、自己の果たすべき役割を凝視している。遺書全体の印象は悲愴である、と同時に悟りの域に達している。松尾勲、飛行予科練習生　海軍一等飛行兵曹、一九四四年一〇月二七日、第二神風義烈隊として特攻戦死、この人の戦死年齢であるが、遺書では「二十三年の幾星霜」としているが、筆者が参考とした各種資料ではいずれも「不明」となっている。

祖国興隆と家族の繁栄、そして平和への希求、これらの担保としての自己犠牲、生命と引き換えの他者への限りない思いやり。父母への感謝、そしてこれまでの人生の満足、これらの達観こそが特攻隊員に共通する生活空間であったと筆者は感じている。打算のない純粋でひたむきな精神、人間としての優しさを真剣勝負で一所懸命に貫き通した命の輝きがそこにはあった。こんな人たちが戦い、そして戦後の平和を支えた。

本稿を終えるにあたって今一度祈りたい。荒ぶる神風《しんぷう》よ二度と吹くな、神風《かぜ》よ安らかに鎮《しず》め。合掌

【主要参考史資料】

佐々木八郎『青春の遺書』昭和出版一九八一
森丘正唯／伊藤秀雄編『神風特別攻撃隊 森丘少尉』同文館出版 昭和四二年 非売品
加賀博子編『林市造遺稿集 日なり楯なり』櫂歌書房一九九五
宅嶋徳光『くちなしの花』光人社一九九五
『海軍特別攻撃隊戦闘記録―航空隊編』アテネ書房二〇〇一
特攻隊慰霊顕彰会編『特別攻撃隊』特攻隊慰顕彰会平成四
野沢正編／日本航空宇宙工業会監修『日本航空機総集』全八巻 出版共同社一九五八〜一九八〇
宇垣纒『戦藻録』原書房一九九三
小島敬三編『海軍飛行予科練習生 遺書・遺詠・遺稿集』財団法人海原会 平成一六
押尾一彦『特別攻撃隊の記録―陸軍編―』光人社二〇〇五
押尾一彦『特別攻撃隊の記録―海軍編―』光人社二〇〇五
モデルアート七月号臨時増刊『陸軍特別攻撃隊』モデルアート社一九九五
モデルアート一一月号臨時増刊『神風特別攻撃隊』モデルアート社一九九五
カミカゼ刊行委員会『写真集 カミカゼ 陸・海軍特別攻撃隊 上巻』KKベストセラーズ一九九六
カミカゼ刊行委員会『写真集 カミカゼ 陸・海軍特別攻撃隊 下巻』KKベストセラーズ一九九七
真継不二夫『報道写真集 海軍兵学校』番町書房 昭和一八
清閑寺健『江田島』小学館 昭和一八
日本戦没学生手記編集委員会『きけわだつみのこえ』東京大学出版部一九五一
日本戦没学生記念会編『新版 きけわだつみのこえ』岩波書店一九九五
白鷗遺族会編『雲ながるる果てに』河出書房新社 平成七
海軍飛行予備学生第十四期会編『あゝ同期の桜―』光人社一九九五
白井厚編『大学とアジア太平洋戦争 戦争史研究と体験の歴史化』日本経済評論社一九九六
常陽新聞社編『等身大の予科練』常陽新聞社二〇〇二
雑誌「丸」編集部編／佐貫亦男監修『日本軍用機写真総集』光人社一九九五
文藝春秋編『証言・桜花特攻 人間爆弾と呼ばれて』文

藝春秋二〇〇五
毎日新聞社編『一億人昭和史 特別攻撃隊 日本の戦史別巻④』毎日新聞社一九七七
予科練資料館展示史料（茨城県稲敷阿見町青宿一二一－一 陸上自衛隊武器学校内）
海上自衛隊鹿屋航空基地史料館展示史料（鹿児島県鹿屋市西原三－一一－二）
靖国神社遊就館展示史料（東京都千代田区九段北三－一－一）

*なお、引用文献は本文にそのつど記載している。

【著者紹介】
今井健嗣（いまい・けんじ）
戦史（航空特攻史）研究者
1944年　大阪市生まれ
1968年　関西学院大学社会学部卒業
1969年　大阪市役所勤務
2005年　大阪市役所退職
著書：『元気で命中に参ります
　　　－遺書からみた陸軍航空特別攻撃隊－』（元就出版社、2004）

神風《かぜ》よ鎮《しず》め－史料からみた海軍神風特攻隊員の青春－

2006年8月15日　第1刷発行

著　者　今　井　健　嗣
発行人　浜　　　正　史
発行所　株式会社　元就《げんしゅう》出版社
〒171-0022 東京都豊島区南池袋4-20-9
サンロードビル2F-B
電話　03-3986-7736 FAX 03-3987-2580
振替　00120-3-31078
装　幀　純　谷　祥　一
印刷所　中央精版印刷株式会社

ISBN4-86106-043-5　C0021